羅斯大地

逆轉的文明史

成為歐洲而不能，逃離亞洲而不得的俄羅斯演化史

劉仲敬——著

編輯說明

本書是在劉仲敬文稿站的「世界憲制史」系列直播講座以及聽眾問答的基礎上彙編整理而成，內容保留劉仲敬本人演說的白話特色，並為其引述的各種比喻或典故添加相關注解及插圖解說。

第一章　俄羅斯憲制簡史第一講／世界憲制史講座第34期／2019年12月24日

第二章　俄羅斯憲制簡史第二講／世界憲制史講座第35期／2020年04月03日

第三章　俄羅斯憲制簡史第三講／世界憲制史講座第36期／2020年04月30日

第四章　俄羅斯憲制簡史第四講／世界憲制史講座第37期／2020年05月31日

第五章　俄羅斯憲制簡史第五講／世界憲制史講座第38期／2020年07月12日

第六章　俄羅斯憲制簡史第六講／世界憲制史講座第39期／2020年07月31日

目次

第四章 聖彼得堡：企圖成為歐洲的時代

一、古典羅斯：森林和草原裡的次生文明

俄羅斯處在兩種文明的邊界

俄羅斯是後起的文明，是一個典型的次生文明。它所存在的地理方位恰好是人種和文明的兩個邊界之一。在人類剛剛開始在歐亞大陸上遷徙的時候，基本的方向是，從東非進入環地中海地區。當時的地中海比現在的範圍要大得多，今天的黑海和裏海顯然是地中海的東部。大體上的遷移方向是呈扇形的，向東方、東北方或北方前進。越接近西南，離東非越近，時間就越早；越接近東北，離東非越遠，時間就越晚。

第聶伯河沿岸、黑海北岸這條線上大體上存在著兩種居民，一種是我們比較熟悉的雅利安系居民，一種是芬蘭—阿勒泰系居民。大體上講，雅利安系居民的時間應該比芬蘭—阿勒泰系居民要更早一些。從十九世紀末期人種偽科學的角度來講，雅利安人基本上是白人；而芬蘭—阿勒泰人卻不能夠簡單地鑒定為白人或者黃人，它包含著一定的黃種人的成分在內，但是其中也包含著大量的白種人的成分。按照十九世紀末期的那種偽科學的話，芬蘭—阿勒泰系諸族群（因為他們還不能稱為民族）不能夠鑒定為蒙古人種或者印歐人種。後來蒙古人種的許多成分，例如蒙古人、滿洲人、鮮卑人和契丹人，是可以劃入芬蘭—阿勒泰系居民的。但是芬蘭—阿勒泰系人也包含大量的按照十九世紀末的標準毫無疑問可以稱之為白人的族群。這樣一來，這兩個系統就可以被畫分為一個基本上是白人，另一個則是黃白兼有的。

我們要注意，黃白兼有的這一系很可能是東亞和東北亞的後來被稱為是蒙古人種的黃種人的起源。我們暫時繼續沿用這個不可靠的偽科學概念。黃種人的起源比白種人要晚，分布範圍比白種人更偏東北。但是我們要注意，這個所謂的白種人並不能解釋成為黑頭髮矮個子的希特勒本人最崇拜的那種瑞典式的金髮碧眼的高個子人種，這種人種的產生時間要更晚一些。所謂的原白種人，就是瞇縫眼、厚眼皮的眾所周知的蒙古人長相的這種人產生之前的白種人，包括最古老的文明，肥沃新月地帶，敘利亞和美索不達米亞的居民，其實長相是頗為多元化的，黑頭髮、黃頭髮、什麼樣的顏色都有的。只不過現在所謂的蒙古利亞人典型的那些特徵，很可能是適應北亞寒冷氣候和風沙形成的那種特徵，特別是他的眼睛的形狀之類的，在當時的原白種人當中還不存在。這個原白種人還沒有分化出的例如聖經上說的那幾個體系，包括作為蠻族典型代表的前雅利安人和後來占據了肥沃新月地帶大部分地區的阿拉米系諸居民，全都可以劃到這個範圍內。他們應該是出非洲以後最古老的人類。他們跟今天東非地區的某些族群，親緣關係是比較近的；但是跟西非和南非的眾多族群，親緣關係是相當疏遠的。

大體上來講，人類遷徙從人種上來講，時間應該是這樣的：從東非開始，在它出非洲（這裡面的非洲要理解成為撒哈拉以南的非洲，因為撒哈拉以北的北非是環地中海區域，無論從地理的意義、從文明的意義還是從人種的意義上講都不屬於非洲）以後遷入歐亞大陸，然後通過歐亞大陸再進一步遷入美洲、澳洲和塔斯馬尼亞。與此同時或者稍後，他們也在向西和向南遷移。我們要注意，不能根據地圖上的大小來判斷遷移的難易程度。事實上，人類在歐亞大陸上的遷移，速度是最快的；在非洲的遷移，速度卻是很慢的。因此，西非和南非的很多族群，包括被今天的美國人認為是典型的尼格羅人或者黑人長相的那些族群，他們產生的時間實際上要晚於歐亞大陸的大多數族群。

有些錯誤的理解以為，非洲人的長相或者體質人類學特徵代表了最原始的人類。其實東非最先進入歐亞大陸的那批人的長相可能更接近於今天的南歐人，可能比較像巴斯克人[1]，像克羅馬儂人[2]的那些遺址上留下的居民。也就是說，如果這樣一個人出現在今天的大城市當中，你比較有可能認為他是白人，而不會認為他是蒙古人種、黃人或者黑人。今天黑人的那些典型的體貌特徵，是在人類（具體地說就是智人以前的幾個人種，包括直立人，以及智人本身）已經出非洲以後，才緩慢地越過難以通行、充滿蚊子和傳染病的沼澤地，向西或向南遷移的。西非的黑人和南非的黑人產生的時間比歐亞大陸的原初居民要晚得多，也比今天還在歐亞大陸留有痕跡的很多族群的祖先要晚得多。黃種人或者蒙古人種是芬蘭—阿勒泰這一系分叉出來的一個分支，但並不是這一系的全部。

羅斯的地理背景：雅利安系的草原和芬蘭－阿爾泰系的森林

原雅利安人，雅利安這個詞還沒有產生以前的、產生雅利安人的這些人種，他們的分界線大概可以畫出一條從西北到東南的斜線。這條斜線的起點是在芬蘭西南部的圖爾庫，從圖爾庫斜斜地畫出一條線，越過波羅的海，從涅瓦河和聖彼得堡一帶向東南方向畫過去，把裏海和黑海北岸的大草原畫在雅利安人的一邊，越過哈薩克北部和南西伯利亞的米努辛斯克盆地，向東南方向畫過去，在阿爾泰山的北麓一路向東南畫下去，一直畫到太平洋。這條線的東北方大體上是芬蘭－阿勒泰人的天下，西南方大體上是雅利安人的天下。

但是這個邊界當然並不是這樣簡單的一條直線，也不是在所有時代都一成不變的，它是在不斷波動的。例如，米努辛斯克盆地（就是今天的哈薩克北部）和南西伯利亞這一帶就是屬於兩者的邊界地帶，經常會出現考古學記錄的替代。也就是說，比較古老的居民點實際上是雅利安系的，然後來了一個典型的芬蘭－阿勒泰系甚至是蒙古系的替代，然後在下一時期又變成雅

1 巴斯克人，一個居住於西班牙中北部以及法國西南部的民族，可能是歐洲舊石器時代居民克羅馬儂人的後裔，主要根據是巴斯克語和印歐語系基本上沒有聯繫，可見巴斯克人在印歐人進入歐洲之前，早已在伊比利半島上生活。

2 克羅馬儂人，智人中的一支，生存於舊石器時代晚期。原來是指發現於法國西南部克羅馬儂石窟裡的一系列化石，現在則包含遷入歐洲以前的早期智慧人種在內。

利安系了。這條邊界越在西部就越靠北，越在東部就越靠南。這也可以看出，古老的人類是首先進入地中海盆地，然後從地中海盆地向東北方向緩慢擴張過去的。

這時，當人類最初進入黑海和裏海中間地帶的時候，今天蒙古人種的這些典型的體貌特徵還不存在。這些人顯然是在進入亞洲更東部的時候才產生出上述的體貌特徵的。雅利安人的體貌特徵，包括典型的藍眼睛，大概產生於今天以白俄羅斯湖泊地區為中心、北起拉脫維亞、南到烏克蘭的這一個地區。然後藍眼睛的基因不斷地擴散。最後隨著雅利安人的遷徙，包括進入伊朗和印度的遷徙，擴散到比原先廣泛得多的地方。這個突變沒有或很少波及到更東北部的居民，因此它可以作為東北系和西南系居民的一個區分標誌。

在黑海和裏海北岸的這片廣大地區，就是後來構成歐亞大草原的廣大地區，最先出現的文化遺址是黑海北岸的顏那亞遺址[3]（Yamnaya culture），或者稱之為石塚堆遺址。儘管前雅利安系的歐亞大草原這一片——東起哈薩克和阿勒泰、西到黑海北岸和今天的烏克蘭這一系的各種遺址都有親緣關係，大多數考古學家認為它們是屬於同一個家族樹的，但是時間上略有參差。時間最早的就是黑海北岸這一支，東方的更靠東和靠北的那些支系的時間都要更晚一些，儘管它們都有相似的特徵。所以我們可以得出一個大體上的結論：蠻族的起源，包括雅利安蠻族的起源，就在今天的黑海北岸這個地區。

這個地區也是人類很多跟蠻族聯繫起來的重大發明——尤其重要的就是馬和馬拉戰車的起

源。馬拉戰車是從這裡開始，然後向西進入巴爾幹和歐洲，同時向東進入內亞大草原，最重要的是向南進入肥沃新月地帶最原初的文明區。最古老的文明，產生於敘利亞高地、在美索不達米亞沼澤地繁榮昌盛的古文明，最初是只有驢子而沒有馬的，而且也根本沒有什麼戰車。隨著北方蠻族的南下，鐵和戰車進入了肥沃新月地帶。最初，戰車其實是一個妥協，從驢子拉的車變成了馬拉的戰車；最後，在馬鐙和馬韁各種附屬的技術產生以後（這些技術同樣也來自於歐亞大草原，跟雅利安人有著非常密切的關係），戰車遭到淘汰，騎馬的騎兵取代了戰車。阿契美尼德王朝，就是希羅多德的《歷史》當中非常傳神地描繪過的那些人，依靠的就是這樣的騎兵。過去巴比倫諸王使用的戰車，最後淡出了歷史。同樣的歷史進程在東亞就體現為，牧野之戰的大量戰車，趙武靈王胡服騎射，李廣和李陵二人騎著戰馬跟匈奴人作戰。在這個過程當中，起作用的是同樣的機理，但是時間都比西亞要晚得多。

從地理上來講，以烏拉山畫分歐亞的方式是不大正確的，因為烏拉山本身很低矮，而且有很多山口。可以說，今天俄羅斯本體的這個巨大的平原，通向亞洲方面的內亞平原，沒有什麼天然的障礙。尤其是在南部，奧卡河、伏爾加河這一線，有連綿不絕的大草原，比北方的森林

3 顏那亞遺址，一個銅石並用時代晚期到青銅時代早期的考古學文化，分布在東歐大草原上，時間可追溯到公元前三三〇〇年至二六〇〇。顏那亞文化的居民很有可能是東歐的狩獵採集者和近東人基因混合的結果。

地帶更容易穿越。所以，東歐平原跟內亞大草原之間是一個連續地帶。一直到喀爾巴阡山口，都遇不到明顯的障礙。所以，內亞大草原的牧民飲馬多瑙河，在歷史上是非常常見的事情。而俄羅斯人的祖先跟西歐人不一樣，他們必須經常面臨來自內亞大草原的威脅，在騎馬的生活方式產生以後尤其如此。

芬蘭－阿勒泰人居住的地區和雅利安人居住的地區有一點點不同。芬蘭－阿勒泰人，至少是他們的西部，有明顯的森林居民的特徵。寒冷的、但是充滿了各種財寶的森林，這些史前時代的遺跡還留在芬蘭人關於小精靈和巫師的神話當中。我們要注意，我們剛才畫出的芬蘭－阿勒泰人的邊界包含了今天的中央俄羅斯和俄羅斯東北部。在修道院和王公大規模的開拓活動以前，這些地方的居民幾乎全都是芬蘭人。在史前時代，芬蘭人留給前雅利安系居民的印象，跟現代的拉普人[4]（Lapps）留給非常文明的瑞典人和芬蘭人的印象是差不多的。他們的人口要少得多，居住的單位和團體也要少得多。但是他們卻享有了很多得天獨厚的自然資源，是更靠南方、文明程度更高的居民所從來享受不到的。因此，他們經常被懷疑為甚至是自稱為有各種山精、鬼怪、精靈之類的特殊保佑。聖誕老人的馴鹿其實很有可能也是他們留下的文化遺存。隨著氣候的不斷變冷和變熱，森林擴張和退縮，他們的勢力範圍也相應地發生改變。

羅斯是瑞典人征服的產物

在羅斯作為一個歷史單位誕生以前，分布在東歐大平原和森林地帶的居民大體上就是屬於這兩系。我們要注意，斯拉夫這個詞也是後起的，而且通常是來自於外人和敵人給他們起的名字。在斯拉夫這個名字產生以前，只有各式各樣的小部族的名字。它們在血緣上、生活方式上和技術上講，只能說是大同小異，只有細節上的差別，但是它們沒有什麼共同的名字。從喀爾巴阡山口到伏爾加河之間的這片土地，是後來變成俄羅斯的那個歷史單位的起源。這些人沒有共同的名字，他們並不自稱為斯拉夫人，也並不自稱為其他什麼人。最後他們才自稱和被稱為羅斯。

然而，羅斯這個詞最初的含義其實跟今天所謂的瑞典人或者斯堪地那維亞人差不多。最古老的俄語當中，顯然留下了他們起源的痕跡。例如，斯堪地那維亞人、維京人、諾曼人（英國人把他們稱為諾曼人）用來稱呼酋長和海盜的兩個詞，最後變成了最古老的羅斯語當中用來稱王公和武士的詞。這個來源說得再清楚也沒有了，俄羅斯的王公和武士最初就是斯堪地那維亞

4 拉普人，又被稱為薩米人（Sami），是居住在薩米地區的芬蘭—烏戈爾語族原住民，該地區今天包括挪威最北部、瑞典、芬蘭和俄羅斯摩爾曼斯克地區的部分地區。薩米人是斯堪地那維亞唯一受國際土著人民公約承認和保護的土著人民，因此是歐洲最北端的原住民人口。薩米人祖先的原始領土沒有明確界定。他們的傳統語言是薩米語，被歸類為烏拉爾語系的一個分支。

的酋長和海盜。他們順著從涅瓦河到第聶伯河的這條寬闊的水道，一路進入黑海，前往拜占庭甚至更遠的地方。他們在活動的過程當中，按照後來最早的羅斯編年史，以半神話、半傳奇、半寓言的記載方式說：「羅斯廣大的居民無主，因為缺乏秩序而深感痛苦，所以他們向斯堪地那維亞人發出邀請。我們有廣大的土地，但是沒有統治者，請你們來統治我們吧。於是，最古老的羅斯國家就這樣建立了。」

這個當然是把漫長而複雜的歷史進程加以詩意濃縮的結果，但是從各方面的證據來看應該跟真實發生的事情相去不遠。也就是說，羅斯這個詞最初僅僅是指像征服英格蘭的諾曼人那樣的上層人物、王公貴族和他們的親兵。但是時間長了以後，外人們習慣性地就用統治者的稱呼來稱呼全體人民。對於大多數喜歡省事的人來說，這是非常自然而然的選擇。如果某一個城市或者某一個地方的統治者是誰誰誰，我們就用統治者的名稱來稱呼他們。既然他們的統治者是諾曼人、瓦良格人[5]（Varangians）或者羅斯人，那麼我們就把他們統統稱為羅斯人好了。最初的時候羅斯人這個詞還不包括他們的很多被統治者，到最後就完全混淆不清了。這是俄羅斯起源的真相。

當然，從種族上來講，斯堪地那維亞人和今天烏克蘭的居民恐怕在種族上的差別是很小的。他們只能夠視為雅利安系居民的非常細節的不同分支。他們的統治和被統治之間的差別，恐怕主要體現為社會組織上。斯堪地那維亞人為英格蘭、通過諾曼第公國提供了封建主義的很多元素。他們是武士兼商人，他們的社會組織比較堅強有力，他們提供了封建法典的很大一部分。至於阿爾弗雷德大帝（Alfred the Great）的法典當中關於丹麥人的那些部分，也是他們的一個分支。

至於封建體制是怎麼樣的，我們不必詳加解釋，因為封建法仍然是今天英國普通法的根基，構成了當今世界憲法體制的最重要的部分。而被他們統治、因為他們才獲得羅斯這個名字的這些比較散漫的居民，他們的社會組織，如果撇去賦予他們形式因、使他們變成羅斯人的這些統治者的話，他們的社會組織一般來說就是氏族和公社。比較散漫，不能形成比較高級而有戰鬥力的組織，在廣大區域也沒有共同的名稱。他們後來被稱為是羅斯人，恐怕主要就是因為他們都被瓦良格人統治者統治的緣故。

5 瓦良格人，指公元八世紀至十世紀出現在東歐平原上的維京人，原居於北歐的斯堪地那維亞半島，後逐漸沿著商路來到東歐平原，活躍在當地的商路上。從事強盜和商人的雙重工作，經常搶劫財物，擄掠人口為奴，運到君士坦丁堡出售。還受僱於當地東斯拉夫人的王公，充當親兵，從事征戰。其中一位瓦良格人領袖留里克建立了留里克王朝，統治了基輔羅斯。瓦良格人後來逐漸與東斯拉夫人融合為俄羅斯人、烏克蘭人、白俄羅斯人。

斯拉夫派與歐洲派對羅斯社會性質的大辯論

斯拉夫派和歐洲派、自由主義者和保守主義者關於最古老的羅斯社會性質——尤其是公社性質的長期辯論，始於十九世紀中葉，直接影響了俄羅斯在十世紀末和二十世紀初的歷史進程。但是雙方依據的歷史材料都相當匱乏。這個時期就像是三皇五帝時期一樣，是意識形態比歷史證據要強大的範疇。參加這方面的辯論的人，或者說對這些辯論還懷有興趣的人，大多數都有意識形態方面的動機。

自由主義者的典型人物是格拉諾夫斯基[6]。一般人熟悉格拉諾夫斯基，是因為他在杜斯妥也夫斯基[7]的著名小說《群魔》當中被醜化成了充當貴婦人食客、頭腦極其糊塗的老學究。真實生活當中，他的形象比杜斯妥也夫斯基描寫得要好得多。還有著名的米留科夫[8]，一九一七年臨時政府的真正靈魂，也是《洛麗塔》的作者大作家納博科夫的父親主要的政治靠山和盟友。

他們對最古老的村社和氏族的解釋是這樣的：他們認為，這些村社和氏族的存在證明，俄羅斯人和歐洲人的傳統自古以來就非常不同。構成歐洲封建主義根基的那些複雜的社會組織，在俄羅斯都不存在。由於俄羅斯大平原地廣人稀的現實，王公貴族不愛惜土地和封地，他們缺乏歐洲封建主義的強烈的屬地性。而人民很容易通過遷移獲得新的土地，也很難跟他們的保護者和封建領主形成固定的契約關係。村社制度的存在，就是俄羅斯社會先天的散漫性的體現。

我們要注意，散漫性這件事情在俄國自由主義者的心目中是根深蒂固的，差不多就像是孫文所謂的中國人一盤散沙。法國馬克思主義者經常提到，法國的小農是一袋馬鈴薯，組織不起來。這裡面法國社會主義者的痛心疾首，當然是跟比他們更強大、封建性更強的英國人和德國人比較出來的。法國人怎麼趕超他們，都好像是越趕越遠。想要趕超的結果就是軍事獨裁、中央集權制和雅各賓主義，結果反而把事情搞糟了。而俄國人心目中可沒有英國人和法國人的差別，英國人、法國人和德國人在他們看來都是足夠先進的，可以籠統稱之為歐洲。他們心目中就是落後的俄羅斯和先進的歐洲的刺目對比，這個對比促使他們到歷史中去尋找原因。

而自由主義者普遍得出的原因就是這個：俄羅斯人自古以來就具有散漫性，俄羅斯社會像草原上的風滾草一樣居無定所，缺乏屬地的聯繫。這個特點使得俄羅斯人自古以來就缺少自組織能力，第一是容易被來自於東方的亞細亞的蠻族征服，第二是容易被像沙皇這樣的專制主義

6 格拉諾夫斯基（一八一三—一八五五年），俄國歷史學家、思想家、教育家，俄國中世紀研究的奠基人。在沙皇尼古拉一世的高壓統治之下，格拉諾夫斯基以演講帶給大眾西方的現代思想。

7 杜斯妥也夫斯基（一八二一—一八八一年），俄國作家。作品中常常描繪那些生活在社會底層卻都有著不同常人想法的角色，表達了對宗教、哲學及心理學的想法，以及探索自殺、貧窮及道德等主題，都呈現了當時俄羅斯混亂及複雜的結構。

8 米留科夫（一八五九—一九四三年），俄國著名歷史學家、政治家、立憲民主黨的創建者以及二月革命後的臨時政府首任外交部長。

者征服，而俄羅斯社會當中的進步力量和開明人士很難把人民組織起來。這一切都是有先天的基因的。這一點就容易推出一個其實跟種族主義毫無關係、但是很容易被搞成類似種族主義的結論：俄羅斯天生低劣，至少比起歐洲來說無可救藥的低劣，而這個低劣不是由政策和制度這樣淺層次的因素決定的，而是由歷史的深層結構決定的。換句話就是說，沒有辦法，沒有辦法，沒有辦法。

斯拉夫主義者，比如說阿克薩科夫[9]之類的人，看法恰好相反。他們主張，氏族和村社如果不是在全世界，至少是在整個歐洲，都是同樣存在的，只是細節上有一些不同。俄羅斯人之所以堅持村社，並不是因為他們天生跟歐洲人不同或者是比歐洲人低劣，而是因為他們特別是在接受了東正教以後，對基督教的本質和價值有著更深刻的理解，對封建主義和伴隨封建主義的各種約束和弊端認識得更清楚。因此，在西歐逐步地一層一層生長起來的、像德國封建騎士的城堡或者像哥特式的教堂那樣直聳雲霄的、分層結構的、各種詳細複雜的憲法結構，在俄羅斯由於人民的道德自覺而未能產生。

人民的道德直覺看到，這些東西雖然產生出了俄國自由派和西歐派無比崇拜的很多精緻的文明，但是在本質上，它們無一不是來自於對淳樸的、富有道德的俄羅斯人民膏血的壓榨。它們無論在具體的細節和專案上多麼寶貴，但是從根本上講它們都來自於和體現了這樣一種觀念或模型，這種觀念或模型就是著名小說《卡拉馬佐夫兄弟》[10]的三兄弟當中那個二哥伊萬所體現的歐洲理性主義的模式。這種模式要把人類當中的大多數視為花園裡的泥土，他們像泥土一樣卑賤。如果說他們有什麼存在價值，就是依靠他們的養分，在花園裡面長出了極少數精英人物的鮮花。

這種文明本質上是非基督教的、世俗的和不道德的。因此，天生富有道德本質、是全人類當中唯一一種能夠理解基督教真諦、而沒有被可惡的唯理主義的羅馬教廷帶歪的俄羅斯人民，毅然決然地摒棄了這種可能的選擇。而是把歐洲人捨棄或者壓制到社會底層的村社制度發揚光大，以此作為俄羅斯人民道德的載體。村社制度在後期的發達，事實上不但不是落後的體現，反而是俄羅斯人民道德高尚、為人類探索出了一條新的而且是唯一符合基督教價值觀的文明之路的體現。

這兩種學說有很多非常細節的變體，本身就是俄羅斯文化在十九世紀末葉以後饋贈給人類的重要禮品。我們暫時就不要去討論它們了，因為那都是後來的事情了。無論如何，在羅斯這

9 阿克薩科夫（一八一七—一八六〇年），俄國宗教哲學家、歷史學家、政論家、文藝批評家、斯拉夫派創始人之一。最著名的政論文章是《關於俄羅斯國內狀況的札記》，在《札記》中他反對政府的專制主義壓制了人民和民族的道德自由，呼籲沙皇給人民更多思想和言論自由。是斯拉夫派中最著名的無政府主義者。

10 《卡拉馬佐夫兄弟》，俄羅斯作家杜斯妥也夫斯基創作的最後一部長篇小說，通常也被認為是他一生文學創作的巔峰之作，於一八八〇年完成。整部小說有兩個層次：從表面上看這是一樁弒父案，而受害人的幾個兒子在某種程度上有串謀之嫌；但深層次上，這是一幕關於人精神的戲劇，講述了一個信仰、猜忌、理智與自由意志間的道德角鬥。

個詞產生以前，還沒有變成羅斯人的羅斯各地的社會基礎確實就是這個樣子的。

羅斯城邦的原型

王公貴族的產生，對於拜占庭人、阿拉伯人、可薩人[11]（Khazars）和南方的各居民來說，他們主要就是持劍經商的蠻族。諾曼人、維京人、瓦良格人的蹤跡遍布了整個文明世界。諾曼人、兩西西里王國以及君士坦丁堡皇帝的親兵和衛隊，都是由瓦良格人組成的。當神聖羅馬帝國和羅馬教廷東征拜占庭帝國的時候，兩西西里王國和它的男爵們身先士卒，當然也懷有征服君士坦丁堡、大發一筆橫財的動機。而君士坦丁堡的阿歷克塞一世皇帝（Alexios I Komnenos），就是後來以其求援而引起了十字軍東征的那個阿歷克塞一世皇帝，與他的公主安娜（Anna Komnene），調集起來抵抗這些西歐人的主要部隊，也就是瓦良格人。實際上，是兩支瓦良格人或者兩支諾曼人在亞德里亞堡附近的平原上殊死交戰，維護東方帝國和西方帝國、維護羅馬教會和君士坦丁堡東方教會的榮譽和利益。

當然，在他們在歷史上扮演如此重要的角色以前，他們那些知名度比較低、不大顯赫、但是卻構成了他們社會主幹的居民，早已經沿著第聶伯河沿岸建立了很多據點。或者不如說，他們把原有的據點升級了。例如，眾城之母基輔最初的時候跟還並沒有自稱為斯拉夫人的東斯拉夫人建立起來的眾多村社當中較大的一個沒有什麼區別。所謂眾多村社當中較大的一個，就是說考古學遺址發現的那些伴隨著城牆和防禦設施的墳墓或墓地之類的，其實跟歷史記載當中的那些獨家村和獨家村的結合實際上就是一回事。

院就是要有牆，這個牆當然是很簡陋的了，把牆包圍起來，免受外人——特別是經常從南俄草原上入侵的歐亞遊牧民族的侵襲。由於地廣人稀的緣故，經常是一個氏族建立了一個村，氏族和米爾（Mir，即村社）是合一的。這種村叫做獨家村。獨家村不是說只有一家，而是說他們的村社本身只有一個氏族的來源。但是在比較重要的據點不一樣，例如位於第聶伯河中段、羅斯諸城市最南端的據點。再往南走就是最危險的部分，不僅是第聶伯河航線從水利運輸的角度來講最容易翻船的地方，而且也是直接面臨南俄大草原、走出了森林的庇護、船隻很容易被搶劫的地方。所以，再往南，在很長一段時間內都根本沒有建立什麼城市了。它是最前端的據點。它不是由一個獨家村構成的，而是由三個不同來源的氏族構成的一個共同的米爾或者村社。

後來構成羅斯諸城邦的大多數城市都有類似的來源。城邦和一般的村社之間的差別，並不

11 可薩人，一個半游牧的突厥語民族，他們在公元六世紀末建立了一個突厥語部落聯邦，形成了覆蓋今天俄羅斯歐洲部分南部的一個大型商貿帝國。

是我們後來根據西歐經驗或現代化城市經驗總結出的那種城鄉對比。也就是說，羅斯城邦的原型和大多數村社沒有區別。村社不是沒有集市，只不過小的、不重要的村社的集市很簡陋，也就是賣賣附近森林的蜂蜜、皮毛之類的特產。大的城邦，可以賣的東西就多得多，財富也多得多。但是實際上，有集市不是它們之間的區別，大家都是有集市的。後來發展成城邦的那些居民點，最初跟其他居民點不同的地方，一是它們通常居於水路運輸的要津，二是它們的建城者（羅馬人所說的「羅慕路斯建城」那種建城者）通常來自於好幾個不同的氏族。如果是只有一個氏族來源，那它很可能會發展不起來，因為它沒有必要產生太精細的組織。如果有幾個不同的來源的話，那麼它們就會事先要畫一畫地界。例如像諾夫哥羅德那樣，要畫出五區。五區自治，而五個自治區之間要有各式各樣的博弈，這些博弈構成了諾夫哥羅德城市法典的最初來源。

不同來源的建城者形成的張力和衝突，當然更重要的是在這個張力和衝突的前提之下他們還能保持共同利益的聯合，是城市得以形成規則、產生秩序、發展壯大的一個重要原因。當然，也是在這些居民點，後來的城邦已經有了一點點規模以後，被邀請者，著名的傳說人物留里克[12]（Rurik），斯堪地那維亞的王公和他的親兵們，最初恐怕是以武裝商人的身分進來，然

12 留里克（八三〇—八七九年），是第一位被明確記載的東斯拉夫民族君主，也是第一個諾夫哥羅德大公，由他的姓氏「留里克」成為了後來留里克王朝的名稱。

瓦良格人的邀請

俄羅斯藝術家維克托・米哈伊洛維奇・瓦斯涅佐夫（Viktor Mikhailovich Vasnetsov，1848-1926年）所畫，畫中瓦良格人的領袖留里克受到羅斯城邦的邀請，和他的兄弟們抵達羅斯西北部的一座村莊——拉多加（Ladoga）。

留里克的受邀南下，是瑞典王公保護第聶伯河商業路線的體現。他在拉多加展開他的統治，成為留里克王朝之始，因此拉多加有「俄羅斯最初的首都」之稱。之後留里克將首都搬到諾夫哥羅德，他的繼任者奧列格征服了基輔，成為第一代基輔大公。

後為了航道的共同利益，跟城市原有的居民達成了保護協定。最後，由於他們在軍事技術和經商能力方面的優越性，漸漸就變成了城市的上層階級，城市變得離不開他們的保護了。而且也只有在他們的保護之下，才能夠變成貨真價實的城市和城邦。雙方之間的保護費之類的關係就變成了統治者可以理直氣壯地索取的稅收，然後又產生了相應的契約關係。

這個產生的過程在後來的歷史當中還留下了很多痕跡。例如，王公和他的親兵們經常要在較小的城市裡面獲得統治經驗，在全羅斯世界的口碑當中被認為是一個好樣的王公，然後他就可以依照順序晉升了。依照順序，從榮譽和禮儀上講往往是說，我是某某聖人王公的親屬，因為從理論上講斯堪地那維亞血統的各王公全都有親屬關係，所以我有資格向上升一級。但是實際上主要是因為，他在統治者出售保護能力的市場當中聲譽卓著，受眾人——特別是被保護的城市的欽佩和敬服。以至於更大的城市（最後就是最大的城市基輔）表示說，很想要得到這樣優秀的保護者。因此，他就會帶著他的親兵一級一級升上來。從比較小的、不重要的城市，升到比較大的、重要的城市。最後，如果他在一生當中有幾個月能夠充當基輔王公和基輔城市的保護者的話，那麼他一輩子都要引以為榮，像是今天獲得了奧運會的金牌一樣。正是這種王公在各城邦之間的遷移，保證了羅斯世界的一致性。要不然沒有理由說，那些不同城邦和不同地區有理由把自己說成是同一種人。

南下巴爾幹的羅斯人被視為斯拉夫人

那麼在這時我們要問，這些王公的被統治者是不是斯拉夫人？答案是，按照他們自己的主觀判斷來說，當然不是。斯拉夫這個帶有明顯輕蔑意義的稱呼，都是外人和敵人強加在他們身上的。羅斯世界的居民，至少是中後期的居民，是很樂意自己稱自己為羅斯人的，即使他的血統並不是那個斯堪地那維亞統治集團。但是他們一般不自稱為斯拉夫人。不同的人根據不同的理由，稱他們為斯拉夫人，但這些理由都是不懷好意的。拜占庭皇帝說他們像蝗蟲一樣從喀爾巴阡山上下來，充滿了巴爾幹半島各地，排擠掉了原來的老希臘人。今天的希臘居民，大部分都是這些斯拉夫人的後裔，而不是伯里克里斯時代自由希臘城邦或者號稱希臘帝國的拜占庭帝國的臣民的後裔。

但是我們要注意，這裡面發生的問題是，拜占庭皇帝的經濟剝削使得巴爾幹諸行省，除了那些蠻族盤踞的地方，凡是順民所在的地方，都失去了生殖的樂趣和生殖的願望，像今天領取福利的大都市人口一樣，城市不斷縮小，人口日益凋敝，更少的人口要承擔更多的賦稅，因此就凋敝得更快，大量的土地變成了無人利用的荒地。在這種情況下，還保留著蠻族特徵——也就是說基本上沒有行政負擔、開墾出土地或者得到什麼利益都歸自己、用不著把自己的大部分收入交給皇帝的這些人，他們的人口還在不斷繁衍，他們自然而然會下山，多餘的人口會被從山上擠下來。

在以前，比如說在伯里克里斯時代或者馬其頓時代，他們擠下來以後就要看戰鬥力了，他們不一定打得贏山下的那些人。他們肯定打不贏馬其頓人和雅典人的，所以他們顯得很不重要。但是現在他們的面前是一大片已經被遺棄的地區，他們自然而然會接管這些地區。而正如我們剛才所提到的那樣，他們缺乏高級複雜的社會組織，他們就是一群氏族，建立起來的僅僅是平鋪、散漫的一連串公社而已。拜占庭皇帝和他的那些講希臘語和拉丁語的士大夫階級，對這些其實戰鬥力也不算很強、至少跟西方那些日耳曼人相比起來的話簡直連一個比較像樣的國王和酋長的政治組織都沒有、只有一個小村一個小村的居民是充滿蔑視的。然而正是這批人，占領了他們的大片土地，他們卻沒有辦法。

最後，在這些人占領了這些土地以後，他們沒有像是西歐的那些蠻族君主那樣能夠建立跨地區的政權，還是處於散漫狀態。以至於拜占庭皇帝很容易打主意說是，我可以把我過去損失的那些錢在你們身上找補回來，向這些村社徵稅，以集體徵稅的方式重新統治巴爾幹半島。而這些人也沒有像西歐的蠻族君主那樣做。西歐的蠻族君主如果遭到拜占庭皇帝的反攻的話，那是非得打仗不可的，像迦太基和義大利的那些戰爭；而這些斯拉夫人的小部落和小村社卻沒有反抗，讓拜占庭皇帝輕易恢復了統治。這樣當然也使得拜占庭皇帝更瞧不起他們了。

而針對村社的稅收制度，後來變成了俄國憲法致命傷的那個集體徵稅制度，被斯拉夫派說成是俄國人民道德高尚的一個典範的那個稅收制度，使得村社內部很難產生固定的私有財產制度。尤其是，針對土地的權利不明確，因為以村社為單位的集體攤派制度必然就是這樣的。而這個制度最初產生的地點並不在俄羅斯境內，而是在拜占庭皇帝統治下的巴爾幹斯拉夫村社當中。後來拜占庭皇帝在政治上的繼承者俄羅斯帝國，莫斯科大公國的後裔，也對村社採取了類似的政策，也產生了類似的後果。但是我們卻不能夠因此而得出結論說（例如有些西歐派就是這麼認為的），斯拉夫人都是天生具有奴性的，他們的社會組織天然自由散漫。兩者之間的相似性，有一小部分是由於俄羅斯帝國自居為拜占庭帝國君統和法統繼承人的緣故；另一部分，或者說是更重要的部分，是由於相似的環境條件導致了相似的演化。

斯拉夫的另外一個來源是，西班牙的阿拉伯帝國和巴格達的阿拉伯帝國購買來自烏克蘭的奴隸，用這些奴隸來做他們的禁衛軍，形成了一個金髮碧眼的烏克蘭奴隸軍團。斯拉夫作為奴隸的含義，是阿拉伯人叫開的。那麼我們要問，是誰把這些人販賣到巴格達或者哥多華[13]去的？有一部分是佩切涅格人[14]、可薩人、保加爾人[15]，但肯定也有一部分就是那些斯堪地那維亞

13 哥多華，位於西班牙，是穆斯林在伊比利亞半島建立的伊斯蘭教政權哥多華哈里發國的首都。

14 佩切涅格人，西突厥烏古斯人的一支，受到葛邏祿的驅逐而遷往鹹海附近，而後他們繼續西遷，十世紀時到達頓河和多瑙河下游，在十一世紀時與拜占庭帝國發生衝突，十一世紀末至十二世紀初的幾場戰爭中他們被東羅馬帝國所敗，後來在匈牙利被馬札兒人收留於是定居下來，逐漸融入到當地居民中。

的王公和商人。王公和商人這兩者是不分家的。王公其實就是武裝的商人。商人呢，經商其實是王公的主要活動。瓦良格人這個詞最初的含義就是商人。

奴隸貿易是歷史上很多時期勞工流動的主要形式。我們要注意，今天勞工流動的形式顯然是從經濟不發達、人口過剩的第三世界跑到紐約來，比如說像川普最憎惡的萬惡的墨西哥非法移民。但是墨西哥小保姆很便宜，墨西哥農民工也很便宜，很多人都喜歡用他們。所以，只要有人用，這樣的非法移民就會絡繹不絕。這些人在歷史的很多時期都是以奴隸貿易的形式進行的。奴隸貿易的重要意義，就是給君士坦丁堡和巴格達這樣的大城市提供勞動力市場的最底層。當然，禁衛軍也是從他們當中挑選一部分作為保衛皇帝的軍官，諸如此類。

就從這個來源你也可以想像出，大多數羅斯城市和羅斯居民是根本不會高興自稱為斯拉夫人的。他們要麼就自稱為羅斯人，要麼就自稱為基輔人、諾夫哥羅德人或者其他什麼具體的地方性的居民名詞。斯拉夫這個詞被運用得極其廣泛，而且把波蘭和捷克這些地方都包括進去，是十九世紀中葉以後的事情。可以說，它是民族發明學的一部分，是文化泛民族主義者對帝國超民族主義者（例如大俄羅斯主義者）以及西歐那種由法蘭西創造和推廣的、由波蘭人和匈牙利人作為其中歐代理人的國民民族主義的一項反擊。反擊的結果就是，以波蘭人和捷克人——至少是波蘭和捷克精英所不願意承認的方式，把他們也給劃進了斯拉夫人的範疇內。只有在這時和在這以後，斯拉夫這個稱呼才不被它的使用者視為抹黑或者丟人的東西。

具有羅斯特色的封建主義

羅斯的各城市在以上述方式形成的過程當中，本身就是一個封建化和憲法產生的過程。被選做城市統治者的王公及其親兵，既是軍人又是商人。他們在被選為統治者以前，早就已經習慣於沿著第聶伯河商路運輸他們的貨物到拜占庭，或者到更遠的阿拉伯諸帝國去。在這個過程當中，他們經常必須一路打仗。後來的傳說把敵人都集中在南俄草原上的欽察人和其他遊牧民族身上，但是實際上，在他們被選為保護人之前，他們的小團隊之間必然是習慣於相互作戰以及跟他們沿途經過的各城邦作戰的，直到他們最終變成了這些城邦的統治者。

這個過程當中，主要的不是征服，而是討價還價和契約。首先，衝突是連綿不斷的，但是這個衝突不是殖民和征服性質的，而是像劍橋市民和劍橋大學之間不斷打仗的那種類型。如果你要問，劍橋的商人和布爾喬亞為什麼不把那些可惡的大學生統統趕出去，以後就不用打仗了？答案是，劍橋市的很多收入都是依靠那些大學的教師和學生們來維持的。雖然這些可惡的學者和學生喝了酒往往不付錢或者賒帳不付之類的，引起打架或打官司，但是還有很多是喝了

15 保加爾人，從公元二世紀起，在歐洲不同地區定居的游牧民族，分散生活歐洲的東部和東南部，為巴爾卡爾人、保加利亞人、楚瓦什人與塔塔爾族的先祖。

酒付錢的、來買東西的、進行各種消費的，這筆收入是市民不願意捨棄的。瓦良格人在基輔羅斯的雛形城市中起的作用大概也是這樣的。打仗是經常有的事情，相互之間打起來是經常有的事情，但是沒有哪個城市願意捨棄他們帶來的物流和相應的利潤，所以最後的普遍結果就是形成一系列契約結構。

城市的市民階級樂於接受瑞典貴族和武士的保護，他們的船隻變成了第聶伯河通航要道的主要運輸工具。城市的商人，以及把自己的蜂蜜、皮毛和各種物品運到城市來販賣的其他村社居民，就直截了當地放棄了航運的責任，而把城市所主管的這條集體運輸、像鏢局一樣的連環安保體系交給了出身瑞典的這些王公。這樣大家都可以省事，雙方的權利和義務也就可以定得比較明確。而統治者內部的升遷順序，變成了把物資運到城市的這些莊戶人和城市市民本身都不大關心的事情。只要你們提供了相應的保護，那麼像大運河上面的運糧船船隊這樣的軍事商業組織內部的安排，誰來當某個具體城邦的保護人這方面的事情，就交給瓦良格人的社會內部來考慮了。他們自己形成的憲法體系，例如繼承權制度，各路王公和親兵是怎樣形成的，怎樣在不同的城邦之間流動，這些事情我們都可以不管了。無論是誰來，他們都要在出售保護權和保護能力的這個市場上贏得自己的聲譽。這方面的機制，使得這些王公有一部分像西歐的貴族。

另一方面，因為他們的繼承制度的不同，以及自由主義者經常強調的，他們不像西歐的封

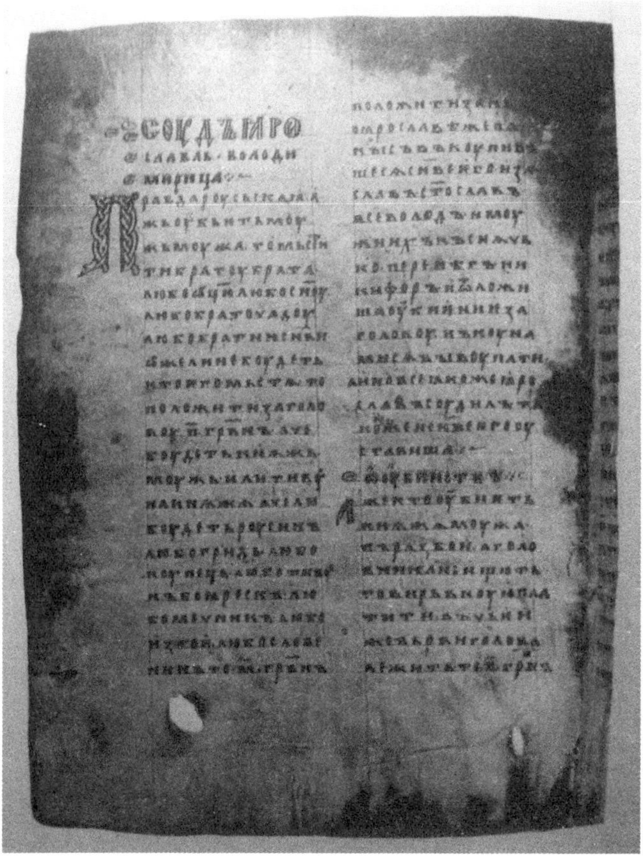

羅斯法典

本圖為羅斯法典最古老的倖存副本的第一頁，來自1282年諾夫哥羅德的法律合集。

羅斯法典是古典羅斯習慣法的一個總結和保護，由智者雅羅斯拉夫主持編纂，內容涉及刑法、繼承法、商法和訴訟法，並保留了許多原始部落的習俗，如允許血親復仇，反映了11-13世紀俄羅斯社會關係的演變。

本書作者指出，封建權利是羅斯法典中最重要的部分，而羅斯封建主義的特點就是封建權跟土地的關係不是十分密切，而是包含著很多跟土地沒有關係的東西。例如客廳的使用權，或者是在領主的餐桌上分得一個座位吃飯，諸如此類的權利。在整個羅斯世界普遍傾向於封建化的時候，這些不同程度的封建權利被羅斯法典納入。

建領主那樣有強烈的屬地性，所以他們的親兵招募機制也經常吸收無根者（在羅斯古法典當中稱之為遊民）和依附者（也許我們可以把這個詞稱之為門客），來充當他們自己親兵團的組織。後一點跟後來在內亞大草原上成型、變成外伊朗節度使制度來源——也就是產生安祿山和史思明的這種制度的來源的體制非常相似，可能具有共同的演化前體和演化機制。也被自由主義者認為，這是俄羅斯社會自古以來就不像歐洲社會、而且低劣於歐洲社會的重要原因或特徵。

但是，羅斯世界跟歐洲隔離，最重要的理由恐怕還是拜占庭和拜占庭宗教的緣故。早期的羅斯城邦，儘管他們有自由主義者指出的很多不同於西方的特點，但是從聯姻看來，羅斯城邦的王公跟匈牙利和歐洲的領主聯姻仍然不是稀罕的事情。也就是說，雙方雖然有些不同，但是這些不同可能還沒有強化到使他們像兩個不同的文明世界那樣彼此相互隔離的狀態。這也是俄羅斯人最痛心疾首的，就是在韃靼人征服以前我們本來是歐洲人的一部分。就算我們跟歐洲本體有很多不同，但是難道立陶宛人跟歐洲本體很相同嗎？我們之所以沒有能變成跟立陶宛人一樣，最關鍵的原因就是，立陶宛代表了那些沒有被韃靼人和蒙古人征服的部分，而我們是被征服的部分。這個比較主流的看法還是相當靠譜的。

早期的羅斯法典是經過後來皈依東正教以後修道院院長和修道院作家的記錄和潤色的，所以不見得能反映瓦良格人統治下羅斯世界形成的真實面貌。但他們留下來的那些記錄顯示，當時的階級制度確實有一些不同於西方的特點。例如大量流動的門客和遊民的存在，以及遊民往往會進行暴動，使得城市的王公對此相當頭疼。這些現象都是在西歐非常少見的。但是自由主義者強調的另外一些特點，在比較晚近的研究看來可能是誇大了或者錯誤解釋了。例如，米留科夫所強調的風滾草性質，就是羅斯世界的農民缺少像是精細的西歐農業那種固定的、複雜的、跨幾代人的、被托克維爾描繪成為「九十九年的契約都還算是太短」的封建關係，而是很容易遷徙。現在更加詳細的研究證明，其實這樣的遷徙像現代足球明星的轉會費一樣，門檻也是相當高的。

它要求，準備遷移的農戶跟本村社的領主、保護人和那些沒有決定遷移的鄰居之間清一清帳。也就是說，本來有很多賬是不用現在還的，而現在你必須立刻就還了。同時，你在本村社得到的好處以及從本村社領主保護人那裡得到的好處，現在在你遷移之前也要清一清帳，把它估價成為貨幣形式。所謂搬一次家就相當於是家裡著一次火，很多東西都需要扔掉。而這個清帳所需要的錢，對於一個普通的農戶來說不是一個很輕的負擔。所以你也可以想像，要下定決心遷移或者去開墾新地方，這樣的農戶必須本來就是富農，或者有非常堅毅的決心。大多數人其實並不是真的像風滾草那樣隨隨便便就遷移了。遷移得比較多和比較頻繁的恐怕是親兵，而不是被他們保護的農民和商人。

羅斯封建主義的特點就是，封建權跟土地的關係不是十分密切。儘管它們不像自由主義者說得那麼誇張，但是封建權包含著很多跟土地沒有關係的東西。例如森林裡面的蜂蜜諸如此類的東西，甚至是客廳的使用權，或者是在某某領主的餐桌上分一個座位，可以在餐桌上吃飯，諸如此類的權利。這些權利在羅斯法典當中都被納入了封建權之中。它們的起源大概是，古代作為遠端貿易商人和保衛商人的武士團體的王公對於這些重要的經濟作物（因為蜂蜜和蜂蠟是古代羅斯最重要的出口商品之一），作為大股東和主要的警衛隊長，要從這些重要產品的生產者當中索取最好、最貴的一份，所產生出來的。但是最後在整個羅斯世界普遍傾向於封建化的時候，這些權利最終都演化成了不同程度的封建權利。

皈依東正教使羅斯世界成為一個整體

這時的羅斯諸城邦主要還是信奉異教的。異教也有它們的不同來源。一是羅斯系的異教。這個異教可能是斯堪地那維亞異教世界和原先黑海北岸的雅利安人的各種崇拜。這些雅利安人的各種崇拜有一部分流傳在希臘戲劇當中。我們要注意，克里米亞跟羅斯不是一個世界。克里米亞在古典世界是從屬於希臘的，是希臘的殖民地。而到了近代則長期從屬於土耳其人和韃靼人。它屬於烏克蘭和屬於俄羅斯，都是凱薩琳大帝以來一系列近代征服和條約的產物。但是歷史的深刻鴻溝仍然是存在的，所以不能把它們看成是天然一體的。留下來的很多習俗，都通過希臘戲劇和希臘文獻有所記載。這些神子的名字和性格，有一部分像是北歐的奧丁神、雷神、電神，是沒有明確種族關係的萬神殿的重要組成部分。同時也像希臘人和很多剛剛步入文明的居民一樣，不同的城邦有不同的保護神。

在這個系列以外還有另一部分具有強烈芬蘭色彩的、關於巫師和地精諸如此類的神話傳說，反映了羅斯世界居民當中的很大一部分——特別是靠近東北部的那一部分有濃厚的芬蘭血統。而大部分芬蘭人並不住在今天的芬蘭國境之內。今天芬蘭東北部和中部的那些芬蘭人居住的部分，在當時是人口很少的。大多數芬蘭人實際上是居住在東起阿爾泰山、西到波羅的海、包括了今天俄羅斯大部分地區的這片森林地帶裡面。他們的社會組織，比起已經被拜占庭人和阿拉伯人視為非常簡陋的斯拉夫村社更加簡陋，是由極小的部落組織組成的。這個部落組織當中，精英階級，如果還有精英階級的話，就是巫師和巫婆。巫師和巫婆行使的很多法術，在今天的滿洲、蒙古、東西伯利亞的薩滿巫師當中還能看到痕跡。可以想像，芬蘭—阿勒泰系的居民跟今天的蒙古系居民有著千絲萬縷的聯繫。今天的蒙古系居民產生的時間比較晚，恐怕就是從更加古老、分布範圍更廣的芬蘭—阿勒泰系居民當中特化和分化出來，適應亞洲東北部特殊環境的一個分支。

羅斯世界和森林地帶的接壤地區本身就有很多芬蘭血統的人，他們至少跟羅斯世界中下層的居民是經常來往和經常通婚的。同時，羅斯世界比較上層的居民，很強調他們的瑞典血統的

基輔大公弗拉基米爾一世正在選擇宗教

俄羅斯藝術家伊凡・艾金克（Ivan Eggink，1787-1867年）繪於1822年，畫中弗拉基米爾一世（958-1015年）正在聆聽東正教牧師說話，而教皇特使則不滿地站在一旁。

基輔大公弗拉基米爾一世（978-1015年在位），勇者斯維亞托斯拉夫之子。在留里克王朝諸大公中，第一個注意到「宗教」的威力，其宗教政策是盡可能使人民的信仰對政權有利。他曾試圖統合東斯拉夫人普遍信仰的多神教，下令搜集所有多神教諸神的神像，但沒有成功。這時他意識到也許需要引入發展完善的外來宗教，在經過謹慎考慮之後，決定選擇東正教為基輔羅斯的唯一宗教。

那一部分，就很少跟芬蘭人通婚，直到後來基輔陷落以後羅斯的發展轉向東北方向——弗拉基米爾方向、梁贊方向去開墾森林為止。但是在羅斯世界的早期，所謂的羅斯世界就是圍繞著第聶伯河這條重要航路形成的一系列商業城邦的總和，它主要就是位於今天的白俄羅斯和烏克蘭境內。在今天的大俄羅斯境內，只在邊緣地帶有一些很不重要的城邦。大俄羅斯的主體主要是由芬蘭人居住的，這些芬蘭系的居民沒有高級的政治組織，在歷史上是默默無聞的。直到後來羅斯人在弗拉基米爾王公和修道院的率領之下開始向森林推進、向森林索取土地、建立新的居民點的時候，才把這些土著居民當作犧牲品。他們當作犧牲品的方式，可能跟十九世紀以來俄羅斯人東進的過程當中，阿勒泰人、雅庫特人和蒙古利亞系的各居民，在前進的俄羅斯和烏克蘭移民面前漸漸被吸收而變成犧牲品，性質是差不多的。

當然，這個大規模的拓殖是基輔羅斯城邦晚期——也就是皈依了東正教以後才有的事情。皈依東正教的過程，有一部分是王公商人推行拜占庭貿易和大量移民拜占庭的結果。移民像是馬其頓武士到亞歷山大去加入埃及托勒密王朝的馬其頓軍團的類似方式，因為拜占庭皇帝不斷地雇傭這些蠻族雇傭兵。當然，這些蠻族雇傭兵和前來君士坦丁堡做買賣的羅斯商人王公之間很容易裡應外合起來，上演一場五胡亂華、安史之亂。所以，拜占庭皇帝對他們也是深有忌憚，對他們實行了監視居住的政策。拜占庭皇帝和羅斯諸王公簽訂的條約，通常都要求他們快去快回。帶著你們的貨物，到皇帝指定的某一個角落或修道院去定居，把你們的貨物存到某些指定的修道院裡面去，然後該賣的賣，該拿錢的拿錢，拿上錢以後趕緊揚帆北走。嚴格禁止你們在本地通婚、購買土地、過冬諸如此類，始終要保持你們的過客身分。尤其重要的是，你們不能跟皇帝的瓦良格雇傭兵（那是你們的同族人）發生任何關係。

但是有一件事情是皇帝不禁止的，就是文化和宗教方面的交流。皇帝清楚地看到，在匈牙利和保加利亞的爭奪當中，東正教的教會可以擴大拜占庭皇帝的軟實力。信奉異教的可薩人和羅斯人都是拜占庭帝國重要的交易夥伴，而且在外交上也是拜占庭帝國向西對抗神聖羅馬帝國和歐洲人、向東對抗阿拉伯人和突厥人的重要幫手。可薩人和羅斯人垮台以後，拜占庭帝國的外交形勢就嚴重惡化了。對他們進行東正教的文化輸出，對拜占庭皇帝的外交政策是頗為有利的。

同時，也可以部分地解決拜占庭教育體系造成的知識分子過剩的現象。當時的拜占庭教育體系，核心部分當然就是東正教的宗教教育。但是教育出來的潛在的神職人員卻沒有足夠的教區和教育機構去分配，因此他們很容易變成失業大軍。當時的羅斯編年史作家曾經說，君士坦丁堡有多達數千人的失業神學生，他們找不到自己合適的教區。而羅斯人皈依東正教，可以使這些失業的神學生找到工作，到遙遠的北方的羅斯去，向當地的待培訓的神父和教民傳授東正教的知識。而羅斯各王公派他們的子弟到拜占庭來接受教育，或者是比較省事一點，聘請拜占庭的神學生去做他們的教師，從拜占庭皇帝的角度來講，這差不多就等於是一個封建納貢。

像今天中國和印度的大量學生，實際上就是在給英美的學校納貢。他們的存在，是美國教育體系始終沒有辦法完全像川普和其他一些反華人士所要求的那樣把中國學生間諜趕出去的重要原因。

王公皈依東正教，最初實際上是只限於王公本人、他的親屬和周圍的貴族小圈子。大多數市民，更不要說是城市之外的大多數農民，基本上沒有受到觸動。但是編年史上往往把這種屬於王公親信集團的皈依說成是集體的皈依。實際上，在皈依東正教以後相當長的時間內，宗教分裂和習俗的相互滲透仍然是存在的。教區的設立不是一勞永逸的，而是以基輔羅斯和幾個教團、修道院為中心點，逐步向周圍的鄉野滲透。以及，經常是在修道院和王公分支的主持之下，在向東北部森林的開拓過程當中，在移民和拓殖的過程當中，緩慢地、波浪式地確定起來的。其中還有很多次反復，包括多神教徒的反攻倒算。已經建立起自己統治地位的東正教教士和東正教王公不得不十分狼狽地逃之夭夭，甚至是遭到暴力攻擊。這樣的記錄是經常存在的。而在編年史中經常反映出來的那種妖魔鬼怪，魔鬼的誘惑或者魔鬼的蠱惑，往往就是原始巫師和多神教祭司對東正教教士和東正教王公的反攻倒算。雙方之間的進攻和防守經常是以教會迫害巫師和巫術的形式體現出來的。

這時，修道院體制的建立以及修道院本身作為拓荒和開拓森林的一個重要主體，為東正教最終在羅斯社會站住腳、而且將在政治上根本沒有統一性可言的羅斯社會在文化上形成一個溝通整體起了非常重要的作用。修道院往往就是拓荒新領地的中心。修道院長和修道士所擁有的知識，以及他們的仲裁能力，是這些新的居民點造法的根基。司法在當時正如在歐洲一樣，是收入的大宗。一般的居民跟他們的統治者發生關係是不太多的，最容易發生關係、發生得最頻繁的地方就是司法仲裁。最有學問的人通常是東正教教士。即使在異教居民的眼中，他們也顯得比傳統的多神教祭司們，更不要說芬蘭系的那些巫師們，是更有學問、因此也更有法力的。在原始的居民眼中，學問和法力是沒有區別的，知識分子和巫師也是沒有區別的。因此，有了糾紛或者有了需要以後，比如說患疾病或者其他什麼事情，他們相當有可能來找修道院長之類的角色來仲裁或者提供幫助。而司法訴訟則是修道院收入的大宗，以至於某些王公像在西歐一樣對此產生了嫉妒。

修道院提供這些服務，是他們能夠在羅斯社會的社區中站住腳跟的關鍵，也是一個有修道院的墾荒者社區跟沒有修道院、沒有聖人、沒有仲裁者的墾荒者社區相比，更容易在困難條件下站住腳、人口更容易繁衍、傳統更容易積累、更容易贏得良好聲譽和發展前途的重要原因。有修道院主持的移民社區，一方面開拓技術比較強，因為修道士往往擁有很多寶貴的農業技術，他們的種子比較多，種植比如說大白菜或者其他什麼各種植物的技術往往有一些秘傳；同時，修道院的院規以及他們對修道士行使的紀律性，也很容易為本社區提供凝聚力的中心。

基輔羅斯的衰落和東北羅斯的崛起

在可薩汗國崩潰、裏海貿易斷絕、羅斯南部的城邦相繼凋零、遭到南俄草原上的遊牧民族搶劫、通向拜占庭的商路也受到嚴重影響的情況之下，維繫了早期基輔羅斯世界的波羅的海－黑海貿易體系現在是瀕臨崩潰了。波羅的海－黑海貿易體系的崩潰，跟印度洋貿易體系的崩潰幾乎同時。對應的就是，與阿拔斯阿拉伯王朝開闢的伊朗－伊拉克－印度這條核心商路的繁榮幾乎同時。這本身就體現了世界歷史的聯動性。這時的後期羅斯城邦，已經皈依了東正教世界的羅斯城邦，面臨著中心的轉移。過去是財富和文化集中點的基輔和第聶伯河諸城邦，普遍地傾向於衰落，因為它們的財富主要是依靠商路的。這裡面有一個很有趣的插曲：早期的基輔羅斯的王公往往自稱為可汗，因為他們的主要交易夥伴可薩汗國是自稱可汗的。儘管他們是基督徒，但還是毫不猶豫地引用了這個充滿內亞色彩的頭銜。與此同時，他們在內部還是自稱為王公，而王公一詞的來源仍然是瑞典。這種現象在後期的基輔羅斯城邦當中就幾乎消失了，當然這是因為可薩汗國已經崩潰，裏海商路和第聶伯河－黑海貿易體系已經不再起重要作用了。

這時，第聶伯河沿岸的城邦失去了優越地位，而以弗拉基米爾為核心的東北部各城邦，由於面臨著過去是芬蘭－阿勒泰系居民所居住的廣大的、易於開墾的、充滿財富的大森林，他們這時享有一種美洲優勢。儘管阿帕拉契脈以西的美洲大陸基本上是一片荒土，但是大家都知道這片荒土布滿了野牛、森林和可開墾的土地，一旦被開墾出來，意味著巨大的財富。臨近阿帕拉契脈的維吉尼亞農場主，包括華盛頓將軍本人，都非常不高興英國人來限制他們，都希望把這個巨大的財富搞到手。然而，可憐的法國人和德國人為了阿爾薩斯和洛林一天到晚打仗，卻分享不到這筆巨大的財富。基輔羅斯當時的情況也是這樣的。基輔本身衰落了，南部和第聶伯河沿岸的城邦的財富來自拜占庭以及兩個伊拉克和波斯，現在漸漸越來越窮。他們也不是沒有可以開墾的土地，但是這些土地是很有限的。只有東北部的弗拉基米爾和其他各城邦，面臨著一片像美洲新大陸一樣廣闊的可開墾空間。

但是這些可開墾空間跟原有的瑞典人主持的城邦不一樣。第一，他們開墾的主力是王公和修道院，不再是武裝商團。十九世紀自由主義者痛心疾首的那種，「為什麼我們早期的基輔羅斯如此的自由民主，跟歐洲文明沒有什麼差別，而到了莫斯科公國時代被萬惡的韃靼人所害，變得那麼專制呢」，這個轉型不完全歸咎於莫斯科公國。這在後期的基輔羅斯城邦，在莫斯科尚未崛起、韃靼人尚未征服基輔和大多數羅斯城邦以前，在以弗拉基米爾為代表的東北部羅斯城邦當中已經可以體現出來了。商人和商團的地位下降了，商業財富基本上變得不太重要了。修道院和依附修道院的莊戶人變得很重要。修道院和王公之間的聯盟，現在變成東北部羅斯各城市的主要統治階級。他們並不像是原先的諾夫哥羅德和基輔那樣，有看上去比較自由民主的憲法，那些令人聯想起漢薩同盟德國城市和義大利諸城邦的各等級之間分享權力的憲法體制。

在這些城市當中，王公和教士主管一切。他們的依附者看上去是沒有什麼權利的農民。在過去基輔羅斯城邦當中起著極其重要作用的商團，現在幾乎消失了，變得毫不重要了。自給自足的經濟體系看來已經在東北羅斯建立起來了。

在西歐和地中海世界的商業階級和資本家階級正在變得越來越富裕、越來越強大、越來越重要的時候，羅斯的東北部城邦卻出現了在西歐中世紀早期才出現的那種情況，反過來反向演化，商業經濟向自然經濟演化。但是這個過程，我們要注意，不能稱之為是衰退，因為它恰恰是羅斯文化和社會不斷擴大、人口不斷增長的過程。在南部和西部凋殘的過程當中，東部和北部的處女地的開墾使羅斯的人口和財富有了極大的增長，只不過這些財富聚集起來的方式主要是集中在修道院長和王公的手裡面。這時，莫斯科尚不存在。莫斯科的建立者很可能在當時還不是羅斯人。是後來為了攀附自己的正統性，才把自己發明成為羅斯人的。眾城之首過去是基輔，現在變成了森林當中的弗拉基米爾。我們可以設想，欽察人的防線如果沒有崩潰，蒙古韃靼人沒有長驅直入的話，這個城市系列大概會一直推到芬蘭邊境，還會繼續向西伯利亞推進。

蒙古人把羅斯世界一分為二

蒙古人的來臨，首先是把南俄的那些已經相當衰落、但是還由於宗教遺跡和歷史傳統的存在而在羅斯世界還相當赫赫有名的城邦橫掃了一遍。包括著名的眾城之母基輔，被拔都汗徹底毀滅了。比較強大的城邦組織的聯軍被擊潰以後，他們自身構成的統治中心也被蒙古人一個一個拔掉了。特維爾、梁贊和弗拉基米爾都在這一時期走向衰落。而那些不太重要的、歷史負擔比較輕的城邦，卻很容易跟蒙古人達成新的封建契約，把他們過去對領主的供奉交給蒙古人的可汗。眾所周知，莫斯科人就是在這個不大體面的歷史時期，以不大體面的方式，贏得了蒙古人代理人的資格。作為蒙古人的代理人，向臣服於蒙古人的眾多王公徵收賦稅。自己得到一部分，另一部分轉交給蒙古人。蒙古人以伏爾加河和頓河之間的草原為自己的主要根據地，對於森林地帶並不打算直接統治。莫斯科人最初還不是唯一的代理人，但隨著時間的推移，漸漸變成了可靠的和主要的代理人。

西部的、距離蒙古人勢力範圍比較遠的各城邦和王公領地，則一個一個地拜倒在波蘭國王和立陶宛大公的保護之下。立陶宛大公對於俄羅斯人來說，或者說照立陶宛人和波蘭人的叫法，對於羅塞尼亞人來說，是比波蘭國王要重要得多。儘管波蘭的文化水準和經濟繁榮通常在基督教世界當中的重要性是超過立陶宛的，但是光復了從波羅的海直到黑海這片廣大地區的大多數羅斯土公領地的是立陶宛的親王和大公們，而不是波蘭國王。波蘭國王的眼睛望著奧地利和神聖羅馬帝國，而立陶宛的眼睛始終望著東方。

實際上，這意味著過去的羅斯世界被分成了兩半：依附於蒙古的、以莫斯科為核心的這一半，以及依附於立陶宛的、遍布著相當於今天斯摩倫斯克以西的半個俄羅斯和白俄羅斯、烏克蘭的絕大部分地方的立陶宛大公國。立陶宛大公國是一個分散的封建體系。立陶宛核心地帶的貴族依靠以猶太人和新教徒為主的城市，引進西歐的技術。對於南抵烏克蘭和黑海之濱的大量的王公領地，以及比過去人數更多、變成了顯克微支[16]小說主體的哥薩克逃亡者流民社區，行使鬆散的保護權。而在莫斯科公國內部，被自由主義者和西歐派長期詛咒的君主專制體制逐步產生。莫斯科公國的君主，無論他的來源和出身多麼卑微，他相對於保護了大部分居民的修道院和宗教體系來說，統治權一直十分強大。莫斯科大公作為金帳汗國可以信賴的合作夥伴，通過阿斯特拉罕汗國和伏爾加河水路控制了波斯伊朗商路，而那些西部的諾夫哥羅德和其他商業城市能夠自己立法的商人，變成了莫斯科大公對抗和控制修道院體系的助手。這是因為，接受莫斯科大公的保護，依靠大公的外交關係開闢伏爾加河商路，對於商人來說是划算的。

修道院長自身的封建性和經濟體系自給自足的性質都更強一些，它保護的多半是本地的農民和土產。在莫斯科公國的內部，宗教體系更多地代表了農業和自然經濟。而莫斯科大公本身則更多地控制了伏爾加河貿易和具有國際視野的這批商人。這一點也使得莫斯科公國以另一種

16 顯克微支（一八四六—一九一六年），波蘭作家。主要作品有歷史小說衛國三部曲：《火與劍》、《洪流》及《星火燎原》，描寫十七世紀時波蘭人民反抗外國入侵的故事。

方式，以東方色彩（當時主要是波斯色彩）更強烈的方式，體現了後來作為法國絕對君主制特徵的那種君主和商人之間聯合起來對付封建領主。莫斯科缺少強有力的封建領主，這可能跟它的起源有關係。它的起源是神聖家族不屑一顧的邊遠地方，照春秋時期列國的說法就是公族不蕃。小貴族有，出身名門的大貴族幾乎沒有，很容易被大公鎮壓。商人和大公之間的保護和被保護關係，使得作為墾荒者和莊戶人的主要保護人的修道院和教會體系無法跟他們競爭。

莫斯科人在東面和北面基本上沒有敵人。在南面，由於金帳汗國的保護，處境也是安全的。只有在西方，跟立陶宛保護之下的那些競爭性的王公，雙方之間的關係一直是咬得很緊的。尤其是跟雖然已經衰落、但是過去的餘威猶在、在東北羅斯享有類似眾城之母威望的弗拉基米爾之間，關係一直是咬得很緊的。弗拉基米爾不衰退，莫斯科的道路沒有辦法打通。弗拉基米爾最終依附於莫斯科，這是比諾夫哥羅德依附於莫斯科以及莫斯科人擺脫金帳汗國的統治更至關緊要的衝突，雙方之間是競爭同一個生態位的。弗拉基米爾衰退的重要原因之一就是它的公族較多，負擔較重，封建貴族的分裂較大，因此很難把舊王公體系的全部資源充分動員起來。而弗拉基米爾最終拜倒在莫斯科的鐵蹄之下，使得莫斯科在統一東北羅斯方面不再有阻力。它作為包稅人的地位，使得它積累了大量的錢財。人力和物力的動員，使得莫斯科能夠在奧卡河流域以東方規模積累起大量的步兵來。

當金帳汗國由於在伊斯蘭世界的博弈當中受到波斯人的攻擊、又受到帖木兒來自河中方面的重擊而喪失了大量資源的時候，就很難分出過多的資源來維護他們對森林地帶的封建權利了。從伏爾加河上的金帳汗國自身的角度來講，放棄對莫斯科方面的經營，主要並不是由於莫斯科人那兩次從軍事角度來講並不重要的勝利，而是因為金帳汗國需要集結起自己的殘餘力量，來對付帖木兒帝國和帖木兒帝國解體以後內亞方面以及伊朗和伊拉克方面更加複雜的國際形勢。但是無論如何，金帳汗國事實上是主動撤退這件事情，又進一步地解放了莫斯科大公的手腳。拜占庭帝國的滅亡和拜占庭公主的來臨，以及相當多的東正教流亡教士的來臨，並沒有很明顯地增加莫斯科大公的資源，但是卻給他提供了一種藉口，使得他在利用這些資源為自己爭取國際地位的過程當中有了更好的藉口。

這一切就是即將走向霸權道路、把過去古典的多國體系的羅斯變成專制主義的統一國家俄羅斯帝國的莫斯科公國在近代前夜所處的國際地位。嚴格說來，莫斯科公國繼承的傳統當中到底有多少來自於基輔羅斯，本身是很成問題的。它繼承基輔羅斯，是跟彼得大帝大君主國以來面向西歐的外交，以及自由主義者想要把俄羅斯帝國說成是符合歐洲標準的歷史繼承者、統一了或者說是恢復了過去基輔羅斯全部遺產的這個歷史神話，緊密聯繫在一起的。在脫離金帳汗國以前、繼承拜占庭遺產以前的那個比較土鼇的莫斯科公國的大公和重臣看來，這基本上是不重要的。在那個時代留下來的文獻記錄和風俗方面的記錄都顯示，當時的莫斯科商人實際上是很喜歡走伊朗—印度路線的，對瑞典人和立陶宛人統治的西部並沒有多少同胞的感情。

【延伸問答】

01

您之前說過，屬地性是封建德性的保證，請問羅斯文明的流動武裝商團是否因此沒有演化出西歐式封建？

「封建主義」是一個沒定義的詞，它是一種狀態。有理想的狀態和接近理想的狀態。它的中心是相當一致的，但是它的邊緣地帶延伸到什麼地方，那就完全看各人的看法了。我們今天印象中的封建主義，在十一世紀以前的西歐本身也是不典型的。法蘭克酋長和勃艮第阿爾勒王國（Kingdom of Arles）以及倫巴第王國橫行的西歐，並不能夠明顯地跟其他蠻族征服的土地區別開來。這些酋長自身的基督教信仰都是不鞏固的，尤其是他們的家庭形式大體上不符合後世關於基督教家庭的想像，而是跟韃靼酋長和很多蠻族酋長一樣，充滿了混亂、色情、妻子和姨太太之間的鬥爭、嫡子和庶子之間的鬥爭、不穩定的繼承權所引起的王國的不斷崩潰和解體。

十一世紀以後，我們所熟悉的那種沃爾特·司各特爵士在他的文學作品中描繪過的典型的封建制度，才在西歐核心地帶緩慢地站穩腳跟。對於英格蘭來說，諾曼征服使得封建制度精緻化了。相對於諾曼征服者，撒克遜人和丹麥人的封建制度都是不典型和混亂的。羅馬教會和法蘭西王國之間的長期合作關係，使得今天法蘭西南部阿爾勒一帶的封建制度逐漸形成。但是在阿爾比戰爭（Albigensian Crusade）以前，即使是在法蘭西王國的圖盧茲腹地，封建制度的發育都是不典型的。地中海南北之間，也就是說阿爾及利亞和圖盧茲之間，社會形態有很多類似之處。如果你深入到歷史的細部就會發現，你只要想要標新立異，實際上是可以提出無限多種社會形態標準的。

這就好像說是，你其實可以說人類不只有兩種性別，而是有五十多種性別、七十多種性別甚至五百多種性別，照樣都能言之成理。但是如果是這樣的話，即使是歐巴馬總統，也修不出這麼多種廁所來供你使用的。當然，你如果一定非要模糊計算的話，那麼就勉勉強強說，其實人類就只有兩種性別。什麼XYY染色體或者其他各種為數極少的變數，你都可以忽略不計了。

按照這種方式來講的話，基輔羅斯時期形成的那些準封建體系，確實不符合例如十二世紀或者美男子菲力浦時代、愛德華三世時代的法蘭德斯低地典型的封建主義結構，至少它們的資訊複雜度是相差甚遠的。羅斯法典是古典羅斯習慣法的一個總結和保護，但是如果拿到法蘭德斯去的話，它大概趕不上一個普普通通的小教區或者比根特還小的任何一個默默無聞的小封建領地在二百年內積累下來的封建法典的總結。

信息量的差異就是一個巨大的指標，說明當地的社會形態的發育是粗放而不完整的，造法能力不是很強。如果造法能力很強、社會分化非常複雜的話，那麼細枝末節的法典會像是樹上的大樹枝分出小樹枝、小樹枝長出各式各樣的葉片一樣，長得異常複雜。幾萬人的一個小地方在兩百年時間產生出來的各種封建習慣法的彙編，厚度就要大得不得了了。

羅斯法典和《往年紀事》那幾本書，留下的信息量就要少得多。僅憑這一點，就說明羅斯封建制度的發育是不完整和不完善的。但是這個不完整和不完善的程度如果放到西歐早期或者在西歐邊緣地帶，放到汪達爾王國還在北非活動的那個年代，不一定比我們今天印象中的法蘭西和西班牙腹地的封建制度發展差得多。所以你也無法預斷，假如它在另一種時間線和世界線上，在另一種不同的條件之下，獲得了更長的發育時間，是不是基輔羅斯諸公國也能像查理大帝時期非典型的加泰羅尼亞諸公國和巴斯克諸酋長一樣，在未來幾百年之內漸漸發展出比較典型和複雜的封建制度。

但是真實存在的歷史，就是我們所在的世界的歷史，沒有給它這種機會。我們看到的就是現在這種被俄羅斯自由主義者輕蔑地稱之為風滾草一樣散漫的準封建制度。它也可以被另一批自由主義者美化成為羅斯歷史上唯一一個自由的時代，人民可以用腳投票選擇自己的宗主的時代，但是無論如何，這個社會的組織形態確實是比較散漫的。但是並不一定比初期法蘭克王國諸子不斷瓜分領地、嫡子和庶子不斷起哄、同一家族的長房和幼房之間不斷在各領地之間遷徙的狀態更散漫一些。

02 夾在中俄之間的遊牧民對中國起秩序輸入的作用，與俄國有哪些秩序上的互動？

蒙古人有很多可汗在明末的時候就已經歸順了莫斯科的大公和俄羅斯的沙皇。另一些呢，例如說準噶爾人，用瑞典的技術人員來武裝他們的砲兵。布哈拉和希瓦也有自己相應的、跟康熙皇帝的紅衣大砲類似的歐洲技術的引進。內亞圈在這個時候，他們引進的技術基本上是跟俄羅斯帝國一樣，要依靠更靠西的西方。而他們位居下游，引進的技術多半是更差勁的。他們對於正在退縮進入內地、火器生產能力和軍事動員能力都在走下坡路、而編戶齊民人口提供的靜態財富卻大大增加的清帝國來說的話，起的技術刺激作用是不大的。清帝國主要是通過外交活動，主要就是通過賄賂俄羅斯帝國來包圍他們。通過編戶齊民帝國的集中大量糧餉和士兵的優勢，以及同時把全國大多數火器集中到一隅之地的優勢，來抵消自己的火器在代差方面實際上不如這些內亞小邦的弱點。

在俄羅斯帝國這個方面，它的中亞政策長期以來是防禦性的。對於俄羅斯帝國來講，沿著西伯利亞南部那條用雪橇組成的皮毛商路是它的一個重要的稅收來源，是它極力保護的。而鄰接內亞大草原的零零星星的俄羅斯拓殖民向草原的開拓經常引起草原諸汗國的反擊以及後者的奴隸掠奪和販賣活動，使得俄羅斯帝國像西班牙國王有的時候感到自己在道義上必須襲擊阿爾及爾的奴隸貿易者一樣，需要從奧倫堡發兵去襲擊希瓦汗國和布哈拉汗國的奴隸貿易者，以便解放信奉基督教的奴隸。但是這種活動跟西伯利亞的皮毛貿易相反，是俄羅斯帝國財政資源和國力的一個損耗，因此俄羅斯帝國在這方面的活動是不積極的，甚至是消極的。從地圖上來講，由於俄羅斯軍隊的軍事品質遠遠高於這些中亞的諸汗國和埃米爾國，這些反擊的結果往往是使這些埃米爾國和汗國割地賠款，使得俄羅斯帝國的邊界不斷向南推進，但是這種推進究其本質而言反而是被動性的。

03 俄國的知識分子土壤為何很容易產生極端分子？

嚴格來說，「知識分子」這個詞就是俄國的特產。按照十九世紀俄國對「知識分子」一詞的定義，西歐其實是沒有知識分子的。「知識分子」這個詞跟俄國文學上所出現的「多餘人」的意義基本相同，指的是一個游離於社會之外、已經不能回到自己原來身分的人。他們有些是小貴族的子弟，有些是受過高等教育的平民子弟，但是他們都在俄羅斯社會上找不到適當的位置。這批人把批判社會作為自己的職業和志趣，他們才能稱之為知識分子。他們的特點並不是知識很多。正如王小波所說的那樣，下鄉知青的知識其實並沒有多少，但是他們還是被稱為「知識青年」。這個「知識青年」就是帶有政治意義的說法了。俄羅斯的知識分子，按定義也是這樣。

「知識分子」這個詞氾濫起來，被現代的歐洲左派廣泛利用，還是第二次世界大戰以後的事情。而且，也是偏左派的人比較喜歡用「知識分子」這個詞。對於封建主義者來講，顯然有些貴族和有些牧師有很高的文化教養，但是他們不會被稱為是「知識分子」的，儘管他們的知識可能會比那些自稱和被稱為「知識分子」的人要豐富得多。傑弗遜總統是一個優秀的農學家，但他很難說是一個知識分子，因為他在鄉下就是一個大地主。所以，按照這種「知識分子」原始意義上的定義，俄國知識分子本身就是自外於社會的人，他們所產生出來的東西對社會有刺激作用和破壞作用是無足為奇的。

但是，是不是真的比歐洲的極端性更大，這是很成問題的。「極端」有沒有定義？什麼叫做「極端」？在你定義「極端」之前，你就定義了一個標準的原點座標。遠離這個原點座標足夠遠的，far-right，far-left，這才叫極端分子。如果你連原點都沒有，什麼叫「極端」呢？那麼，原點定在哪裡呢？也許你認為的極端分子認為他自己就正好位於原點附近，他就是最中庸的，而你認為的中庸分子反而是極端分子。列寧同志就認為立憲民主黨已經是極右分子了，而英國大使卻認為立憲民主黨是相當激進的左派，比立憲民主黨右得多的十月黨人相當於英國的溫和自由主義者。

可以確定的就是，流俗所謂的極端思想比較氾濫的地方，實際上是社會生態比較單薄的地方。也就是說，你如果真的到西歐思想史上面去找，你很難說例如杜斯妥也夫斯基在《群魔》中所描繪的那些極端分子在西歐沒有自己的同類或者更極端的人，很難認為巴貝夫分子和布朗基分子的極端性會比俄羅斯的任何一派要少。但是巴貝夫或布朗基在法蘭西的思想系譜中間所占的比例和分量卻比俄羅斯的極端分子要低得多，那當然是因為法蘭西的思想譜系，假如它可以被比喻為一個生態性的花園的話，它的品種要多得多，所以極端分子所占的比例和重要性相應降低了。英美相對於法國的情況也是這個樣子的。

俄國知識分子之所以會給人一種多產極端分子的印象，恐怕不是因為它的所謂極端分子比歐洲的極端分子更極端一些，而是像花園裡面普普通通的雜草一樣淹沒了極端分子的那個西歐思想背景在俄羅斯是極其單薄的，因此本身分量並不是更強或者更大的俄羅斯極端分子在自己所在的生態系統中間的地位就顯得更加突出了。比如說在英法，類似法國天主教農民和王港修道院那些構成法國思想基礎和主流的、產生了帕斯卡（Blaise Pascal）這樣的大思想家的土壤和背景，在俄羅斯東正教社會中是幾乎沒有產生出來的。所以，布朗基如果在法國是微不足道的小人物的話，那麼涅恰耶夫（Sergey Nechayev）在俄國就變成一個非常有分量的重要人物了。相當於義大利文藝復興時代群星燦爛的俄國思想家，可能只有羅蒙諾索夫（Mikhail Lomonosov）一個人能夠比得上。達・芬奇的身邊布滿了跟他類似的名士，而羅蒙諾索夫卻是只有孤立的一個人。

04 可薩汗國和金帳汗國各自的黃金時代，是否主要是它們溝通東西方貿易而獲得的獎品？內亞荒殘之後，俄羅斯帝國從這方面獲得的利益是不是就微不足道了？這是否也是俄羅斯選擇西方文明身分的現實基礎？

可薩汗國不是一個完整的國家，它是雇傭兵保護體制和一系列小的商業團體城邦的結合。這個模式其實跟伊朗的薩寶商團和突騎施人達成的類似形式是非常相似的。這種形式的組織度的嚴密程度可能跟瓦良格人在第聶伯河上形成的那些聯繫類似或相同。外來勢力把他們看成是同一個體系和一個國家，但是他們內部的各個團體很可能不認為他們自己是同一個政治整體，他們之間的聯繫是極其薄弱的。這也是他們後來很容易崩潰的原因。

可薩人和伊朗薩寶，都是在組織更嚴密的、像薩曼王國或者是像安祿山節度使政權這樣的新型統治體系興起之前才能維繫自己的聯盟；一旦組織度更強的新體系興起以後，他們就像是舊時代的上海自由市一樣，由於軍事動員能力和整合能力的落伍，很容易被拆散。但是拆散並不意味著原有政治勢力的垮台，垮台的只是他們上層的連接。原有的團體很可能以其他的名義併入了新的政治體當中。

可薩人和伊朗薩寶基本上就是依靠經營商路存在的，只是沿著商路活動的商團和軍事保護團體之間的一個鬆散的聯盟。但是金帳汗國不是，金帳汗國是一個相當有效的征服者集團。金帳汗國和可薩汗國之間的時代差，差不多就像是突騎施人和蒙古帝國之間的時代差那樣。金帳汗國並不像可薩汗國那樣非常依賴黑海北岸的貿易線，它的很多收入是依靠封建性的貢賦獲得的。它的主要貿易線在大部分時間內都被伊兒汗國切斷了。

俄羅斯帝國本身就是西歐化上層對內亞的征服。如果不能取得西歐資源，那麼俄羅斯是不可能征服南俄的廣大土地和內亞的廣大土地的。這樣的話，俄羅斯帝國根本就不會存在。對於俄羅斯帝國來講，從西歐取得的少量資源足以使它對東方取得巨大的技術優勢，這才是它的命脈所在。東方貿易，例如阿斯特拉罕汗國從波斯印度貿易得到的利益，對於它來說只是一個錢的問題，並不能使它形成技術優勢，所以對它自始至終都是次要的。

05 可薩汗國對於蒙昧時代的斯拉夫人部落是否有文明啟蒙的作用？可薩汗國為什麼沒能統合羅斯人，反而被羅斯人消滅了？

可薩汗國面對的並不是蒙昧的斯拉夫人部落，而是已經有很多城邦和王公的基輔羅斯世界。他們是關係相對友善的商業合作夥伴。也就是說，儘管不是不打仗，但是相對於例如拜占庭帝國和佩切涅格遊牧民來說的話，他們基本上可以算是友邦。可薩汗國根本沒有統治羅斯的可能性。它的統治核心在伏爾加河下游一帶，與第聶伯河相距非常遙遠。而且，可薩汗國也不是被羅斯人消滅的，雖然他們也有過一系列戰爭。毋寧說是，可薩汗國是在做一個脆弱的草原貿易體系的保護者，在東西兩端的各大邦發生政治震盪的情況之下，原有的保護體系失去了價值，從政治上講就體現為被其他的遊牧民族和帝國取代了。消滅可薩人的主要因素肯定不是羅斯人。可薩人的消失對於羅斯諸城邦來說是弊大於利的。

06 日耳曼人在部落時代的封建因素也是以扈從親兵制為主，似乎和古羅斯一樣沒有明顯的屬地因素，為何西歐封建主義的天花板在蒙古入侵前就比羅斯高得多？羅馬帝國留下來的隸農（Colonus）體制和西方教會盛行的恩地制（Beneficium）之類的因素，在其中起了

多大作用？

歐洲封建主義是在十一世紀神聖羅馬帝國和改革後的羅馬教廷之間的激烈衝突、教會和帝國刺激封建法不斷展開的過程當中形成的。初期的蠻族征服確實沒有明顯的跟其他的蠻族征服有差別的因素。瓦良格人在血緣上跟諾曼人是非常近的親屬。瓦良格人在俄羅斯的統治，跟同樣一批諾曼人在英格蘭、諾曼第和兩西西里王國的統治明顯拉開距離，至少是十世紀以後的事情。

教會本身的封建化是它適應羅馬帝國解體以後社會演化的結果，是由於教會不可能純粹是屬靈的，它在辦理各種事務——包括它非常自吹自擂的維護和平和保護窮人的事務的時候，需要領有世俗意義上的土地和財產。因此，領有世俗意義上的土地和財產的教士就自動地捲入了封建體系，他無法在領有財產和土地的情況之下不盡他的封建義務。而這樣的義務跟他在教會內部所需要盡的相互矛盾的義務的衝突，以及它跟基督教基本價值觀之間的衝突，極大地刺激了教會本身的體制演化和教會法的演化。

羅馬帝國後期遺留下來的大莊園和他們留下來的那些所謂隸農，在教會法的體制當中有所保留，在日耳曼系的封建法當中幾乎找不到痕跡。日耳曼是依附者。在早期日耳曼人的征服中，有地位不比奴隸高得多的純依附者。他們的身分之所以如此低下，很可能就是因為他們是羅馬帝國原有的順民（包括隸農）的殘餘。但是日耳曼的封建制度例如在撒克遜諸王國當中，很快地消化了它們，把它們納入了封建主義體系的附庸一類當中。

07 喀爾巴阡山的東斯拉夫人，如果沒有因為七世紀以後阿瓦爾人西遷的壓力向東方大平原森林地區退卻，而是繼續追隨前輩的足跡進入東歐、巴爾幹，俄羅斯核心地區是否有可能完全內亞化或芬蘭化？對往後的歷史進程會有什麼影響？

斯拉夫人的種族性是一個神話，是十九世紀末期民族發明家發明的結果。如果我們認為烏克蘭人可以算斯拉夫人的典型的話，那麼我們就會驚訝地發現，其實斯拉夫人比起希特勒所在的南德人更有資格稱為雅利安人。什麼叫做斯拉夫人？斯拉夫人作為雅利安人的一支，日耳曼人作為雅利安人的另一支，他們在血統上的差別在哪裡？很遺憾，直到今天，沒有人能夠指出他們的差別到底在哪裡。典型的雅利安人更有可能是白俄羅斯人和烏克蘭人，而不是奧地利人。

所以，今天所謂的斯拉夫人是十九世紀後期再發明和再認定的產物。他們跟十九世紀意義上的內亞人和芬蘭人，也跟十九世紀和二十世紀的日耳曼人，在血統上是無法區分的。芬蘭人理論上講應該是一個比斯拉夫人更亞洲的族群，但是實際上，在俄羅斯的森林地帶，兩者之間的血統是無法分清的。

所以，斯拉夫人是不是「芬蘭化」，這個說法本身是毫無意義的。「芬蘭化」指的是什麼意思呢？它指的到底是原始意義上的芬蘭人，就是說跟今天的拉普蘭人、信奉薩滿的西伯利亞各蒙古系民族在文化上非常相似的那種芬蘭人嗎，還是十九世紀意義上已經歐洲化和信奉路德教、變得跟瑞典人差不多的芬蘭人呢？順便說一句，今天芬蘭國核心地帶的居民，從血統上來講，日耳曼性和瑞典性顯然是很強的，看不出他們有多少亞洲血統。

十九世紀意義上的斯拉夫人建立在一個神話的基礎上，就是斯拉夫村社的神話的基礎上。但是即使如此，這個神話也無法適用於捷克人和斯洛伐克人，捷克人和斯洛伐克人所主張的斯拉夫神話指的是語言上的來源。這個意義上的斯拉夫人，就像是語言意義上的馬來人跟種族血統上的馬來人分辨不清一樣。種族神話經常實際上不是建立在種族基礎上的，斯拉夫人在這方面是一個典範。

喀爾巴阡山的斯拉夫人祖先並沒有自稱為斯拉夫人。他們當中當然有很多是在民族大遷徙的過程中四散的，例如進入巴爾幹半島的人是相當多的，進入烏克蘭平原地帶的人也是相當多的。所以，他們實際上是已經進入了東歐和巴爾幹。但是他們的後裔很可能有其他的認同，甚至是自我認同為薩克森人和巴爾幹德意志人也是有可能的。

08 希臘核心區在羅馬帝國末期至公元八、九世紀之間，斯拉夫人口替代希臘語順民的程度是否能趕上東亞核心或兩河流域的程度？希臘沒有像色雷斯或安納托利亞一樣幾乎完全成為斯拉夫語或突厥語地區的原因是什麼？

從技術上講，這樣的問題是沒有辦法回答的。就像是編戶齊民以外的、廣州城外的蠻族部落有多少人口一樣，這是不知道的。你能夠統計的就是廣州太守或者膠州刺史能夠徵稅的那批編戶齊民，他們的人數始終是很少的。但是這並不代表當地的人口就很少，只是其他的人口在編戶齊民管理體系的控制範圍之外，因此你無法統計。拜占庭失去的那些人口也是這樣。我們無法判斷，他們是因為減少生育、節育而自我滅亡了，還是有一部分乾脆就逃到了體制之外，變得無法徵稅了，以類似梁山盜匪的形式變成了無法徵稅的人口，在統計冊上變得不存在了，以及這些理論上不存在的人口又有多少併入了後來遷入巴爾幹的斯拉夫部落人口當中。

拜占庭帝國在重整安納托利亞的軍事體系以後對巴爾幹半島進行再征服的時候，才開始對斯拉夫村社進行重新編組。但是這些村社當中必然包括過去早期的拜占庭人口，就像是都鐸王朝所謂的愛爾蘭人口其實包括早期的征服愛爾蘭的諾曼騎士的後裔那樣。斯拉夫人的知識分子階級主要是東正教的教士，所以他們使用的本身就是教會的希臘語，而不是他們在此之前曾經有過的方言土語。

09

古羅斯的維京人集團似乎更多地是作為當地人的上層統治者出現的，沒有像在英格蘭那樣大規模移植固有法、建立自己的基層共同體，這是單純因為人數過少、交往不密嗎？還是另有原因？

照俄羅斯自由主義者的看法，主要是因為土地太多、遷徙太易的緣故。所以，作為一個很有內亞貿易者風格的第聶伯河貿易者武裝護衛集團，他們保持自己家族內部的團體連續性，在各個流動性很強的領地之間來回運轉，反而是比較有利可圖的方式。但是這只是自由主義者的說法，這個說法在俄國的歷史研究者當中也只是一家之言。從人口的角度來講，瓦良格人和諾曼人、丹麥人的差別，意義不是很大。即使你最初只有幾萬人或者幾千人，只要你有超過上百年時間來繁衍，生育率稍微提高一點，你就可以把人口迅速地擴張起來。如果他們不像是英格蘭東北部的丹麥人那樣形成了穩固的社區的話，那麼原因應該不在這一點。

10

東斯拉夫地區接受東正教而非天主教，立陶宛接受天主教而非東正教，各自有多大的偶然性？如果俄羅斯成為天主教地區的話，是否本來可以替代掉波蘭立陶宛的歐洲邊陲保衛者的生態位？如果立陶宛成為東正教地區的話，是否本來可以替代掉莫斯科的拜占庭正統繼承人的生態位？

「偶然性」如果有意義的話，那就是政治經營的結果。換句話說，是十字軍的結果。十字軍和德國商人沿著波羅的海前進。波羅的海的主教自身也是封建領主、十字軍的主持人和騎士團的主持人。是這些人，使立陶宛皈依了天主教。而羅斯諸大公皈依東正教則是跟拜占庭的外交和商業交易的一部分。兩者最初都是沒有達到鄉野的普通團體的，鄉野經常還是異教徒占多數的地方。立陶宛、波蘭和莫斯科之間的衝突，實際上是波羅的海和俄羅斯內地的衝突。

對於立陶宛來說，東正教人口等同於羅塞尼亞人和被保護者。如果你在立陶宛做一個東正教徒，那你就是做了羅塞尼亞人或者烏克蘭人。羅塞尼亞人和烏克蘭人是沒有自己的大公的，他們甚至連自己的統領都沒有。我們不要忘記，烏克蘭哥薩克為了產生自己的統領，跟波蘭人和立陶宛人是打了很長時間的仗，做了很大的犧牲的。立陶宛作為一個歐洲君主國，它是不可能接受拜占庭帝國的爵位的。立陶宛內部的羅塞尼亞人如果脫離了立陶宛，那它就只能變成一個依附波蘭的東儀天主教的小邦，否則在國際政治上是沒有辦法生存下來的。

11

基輔羅斯時期軍隊由貴族波雅爾[17]組成，在民兵步兵影響和作用日漸增加之際突然被蒙古征服打斷。而在此後，伊凡四世的常備軍主要由中下階層組成。根據文明季候和軍隊機構的演變規律，如果沒有蒙古征服，基輔羅斯是否很有可能向軍國主義—全民動員方向發展？

如果沒有蒙古征服的話，基輔羅斯不可避免地會像波蘭一樣被吸收進西歐的封建體系當中。很可能會變成波蘭王國、匈牙利王國和土耳其人不斷爭奪的對象，變成摩爾達維亞公國和瓦拉幾亞公國類似的一系列公國。也就是說，它實際上是沒有可能變成一個獨立的文明的。俄羅斯能夠變成一個獨立的文明，是它的歐亞性的體現。這一點，沒有莫斯科是做不到的。

12

立陶宛等波羅的海系居民與斯拉夫人的關係是什麼？立陶宛作為一個原始多神教政治體，為何能在波蘭和羅斯的夾縫中積聚如此強大的能量，以至於在蒙古入侵後能大量接受羅斯城邦歸附，將勢力伸展到遠遠超出本文化區的黑海草原？其在尚未得到來自天主教歐洲輸入的情形下能比羅斯人更早升級政治組織的關鍵在哪裡？

波羅的海居民跟烏克蘭居民在血統上的差別是極小極小的。只是氣候比較寒冷，在史前時代他們的居民人數比黑海北岸的居民要少。但是文明以前，波羅的海到黑海這一片，就是產生出雅利安人基因和人種、產生出馬匹和相應文化體系的這一片，在文化上是連續的。也就是說，後來的血統隨著民族遷移雖然有所改變，基本盤仍在。也就是說，拉脫維亞人、白俄羅斯人和烏克蘭人的基因，第一是非常相似的，第二，他們是今天北歐型人口——包括藍眼睛在內的很多重要基因的發源地。

立陶宛不是一個原始多神教政治體，而是很多小酋長、小部落的鬆散組合。立陶宛大公國的產生，是立陶宛皈依基督教的產物。它跟仍然信奉異教的各酋長以及雖然立陶宛改信了基督教、還是認為立陶宛不屬於日耳曼人而企圖消滅他們的條頓騎士團進行了長期的戰鬥。這個戰鬥和在戰鬥中形成的軍事體系和殖民體系，是立陶宛王國力量的根源。但是這個力量還是相當脆弱的，它基本上是大公麾下的幾個大貴族聯盟的不穩定聯合體。注意，大統領這個職位跟烏克蘭的蓋特曼[18]是同級的，經常是大公兼波蘭國王被迫羈縻強大的貴族聯盟的產物。

在蒙古撤退以後立陶宛的擴張，在地圖上顯得非常聲勢浩大，但是實際上卻非常簡單，它是失去了蒙古人的保護以後自己的勢力又不夠強大的各個東正教小王國和小城邦主動歸附、尋

17 波雅爾，羅斯大地諸政權中，僅次於大公的貴族頭銜。
18 蓋特曼，十五至十八世紀波蘭、烏克蘭及立陶宛大公國軍隊指揮官的頭銜，地位僅次於君主。有些權勢較大的蓋特曼甚至兼任王冠大元帥、波蘭首相等職務。

求保護的產物。立陶宛人沒有做什麼事情，它做的只是極少數幾次在蒙古人捲土重來的時候派出少量貴族武士去協防。當然，由此而形成的聯盟在地圖上看非常廣泛，但是內在的聯繫很薄弱。同時，因為地廣人稀的緣故，能夠提供的資源也不多。

13 內亞伊斯蘭教地區的財政和軍事制度，是否通過金帳汗國滲入了俄羅斯的歷史結構？

俄羅斯自由主義者正常的說法就是，蒙古人留下的遺產害了莫斯科公國。莫斯科公國與其說是基輔羅斯的繼承者，不如說是金帳汗國的繼承者。從東方路線——阿斯特拉罕汗國這一線看來，這一點是對的。從莫斯科的帝國特徵來看，這一點也是對的。但是從俄羅斯帝國的歐洲技術生命線來講，這個說法至少是不完備的。帝國本身就是一種整合體系，把原先相互衝突的各種因素通過更高層次的帝國而容納在這種帝國體系之下，使得它們在帝國的結構之下通過沙皇而暫時不相互發生衝突。如果沒有沙皇的話，這幾種因素是會體現為不同的敵對政權而相互殘殺的。

14 哥薩克人當年要採取怎樣的策略，才能把自己的組織血脈和政治血脈保存到今天？在俄羅斯內部發明民族嗎？尋求奧斯曼帝國或者薩法維帝國的庇護嗎？哥薩克人怎樣才能突破死局？

哥薩克人不是採取了什麼策略才使自己延續下來。就好像說是，鯊魚並不是採取了很好的策略，才使得鯨魚延續了鯊魚的流線型身體。所謂的哥薩克團體，他們的來源是各不相同的。只不過他們在邊區的政治生態環境之下，不約而同地採取了哥薩克的組織形式。有很多是出於模仿的緣故，就像是匈奴人的很多小部落後來又把自己稱為鮮卑一樣。

邊區的軍事團體自稱為哥薩克，並不表明他們在血統上講是以前的哥薩克的後裔。他們很可能是新來的移民或者逃亡者，想要模仿以前的哥薩克，並以此建立軍事團體，取得波蘭人或者俄國人的封建特權，以及贏得一定的外交資源和政治保護資格。哥薩克人很多（或者毋寧說是大部分）都是自己發明自己的，然後企圖讓沙皇來認同它，取得沙皇的支持或者資源。

東方的哥薩克，包括阿莫爾哥薩克，有很多都是這樣組成的。這個哥薩克在組成哥薩克團體以前，很可能是烏克蘭的農民或者其他亂七八糟的人口。但是形成了哥薩克以後，他們的政治地位就提高了，組織能力也提高了。今天的哥薩克其實是在被布爾什維克用種族滅絕的手段屠殺了以後，由阿根廷回來的哥薩克流亡者以及普丁時代和葉利欽時代羨慕哥薩克生活、想要繼承哥薩克傳統的、其實在勃列日涅夫時代還根本不是哥薩克的另外一些人拼湊起來的組合。當然，這種產生方式其實也是以前哥薩克常用的。

15 俄羅斯的專制因素，是受賜於蒙古征服，還是感染於拜占庭，還是從自身內部環境演化出來的？

拜占庭的因素主要是意識形態因素，蒙古征服的因素主要是現實政治因素。自身演化，這是俄羅斯作為歐亞邊區、在外交上和地緣政治上強化自身的一系列現實政治選擇積累成的，這個也可以說是演化性的因素。

16 在內亞普遍突厥化的歷史潮流當中，羅斯人為什麼沒有被突厥化？

突厥人和烏克蘭人在血統上是分不清的。突厥化一般意味著語言上和部族發明上給自己製造一個突厥的祖先。而羅斯人產生得比突厥人要早，在這一方面的工作早已經做得很完備了。因此，即使他們在血統上差別並不很大，他們也沒有必要重新為自己發明一個祖先來取代他們已經發明出來的祖先。同時，羅斯法典和羅斯語言已經有了一定的規模以後，他們出於初始條件敏感性和路徑依賴，已經沒有可能再推倒原有的體制重來了。但是如果是沒有根基的或者勢力微弱的部落或者小團體，做這樣的選擇就是很明智的。

17 俄羅斯—蒙古實行的以村莊為單位集體承擔領主賦稅、對村莊內部事務放任其按習慣自治的制度，相比於歐洲封建莊園具體細緻地安排每戶農奴的勞役時數和封建特權的制度，為何說前者更不利於封建主義的生長？

封建主義是一個造法機制，規則的成長是封建主義的主要優勢。以村社為基礎的集體主義（例如像歐洲邊緣的愛爾蘭也實行過類似的體制）產生出來的封建習慣法的複雜度比較低，是不利於形成契約社會的。這樣的兩個社會發生衝突，像英國人和愛爾蘭人發生衝突的時候，契約關係更複雜、更周密的社會在文明程度和軍事能力方面都享有優勢。

18 如果蒙古沒有入侵，諸羅斯會不會結盟南下，在奧斯曼人崛起之前就蠶食毀滅拜占庭，就像是滿蒙蠻族征服華夏一樣的劇本？這樣一來，突厥人是否就沒有機會衝擊歐洲而刺激近代新君主國的產生了？

羅斯人不斷南下，是在他們的早期。在蒙古入侵前夜，羅斯人的主要擴張方向已經指向東北方向，開拓森林這個方向。修道院在這個過程中間起了重要的組織者的作用。這裡面的原因是，頓河南岸的草原，連同歐亞大草原，是一個不大安定、建立起的定居地帶也不容易保住的地方。後來的波蘭人和俄羅斯帝國為了征服南方草原，必須跟這些汗國和遊牧民族進行長期而痛苦的戰爭。而越過這個危險的草原地帶、越過黑海的航路進攻君士坦丁堡，這是很難建立穩定體系的。可以說，歐亞大草原的壯大，使得在歐亞大草原壯大之前很容易通過的黑海南下路線變得障礙很多了。與此同時，以阿拔斯帝國為代表的中央貿易路線的興起，也使得原先的印度洋貿易路線和北線貿易路線相對衰落了。巴格達的繁盛，其實是以克里米亞和可薩汗國的衰落為代價的。

19 蒙古為何選擇以莫斯科為代理人對羅斯各城邦進行統治，而沒有採取分而治之、扶植幾個勢力中心相互牽制的策略？

蒙古人以伏爾加河為核心的代理人統治，是一個成本最低的統治方式。它需要的僅僅是貢品而已。增加更多的投入，等於是減少了它的貢品，對它來說並不划算。而且，蒙古人統治的羅斯其實也只是東北部，西部很快就落入了歐洲勢力範圍之內，蒙古人鞭長莫及了。它也不需要太複雜的統治方式來統治一個本來規模就不大的社會。

20 中世紀的斯拉夫人，是發明出來的概念，還是有一定的種族血緣基礎？從東亞西遷的匈奴人，是否融入了東歐大草原的部族？

斯拉夫人當然是十九世紀末葉的民族發明家發明出來的概念。狹義的匈奴人只是一個小王國，西遷的匈奴人當中可能並不包含著這個小王國的很多人口。大部分是泛義和廣義的匈奴聯盟的其他部族，特別是阿爾泰山以西的各部族。這些部族的血統本來就是更接近於伊朗人和白人的。

21

莫斯科大公繼承拜占庭衣缽，承擔了與西歐分庭抗禮、重建普世帝國的使命，是否客觀上大大刺激了其對拜占庭體制專制主義成分的吸收？

拜占庭是起法統作用的，而不是起技術作用的。從技術上講，每一個政權都很難違背自己的根基。例如，趙宋王朝的根基就是五代藩鎮體系。莫斯科公國的根基是金帳汗國體系。雖然有拜占庭的上層建築和後來的西歐上層建築，這個根是很難消除的。

22

如果沒有帖木兒帝國對於金帳汗國的消耗，金帳汗國與羅斯人的宗盟關係能否延續到近代世界？金帳汗國會與羅斯諸邦連袂加入到歐洲的春秋戰國博弈當中嗎？

如果沒有帖木兒帝國對於金帳汗國的打擊，莫斯科人不一定能夠掙脫金帳汗國的枷鎖，很可能一直是金帳汗國的一個附庸。而西部其他的羅斯小邦會變成波蘭人和瑞典人的附庸。在這樣一個可能發生的歷史當中，就沒有俄羅斯帝國和歐亞主義，歐洲直接跟亞洲相遇了。金帳汗國最終會在十九世紀中葉或者末葉，歐洲的勢力已經更加強大、同時瑞典人和波蘭人在西方擴張時鬥不過法國人、英國人和德國人以後，在英國人經略印度、建立印度帝國的同時，大舉消滅金帳汗國、布哈拉埃米爾國等等，建立廣大的中亞帝國。

23

俄羅斯東正教一向被認為相對於西歐缺乏理性思辨而強調感性直覺，似乎與拜占庭東正教盛期那種鞋匠也研討三位一體學說的知識分子傳統截然不同。請問這在多大程度上是受所謂俄羅斯民族性的影響，多大程度上是文明邊緣區的常規現象，多大程度上是受專制主義壓制而產生的托克維爾現象？

東正教的母體拜占庭在神學上很早就已經陷入乏善可陳的狀態，跟西歐封建之下經院哲學日益發展形成非常鮮明的對照。俄羅斯的神學繼承了拜占庭傳統，基本上沒有西歐意義上的神學。它留下來的文獻都是很接近於地面的，修道院經營、家庭生活、社區倫理之類的實用方面的東西。俄羅斯的東正教會感到有產生神學的必要，其實還是接受西方文化刺激以後被動反應的結果。真正到結出成果的時代，已經是所謂的白銀時代，就是十九世紀末二十世紀初。在十九世紀末二十世紀初的這個時期，俄羅斯東正教會才產生出可以跟西歐比肩的神學家和神學體系。但是即使是這些神學體系，其實也是很可以把它們畫分為歐洲神學體系的一個分支。這裡面的道理，就像是你可以把二程和朱子的新儒學說成是佛教思想體系的一個分支一樣。儘管他們掛的是反對佛教的招牌，但是如果沒有佛教的刺激和對佛教思辨方法的大幅度引用的話，他們是建立不起來的。

24

基輔羅斯的政權本質，可否理解為維京人的武士商人團體利用了北歐到拜占庭這條古老商路所孕育的財富格局，將其貿易權力升格為國家建制？基輔政權數世而衰，是否也是因為依託於這條貿易路線的秩序剩餘實際上無法長時段支撐一種國家政權層級的消耗？

「國家」這個詞有很多定義。基輔羅斯的城邦本身是幾個系統的利益集團組合的結果，照現代民族國家的定義能不能稱為國家是很成問題的。但是如果我們把王公和他們所在的集團當作一個穩定的權力中心的話，勉強按照中世紀的標準也可以把它稱為國家。第聶伯河路線的衰落，根本上講是巴格達和中央貿易路線興起的結果。在羅馬和薩珊長期爭霸的時期，北線黑海路線和南線紅海路線的繁榮才有保障。和平之城巴格達開通以後，阿拉伯帝國維持的中央路線實際上是把南北兩線的利潤吃掉了，對於第聶伯河沿岸的商業城邦都是非常不利的。基輔羅斯的分裂繁殖方式主要是開拓新殖民地和新城邦，主要面對著東北方的森林地帶，使得原先的母城基輔變得只有宗教和文化意義上的神聖性，而相對地位一直在不斷下降。

25

一代梟雄斯維亞托斯拉夫[19]（Sviatoslav I of Kiev）遷都多瑙河口的計畫如果成功了，會與拜占庭帝國博弈出怎樣的關係？在舊都基輔是否會有其他王公叛亂自立？

那樣的話，俄羅斯的大公們就會變成保加利亞的凱撒們，變成拜占庭帝國的副王，跟後來的保加利亞人形成差不多的歷史路徑，而被它遺棄的第聶伯河以東地區又會被其他的王公所接管，所以基本上不會影響歷史進程。

26

請您評價一下基輔羅斯鼎盛時期的雅羅斯拉夫一世[20]（Yaroslav the Wise）。

19 斯維亞托斯拉夫，又稱勇者斯維亞托斯拉夫（約九四二－九七二年），基輔大公（約九四五－九七二年）。幾乎終身都在對外戰爭中度過，主要的軍事成就有滅亡可薩汗國、打敗伏爾加保加利亞人，從而控制了大部分伏爾加河流域地區。

20 雅羅斯拉夫一世，又稱智者雅羅斯拉夫（約九七八－一〇五四年），基輔大公（一〇一六－一〇一八年、一〇一九－一〇五四年），弗拉基米爾一世之子。在成為大公之前，他是羅斯托夫（九七八－一〇一〇年）和諾夫哥羅德（一〇一〇－一〇三六年）的王公。他統治時代是基輔羅斯最強盛的時期之一。

他是齊桓公、晉文公一類的人物，主要依靠作為家長的權威和他主持外交的能力，而不是依靠軍事能力。

27 俄羅斯文明的先天不足之處，是否在於村社共同體的等級不高，支撐不起來英格蘭式的保守主義？俄羅斯最後淪為承接歐洲文明排泄物的缽盂，也有一定的宿命性吧？

蠻族部落在拓殖過程當中形成的村社，以及拜占庭帝國集中體現的那種為徵稅目的而形成的稅收單位，是兩種不同的東西。後來被斯拉夫派當作俄羅斯文明特徵的那種村社，它的特徵主要是巴爾幹的斯拉夫村社作為稅收單位的存在，跟其他意義上的村社並不能夠簡單等同。而俄羅斯歷史學家在這方面是經常把兩者混淆起來的。日耳曼人稱之為「瑪律克」的那種村社，似乎沒有理由認為它在史前時代的黑海北岸是不存在的。但是它跟歷史時代——例如公元六世紀以後在拜占庭帝國邊陲地帶出現的那些後來被認為是斯拉夫人特徵的村社相比，不能夠認為是同一種東西。

二、諾夫哥羅德與莫斯科：羅斯世界的兩個極端

通向西歐：諾夫哥羅德的地理位置

諸羅斯的政治結構，在蒙古入侵的前夕產生了諾夫哥羅德和弗拉基米爾兩個極端類型。從長期歷史的角度來看，後來的莫斯科公國只是弗拉基米爾系統的一個異端的、來源可疑的分支。所謂的極端類型，指的是在一個光譜中間進行比較。例如，在人類眼睛所能看到的光譜當中，紅橙黃綠藍靛紫，一端是紅，一端是紫，再往外就是紅外線和紫外線了，中間則有黃綠藍這些比較溫和的波段。兩者之間的差別不是設計產生的，而是演化產生的。由於長期歷史的自然作用，本來在羅斯各城邦和公國都具有的社會結構和政治結構，通過不同的演化，有些部分強化了，有些部分扭曲和削弱了，漸漸顯得各有參差。

諾夫哥羅德本來是西北邊境的一個小邦。在瓦良格人（也就是斯堪地那維亞人）出身的王公系統當中，最初看起來是一個不起眼的、遠遠稱不上是美差肥缺的地方。在上一章提到過，王公及其親兵起的作用通常就是為城市的商業資產階級提供護衛，特別是第聶伯河水道的護衛。他也可以利用這個護衛來分紅。這就意味著，比較重要的名城會有很多王公貴族希望去做他們的王公，特別是眾城之母基輔。而偏遠地區的、地位談不上重要的小地方就不是美差肥缺，很可能撈不到王公，很希望得到王公來保護他們，但是卻出不起好價錢，得不到好的王公。諾夫哥羅德在基輔羅斯時期通常就是扮演這個角色的。

早期諾夫哥羅德的記錄顯示，他們希望得到正統家族的一些親支近脈給自己做王公卻得不到，往往是連幼支的小王公都不願意去，甚至還經過了很長一段的無王公時期。後來的歷史發展證明，正是這種邊緣狀態，使得諾夫哥羅德的共和制度得以強大起來。這方面的共和制度並不是諾夫哥羅德特有的。事實上，其中的所有元素在其他羅斯城邦都是存在的。只是可以說像是人體的肌肉得不到鍛煉就會萎縮一樣，由於對王公的依附性很大，或者處在易於受到歐亞大草原入侵者征服的危險要害位置上，漸漸變得流於形式或者作用不大了。而諾夫哥羅德一方面自己沒有強大王公的約束，另一方面所處的地理位置又比較好，接近立陶宛、德國和瑞典。

十九世紀的自由主義者和大俄羅斯主義者往往把這種狀態稱為諾夫哥羅德的弱點，但是恐怕從演化的角度來講，這種四通八達的國際主義地理位置實際上是諾夫哥羅德的重要優點。後來的大俄羅斯主義歷史學家喜歡把德國人、瑞典人和波蘭—立陶宛人看成諾夫哥羅德的入侵者，但是中古時期的諾夫哥羅德商人和市民恐怕不是這麼看的。後來在諾夫哥羅德已經強大起來的時候聘請的王公當中，不僅包括諸羅斯的王公，而且也包括很多的立陶宛王公。例如，在比較晚期的諾夫哥羅德的歷史記錄當中，大俄羅斯主義者和自由主義者克柳切夫斯基[1]就曾經

1 克柳切夫斯基（一八四一—一九一一年），俄羅斯帝國末期的歷史學家。相較偏重於政治史的歷史，克柳切夫斯基構築了另一套重視社會經濟史的俄羅斯歷史樣貌。著有俄國史學巨著：五卷本《俄國史教程》，是俄國十月革命前唯一一部從古寫到十九世紀中葉的多卷本俄國史。

提到過，諾夫哥羅德派到其附屬城邦的代理人當中就包括一個立陶宛王公。該王公和該城市的市民發生了衝突，打起了官司，以至於必須請求宗主國諾夫哥羅德的仲裁。可見，諾夫哥羅德即使不是有意識地，至少也是習慣性地利用了它處於各國、各文化、各文明交匯地帶的優勢，來擴大自己的權力和利益。

諾夫哥羅德層層套疊的政治結構

諾夫哥羅德是五區的總和。可以看出，它原先不是一個城邦。原先五區的結構不僅在整個諾夫哥羅德共和國獨立時期都是實質權力所在，甚至在莫斯科人征服以後，原有的行政區畫都還是長期存在的。五區原有的自豪感和特殊政治形態是貫穿了整個諾夫哥羅德的政治形式的。克柳切夫斯基把諾夫哥羅德的政治形式稱為小共同體和大共同體的層層套疊。如果我們不算諾夫哥羅德的屬邑和附庸國，只算諾夫哥羅德本城，那麼本城邦是由五區聯邦形成的。而五區又是下面的各區段聯邦形成的，每個區段又是由下面更小的社區共同體形成的。最小的社區共同體，農村的村社和城市裡面的百戶邑，都有自己的自治組織。百戶邑的自治組織的領袖通常被稱之為百人長，在他之上還有千人長和其他類似的機構。百人長給人的印象好像是一個軍事職務，他確實也是本地民兵隊的首領，但他也是召集地方法庭、通過地方法庭治理地方的負責人。

諾夫哥羅德城邦除了這些可以說是屬地性的基層治理結構以外，還有縱向和橫向的治理結構。大部分也是通過司法體系來體現的，例如各種不同形態的商務法庭、教會法庭、行會法庭，以及具有外交性質的城邦本身組成的法庭。它們的組織都是功能性的。商務法庭不僅可以仲裁本商團內部的糾紛，而且也會接受要求它仲裁的其他人提出的起訴。也就是說，某些十分困難的外交糾紛在某一系統的法庭得不到解決的時候，實際上是可以轉到其他系統的法庭去的。例如宗教法庭，本來它的日常工作是為東正教的各個團體和修道院內部仲裁、主持是非的，但是在王公爭奪繼承權的糾紛在城邦的法庭得不到解決的時候，他們也很有可能把官司一路轉移到宗教法庭身上，因為宗教法庭往往被認為是窮人的保護者，享有相當高的道德威望。只要雙方都接受宗教法庭的仲裁，這樣的官司也是可以打起來的。

各個系統的法庭之間沒有明確的高下區別。不同級別的法庭，例如區段的法庭並不一定次於諾夫哥羅德城邦的法庭，不能說它們之間存在著近代美國這種各州的法庭要接受和尊重美國最高法院所做出的仲裁的習慣。它們實際上是各行其是的，彼此之間的關係與其說是接近於美國各州和聯邦政府，不如說是接近於聯合國和各主權國家。也就是說，聯合國做出的決定，各主權國家都願意接受，就能夠執行；如果有誰不願意接受的話，這個決定很可能淪為一紙空文。

那麼在這種情況下，如果法庭的判決出現了各種分歧，問題應該怎麼解決呢？首先是維徹議會。議會我們都知道是怎麼回事，維徹是諾夫哥羅德人對諾夫哥羅德本身（不包括其他屬邦）的市議會的稱呼。它是一個有產階級的市議會，由諾夫哥羅德各區的有產階級選舉產生。但是它的融合性，也就是沃格林（Eric Voegelin）最喜歡談的那種連屬性，顯然是不如中世紀的英格蘭王國的。其議員的各區性質和地方性質非常明顯，缺乏一個整體性的諾夫哥羅德認同。無論如何，這個議會至少是具有協商性的權力，城邦的許多事務是通過它來解決的。但是遇上議會本身也不能解決的事務，大家就要動武了。諾夫哥羅德的議員們像愛德華一世以前的英國議員們一樣，是習慣於攜帶自身的武裝參加議會的。碰上有糾紛的時候，言辭不能解決問題的時候，很可能就會打起來，而他們之間的鬥毆又很可能變成各區之間的鬥毆。

鬥毆、投票與國會的起源

在諾夫哥羅德著名的沃爾霍夫橋上面，這座橋見證了諾夫哥羅德議員們和市民們不知道多少次的大規模鬥毆行動。根據諾夫哥羅德的一個著名的傳說，諾夫哥羅德在皈依東正教以前其實是信奉雷神的，他們每年都要像是東南亞人的龍舟節一樣，把雷神的神像投入河水，希望得到雷神的保佑。這種行為激怒了基督徒和上帝，上帝對諾夫哥羅德人說：你們這樣熱愛那個暴烈的雷神，那麼我就送一根棒子作為禮物，讓你們充分發揮你們的天賦吧。於是，上帝在諾夫哥羅德人祭祀雷神、把雷神像投入河裡面的時候，就送了一根棍棒作為他們的過節禮物。於是，諾夫哥羅德人接受了這根棍棒，每年在過雷神節的時候都要拿這根棍棒大打出手，打得大家都頭破血流。

這個故事隱晦地顯示了，諾夫哥羅德的共和傳統實際上還要延伸到基督教時代以前。無論如何，棍棒是庶民的武器。用棍棒作為鬥毆的工具，就說明諾夫哥羅德的鬥毆傳統是具有高度的群眾性的。鬥毆產生的原因是因為，維徹市議會自己缺乏良好的議事程式。最初，維徹市議會是通過嗓門大小來判斷投票結果的。也就是說，投票誰贏不是像現在的美國國會一樣票數多的算贏，而是喊聲大的算贏。有爭議問題的時候，大家辯論和爭吵了一陣子以後，就看誰的嗓門大。喊聲最大、壓倒了敵對方面的喊聲的那一方，就被認為是獲得勝利了。如果喊聲都差不多或者喊聲小的那一方不服，那麼結果自然而然就是付諸械鬥。大人物拿出自己的寶劍，支持他們的平民百姓拿出他們的棍棒，首先在議會大廳裡面打起來，然後在街上打起來。最後通常的結果是，一擁而上地跑到沃爾霍夫橋上去，在這個諾夫哥羅德人最喜歡的傳統鬥毆地點大打出手。

我們要注意，早期日耳曼人的部落集會、希臘人的部落集會也是這樣的。參加公民大會的成員就是全體能打仗的成年男人或者武士，成年男人全都是武士。他們帶著自己的戈矛去參加會議，有決議的時候就敲打自己的武器。誰發出的聲音最大，就算誰贏。英國早期的議會在西蒙·德·蒙德福特公爵[2]和愛德華一世建立了良好的議會議事程式以前其實也是這樣的，所以才會有著名的「手杖國會」這樣的說法。其實這種說法的意思就是說，參加國會的各位爵爺一言不合就要從自己的手杖裡面（手杖就相當於是一個刀鞘，裡面就是一把寶劍）拔出寶劍，帶著自己的扈從親兵上去大打出手。國會議事很容易變成決鬥，決鬥又很容易變成各位爵爺的私人戰爭。

愛德華一世的模範國會（Model Parliament）在歷史上有一個重要作用就是，它做到了諾夫哥羅德人在其全部獨立時期都未能做到的事情，把本來是混亂無章、經常以鬥毆打架收場的議會變得井井有條了。現在我們在美國國會看到的那些一讀、二讀、三讀、投票表決、議長主持會議的程式，大部分是愛德華一世開的頭。當然，這也跟愛德華一世和蒙德福特公爵的殘酷內戰有關係。這兩位仁兄，從他們個人的角度來講是政治上的死對頭，很想把對方打垮才算完的，但是他們兩人都對英國國會的議事程式有很大的貢獻。議事程式搞得比較完善以後，引起鬥毆的主要理由也就大部分消除了。

我們現在看到的議會程式，一讀、二讀、三讀，就是讓所有走神的、漠不關心的議員都沒有藉口說「你們是用欺騙和忽悠的手段誘使我贊成或者使我錯過了投票機會」。動議的內容經過一讀、二讀、三讀，大家現在是全都知道了。然後我們辯論。有各種不同意見，我們都可以發表出來。在議長的主持之下，誰也不用擔心說是嗓門大的人搶了話筒，讓別人的意見發表不出來。這種發表不出來就很有可能成為鬥毆的理由。最後等到表決的時候，所有人的意見都已經發表出來了，所有人都可以把自己的意見拿出來供大家討論了。最後表決也不憑嗓門大，而是憑投票的計數。這樣，大家也就不用以暴烈的方式增加自己的嗓門，增加自己的音量，使自己的情緒陷入暴怒。大著嗓門喊叫，情緒自然會暴怒。看到喊叫的結果又不合自己的心意，就很容易打起來。

這些程式上的做法都是加強了英格蘭王國各等級之間的連屬性，使得王國作為一個政治共同體比較鞏固，也使得後來的民主成為可能。但是我們還是要注意，儘管在從愛德華一世到范布倫總統這樣長達千年的歷史進程當中，封建的自由逐步轉變為近代的大眾民主，一直產生到現代的羅伯特議事規則[3]（Robert's Rules of Order），議事規則的改進是極其重要的，但是這些都是民主的程式而不是實質。實質是什麼？我們現在要老實承認，民主的實質就是你的打架能力。

2 西蒙・德・蒙德福特（一二〇八—一二六五年），第六代萊斯特伯爵，是一名法國裔英格蘭貴族，在英國憲政發展中，扮演重要的角色。在第二次男爵戰爭（一二六三—一二六四年）中，率領貴族反抗亨利三世的統治，成為英格蘭的實際統治者。在統治期間，召開了第一次由直接選舉產生的議會（即英國下議院），這在中世紀的歐洲是第一次。因此西蒙・德・蒙德福特被視為現代議會制的創始人之一。

3 羅伯特議事規則，一本由美國將領亨利・馬丁・羅伯特於一八七六年出版的手冊，蒐集並改編美國國會的議事程序，使之普及於美國民間組織，也是目前美國最廣為使用的議事規範。

為什麼大家要用戈矛碰擊的聲音和喊叫聲音的大小來判斷是非呢？因為選舉是戰爭的替代品。沒有武器的、不能像男人一樣作戰的女人、小孩、病人，沒有資格享受民主。身體不太好的、不善於打仗的人，聲音不大、敲擊武器不夠有力，他參加投票的分量就不如那種孔武有力、敲擊武器很有力、聲音很大的武士。所以，他們在用聲音來投票的過程當中，實際上的投票權重就要少一些，就跟美國早期的南方黑人只按照五分之三的人頭來計算是一樣的。諾夫哥羅德的議員當中，假如有一個不擅長打仗、聲音也不夠大的議員，那麼他在投票中的權重就相當於美國南方的黑人，南方黑人只相當於是百分之六十的白人。一個不會打架、聲音也不大的諾夫哥羅德議員，他在投票中的權重就只相當於是百分之六十的武士。

為什麼議會民主能夠避免內戰呢？答案是，因為議會民主的選舉本身就是一種規範化的內戰，它體現的結果跟內戰體現出來的結果是相去無幾的。就像是一個組織良好的軍事演習，它產生出來的結果跟真正戰爭的結果是基本相似的，可以以此推斷戰爭的結果。正因為如此，在投票結果能夠忠實反映戰爭結果的情況之下，投票才能夠替代戰爭。反過來，如果投票結果不能忠實反映戰爭結果，那麼投票結果就不能替代戰爭，民主就會失敗。這就是為什麼士大夫和費拉不能實行民主、只有武士才能實行民主的根本原因。

能拔劍保護人民的人才能真正「代表人民」

一九一二年的中華民國舊國會的議員，他們一開會發生爭議的時候，也經常把墨水瓶和筆等文房四寶相互投擲。士大夫文化的新聞記者和公眾都罵他們：「你們是如此野蠻，有什麼資格搞民主？我們看看英國人和美國人的民主多麼的彬彬有禮，哪有像你們這樣？」他們就沒有考慮到，英國人在封建早期的民主，那就不是扔扔文房四寶和墨水瓶的問題，而是各位爵爺直接拿出寶劍，帶著自己的家丁上陣，直接變成決鬥和戰爭。相比之下，舊國會這些議員可以說都是士大夫出身，已經算是很文質彬彬了。

然後，舊國會的議員跟袁世凱不和，又被袁世凱召集的一幫流氓無產者以及後來段祺瑞召集的流氓無產者痛打。這些流氓無產者自稱是公民團，其實就是北京的馬車夫諸如此類的人，拿了一點五毛經費就進來毆打國會議員。然後國會議員們就把自己受傷的經過寫成報告，到醫院裡面去就診，拍下照片，發表在報紙上，向全世界大聲疾呼說：「啊哈！我們受到了多麼可怕的虐待！袁大總統欺負我們，段總理欺負我們，你們還要不要民主了？民主能夠這麼樣隨便毆打人民代表嗎？人民代表的投票不合你們的心思，你們就要打人，這像話嗎？」於是報紙又開始大罵：「袁總統獨裁，段總理獨裁。憑什麼呀？國會議員是你們可以隨便毆打的嗎？」

從技術上講，他們當然都是對的。法律當然規定議員人身不可侵犯，國會議員是不能毆打的。但是為什麼你們這些國會議員這麼容易被人毆打呢？英國國會的議員有可能被下等人毆打嗎？不可能的。英國國會本身就是各位爵爺議事的地方，爵爺是什麼人？就是有能力保護缺乏戰鬥力的普通農夫和基督教教士的封建貴族。他們能夠當上封建貴族，就是因為在阿拉伯穆斯林、維京海盜和其他什麼人殺上岸來的時候，別人都嚇哭了嚇跑了，而他們的祖先能夠拔出刀來打跑這些海盜，保護當地村民，然後當地村民才會心甘情願地推舉他們做爵爺。一個爵爺能夠打敗一百個下等人，是眾所周知、不必論證的事情。

即使是晚至克倫威爾時代，克倫威爾還在說，你們搞的那些酒保、市民、烏合之眾，怎麼能夠打得贏習慣於騎馬打獵、內心充滿貴族自豪感的紳士呢？像一三八一年的瓦特・泰勒叛亂（Wat Tyler's Rebellion）和英國歷史上極其少見的農民叛亂當中，一般都是理查國王或者倫敦市長沃爾特爵士率領幾百個甚至幾個貴族帶著他們的家丁沖上去，剎那之間，用不著從早晨等到晚上，幾萬名烏合之眾就一哄而散了。幾萬名平民或者烏合之眾絕對不是幾百個貴族的對手，貴族怎麼可能被流氓無產者毆打呢？貴族的人身不可侵犯，那是針對國王說的。你們這些議員連保護自身的能力都沒有，你們有什麼資格代表人民？什麼叫做代表人民？「南安普敦爵爺代表南安普敦的人民」是什麼意思？就是說，南安普敦的人民如果被法國人打了，被西班牙人打了，他們立馬就可以跑去找南安普敦伯爵，伯爵二話不說就能夠拔劍上馬，去把法國人和西班牙人趕走。這就叫做「南安普敦伯爵代表南安普敦的人民」。

而舊國會的議員和那些半通不通的新聞記者是怎麼理解的？我代表人民，就是我TMD公車上書，我是一個監察御史式的文化人和士大夫。人民說「我窮，我交不起稅」，士大夫就跳出來寫了一份萬言書，跑到皇帝面前去說，「皇上啊，你不要太貪婪了，人民很窮啊！請你少收點稅好不好？」按照舊國會的那些議員和當時的新聞記者、包括現在這些公知們的意見，民主就是這個意思：人民代表是什麼？是一些有良心的知識分子士大夫，他們看到人民有什麼需要，就跑出去到統治者面前去替人民代言，這就叫做代表人民。他們把自己想像成為替人民發言的監察御史。

我們要注意，這根本不是西方憲政史上「代表人民」的本意。什麼叫做「代表人民」？就是在人民的安全受到威脅的時候，我能夠拔出寶劍去保衛人民。能夠拔出寶劍保衛人民的人，那就是爵爺和貴族了。人民需要你的保護，就會給你上貢，交保護費，把你捧成爵爺和貴族。最終，大的爵爺和貴族，像巴黎伯爵，因為在可怕的、誰也攔不住的維京海盜順著塞納河長驅直入的時候，他能夠挺身而出，保衛了法蘭西人民的安全，就被推舉為法蘭西國王了。「代表」這個詞的意思就是，你保護了人民。它的意思不是說，人民有話說的時候，你這個會說話的知識分子就去替人民說了話。那就不叫人民代表，而只能叫監察御史。為什麼舊國會很輕而易舉地被袁世凱和軍閥搞散了？因為他們是一幫士大夫，他們並不是真正的、西方意義上的人民代表，他們和選區沒有封建關係。選區有封建關係，就是說我是本選區的選舉人，我是能夠為本選區打得頭破血流的。

議會辯論的最終仲裁仍然是武力

當然，打得頭破血流並不是很好看的事情，所以西方首先是以英國為代表，漸漸就把議事程式改變得很良好、很紳士、很費厄潑賴[4]了。漸漸的，大家就只動嘴皮子不動武了。但是我們要注意，正如紙幣最後的後盾是黃金一樣，議會辯論最終的仲裁仍然是武力。議會的投票必須能夠忠實模擬人民在參戰以後的結果，才會真正有效。如果說任何事情都有實質和外表的話，那麼武力是民主的實質，民主程序只是民主的外表。最好是，既能打，打得又彬彬有禮、很有紳士風度。其次是，能打，但是打得很不規範，像早期的英國和諾夫哥羅德共和國一樣，很不規範、很不紳士，但是還能打。最糟糕的是，你根本不能打。在這種情況下，你有沒有議事程式，有沒有紳士風度，結果都是一樣的，結果你肯定要垮台的，肯定民主不起來的。你得到了民主的程式，卻沒有民主的實質。這就好像說是你印刷了很多俄羅斯沙皇的舊盧布或者國民黨的金圓券一樣，這些紙張從印刷的精美程度來講不比英鎊和美元差，但它們就是一文不值。

民主、程式和選票都只是一張紙幣，一個兌換券。兌換券兌換出來的是什麼？就是肯打架的人民代表的血。能夠兌得出血來，你良好的程式才能管用。良好的程式是為了使軍事演習的結果盡可能接近真正的戰爭，使民主投票的結果盡可能接近真實的決鬥，而不是為了優雅而優雅，為了程式而程式。費厄潑賴是好的，但是如果你根本不能打，你只是模擬和演習一下費厄潑賴，那就跟你在莎士比亞的歷史劇中扮演英國國王是一樣的，它根本不能使你成為英國國王。你這個扮演英國國王的演員，比起那些只看戲、從來不扮演英國國王的觀眾，以及那些連看戲都不看、根本不知道莎士比亞是誰的其他什麼人來說，並不更接近於英國國王的寶座。

而很多公知卻以為，你只要學通了羅伯特議事規則或者是學通了憲政史之類的東西，然後在家裡面搞演習，或者是在自己的教會裡面搞一搞模擬演習，你就推動了民主化的建設，你就比那些沒有經過啟蒙的愚昧民眾更接近於民主了。完全不是這樣。你這個民主演員跟其他的民主觀眾以及既不是演員也不是觀眾、根本不知道什麼民主不民主的蠻族相比起來，距離民主是一樣遠的，並不會因為你多學了這些就更近一些。不是說你今天學一點、明天學一點就越來越近了。你無論學多少演多少，距離都是一樣的遠。反過來，那些根本沒有像你這樣傻不唧唧地去學什麼程式、卻是在自己利益攸關的情況之下二話沒說就像愣頭青一樣去打架的人，反而像

4 費厄潑賴，即Fairplay，五四新文化運動時將其譯為費厄潑賴，意思是光明正大的比賽，不要用不正當的手段，不要過於認真，不要窮追猛打。英國曾號召運用這種精神於政治黨派之間的鬥爭和社會生活中，認為這是每一個紳士所應有的涵養和品質。

是早期的諾夫哥羅德人和英國人一樣是比較接近於民主的。

今天美國的費拉右派經常是一天到晚罵：「穆斯林把民主搞壞了，墨西哥人把民主搞壞了。像AOC[5]（Alexandria Ocasio-Cortez）這樣的民主黨議員，他們的選區是多麼多麼多麼糟糕啊。你去看看啊，哪裡像我們這些華人中產階級的地區一樣，住著整整齊齊的房子，人人都有收入。哎呦，他們簡直是一天到晚鬥毆，黑幫到處跑，你們自己選出的議員跟黑幫也差不了多少。」如果這種人見到了諾夫哥羅德的議員，肯定要說諾夫哥羅德的民主要完的。他們不知道，那些整天打架的黑人選區、墨西哥人和拉美人選區、穆斯林選區，比起你們費拉右派的華人更適合民主。費拉右派的華人是最容易變成匪諜的，變成匪諜的原因是因為他們自身沒有真實的選區基礎，很需要依附於人，因此很容易被收買。

像AOC這種人，費拉右派是看不順眼的，因為她不過是一個酒吧的女招待，也不會彬彬有禮、文質彬彬地像艾德蒙·伯克一樣講出一些很有道理的話來。支持她的選民都是一些克倫威爾鄙視的酒保和窮人，動不動一言不合就要打架。但是正因為是這樣，她在她的選區才真正能夠代表那些能打架的、包括黑幫在內的拉美移民。像最近中國病毒在巴西肆虐的時候，巴西的黑幫就自己站出來實行隔離檢疫。我相信義大利的黑手黨也能夠幹出同樣的事情來。AOC的選區的拉美移民如果有需要的話，也能夠幹出同樣的事情來。他們之所以能夠幹出同樣的事情來，就是因為他們平時的幫派在涉及利益糾紛的時候經常很不體面地相互鬥毆起來。

而高華[6]碰到這種情況時只能賣掉自己的房子，灰溜溜地跑掉，然後再仰天長歎說一聲「美國要完」。或者你就跑到一個良好的白人中產階級社區裡面，像馬來西亞華人一樣，做一個可有可無的人，也就是說依附白人中產階級基督徒的秩序。或者你就跑去做匪諜，說「只有中國崛起才能救美國，要不然美國就要被黑人、穆斯林、墨西哥人、拉美人徹底搞壞了」。實際情況是，這些AOC的選民如果經過足夠時間的訓練，讓他們明白投票是可以替代打架的，他們也漸漸有一定的可能演變成英國國會。我們要注意，不是一定會演變成英國國會，他們也有可能像諾夫哥羅德的議會一樣，直到諾夫哥羅德人滅亡的那一天，仍然是依靠打架來解決糾紛的，這是有可能的，但他們有一定的機會被培養出像英美那種井井有條的民主來。

而你們這些職業當士大夫、堅決不肯打、而且誰都打不過的人，你們永遠都培養不出來。儘管你們像跟諾夫哥羅德同時代的巴格達市民或者蘇州杭州市民一樣，比諾夫哥羅德人更有錢，而且經常是不用打架也能夠獲得人身安全的，肯定對他們充滿了鄙視，但是民主是從諾夫

5 亞歷山卓·歐加修-寇蒂茲（一九八九年—），暱稱AOC，美國政治人物、社會運動人士。二〇一八年十一月美國中期選舉中擊敗共和黨候選人安東尼·帕帕斯（Anthony Pappas）勝出紐約州第十四選區，成為美國眾議院歷史上最年輕的女性議員。

6 高華（一九五四—二〇一一年），江蘇南京人，歷史學家，南京大學歷史系教授、博士生導師，華東師範大學歷史系講座教授、博士生導師。因中國共產黨黨史研究而知名。他的代表作《紅太陽是怎樣升起的》揭示了中共式思想改造的緣起與模式，尤為學界所重。

哥羅德人這樣的蠻族當中產生出來的，而不是從巴格達市民或者蘇州市民這些受保護的士大夫階級當中產生出來的。首先要能打，這是蠻族自由和封建自由的基礎；然後打得有規範，這就是自由民主了。你不能打，你規範講得再多也是沒有用處的。就好像說是，一個打老婆的男人有可能改邪歸正，變成良好的父親；但是一個太監，無論他怎麼樣文質彬彬，他永遠生不出孩子。

諾夫哥羅德的市民、商團與王公

諾夫哥羅德人的法制像英國早期的封建法制一樣，是不成系統的。其實這跟基輔羅斯其他各邦的法制一樣，它們都是根據具體的事務做出的各種臨時性的先例，在歷史演變的過程當中一點一點積累起來，最後略略有了一點系統，但是遠遠達不到像美國憲法那樣實現各部分的精確平衡，也沒有什麼設計目的。法律和條約是很少有區別的。條約都是臨時性的，反映了當時的力量對比。例如，有一段時間諾夫哥羅德找不到王公來保衛他們，他們依靠的就是市民的民兵和商團的民兵。

我們要注意，商團和市民的戰鬥力在各個時代是不相等的，但是就諾夫哥羅德人自己的評價來說的話，他們自己似乎也認為，他們的民兵的戰鬥力不如以戰爭為職業的貴族王公，所以他們後來還是找了貴族王公作為自己的保護者。後來在諾夫哥羅德人被莫斯科吞併的前夜，諾夫哥羅德的民兵跟莫斯科人的王公貴族打了兩仗，結果這兩仗都打敗了。這就證實了諾夫哥羅德人認為「業餘性質的民兵還是打不過專業的貴族，所以還是需要王公保護」的說法。但是即使在接受王公保護的同時，民團和民兵從來沒有解散過，而且日常都是在打架的過程當中。雖然他們用棍棒之類的東西打，恐怕是打不贏那些正規的王公的，但是武力的威懾是始終存在的。這種武力的威懾，是城邦和王公簽署的各個條約能夠執行的關鍵。

因為諾夫哥羅德人留下了大量的歷史文獻，所以我們可以相當清楚地看到城邦跟各位王公簽署的條約的實例。通常，城邦跟王公簽署的條約像現在的合同一樣是非常瑣碎的。規定城市的保護者督軍（我們要注意，督軍這個稱呼是諸羅斯、而不僅僅是諾夫哥羅德各王公的傳統稱呼。王公本來就是一個親兵隊長，正式的稱呼就叫督軍。之所以是城市的保衛者，就是說他們是城市聘來的保安隊長。這是他們取得各種待遇的基本前提）盡什麼什麼方面的義務，拿什麼什麼樣的待遇。這些待遇是規定得非常細節的，比如說城市送了某位親王的兒子一件皮大衣、送了某某親兵兩桶蜂蜜酒或蜂蜜燕麥粥，這些事情是巨細無遺、都記錄下來的。這些蜂蜜酒、蜂蜜燕麥粥和皮大衣，都是算在王公和親兵的待遇當中的。

但是越往後期，條約當中最重要的部分就不再是這些內容，而是在現代相當於是貿易特權的東西。城市聘用某某王公做親兵隊長，就不完全像是、甚至主要不是為了獲得他們武力的保護，而是為了開拓一個外交路線和商業路線。比如說，我們城邦的元老要跟弗拉基米爾大公爵簽署一個條約，規定大公爵派他的二兒子來做我們城市的王公，順便帶兩百個親兵過來保證我們城市的安全。我們城市給了他多少多少金子，再加上什麼什麼燕麥粥和蜂蜜酒之類的東西。過節的時候給他們兩桶蜂蜜酒，不過節的時候給一桶，諸如此類。與此同時，我們可以在弗拉基米爾王公及其附庸國建立商館，該商館可以享受弗拉基米爾王公的保護，可以經營比如說木材生意、柏油生意或者條約規定的其他各種生意。

這些文件的內容就可以顯示，諾夫哥羅德的商人集團很可能在這個時期並不需要弗拉基米爾王子的保護，但是很想在弗拉基米爾城做生意，賺一筆錢。但是要在該城賺錢，你當然不能白賺，要給該城的王公一些好處。好處就是，王公是幹什麼呢？王公像是一個保安公司一樣，他是出售他的保安能力的。很好，你們讓我們的商人到你們的城市去做生意，我們城市也出一些錢來購買你們的保安服務，這樣大家是不是皆大歡喜了，做買賣不能一方面占便宜對不對。於是我們的條約就規定，面子給了王公，商業路線給了諾夫哥羅德商團。

後期的諾夫哥羅德共和國，特別傾向於在同一個時期聘請很多不同的王公擔任城邦各個不同方面的工作。這種安排也是諾夫哥羅德共和國漸漸從羅斯諸城邦當中脫穎而出、變得比那些日漸依附於王公的其他城邦更有共和和獨立精神的重要因素。原因很簡單：如果你有很多王公，他們得到的待遇各不相同，彼此之間相互形成競爭關係，相比起長期被一個王公或者一家王公統治、所有的安全保護都必須依賴他和他的家族來說，博弈雙方的優勢地位就不一樣了。

始終由一家一戶的王公統治，所有人都要依附那個王公，那麼王公在博弈中就漸漸占據了越來越大的優勢。而像諾夫哥羅德那樣，有的時候根本沒有王公，有王公的時候又同時有很多王公，不同王公擔任不同的使命。而且，有些王公是東正教徒，有些王公又是天主教徒。弗拉基米爾的王公和立陶宛的王公分別負責不同領域的使命，弗拉基米爾的王公和特維爾的王公彼此之間又是死對頭，而城市又聘用了三個弗拉基米爾的王公和兩個特維爾的王公。這些王公彼此之間不可能團結起來對付城邦，而他們都需要城邦的支援去對付他們的敵對王公。這樣，優勢顯然就會轉入到城邦的商人這一邊，而王公處在被動和有求於城邦的狀態。

從王公和行政長官的關係就可以看出，早期諾夫哥羅德的行政長官形式上是由王公任命的。在沒有王公簽字的情況之下，行政長官發布的文件和法律是無效的。後期，從形式上講，行政長官發布的文件仍然需要王公簽字，就像是英國首相的文件必須要以女王的名義發出一樣，但是行政長官自己發的文件即使不經過王公的簽字，仍然具有法律效力。這是早期所沒有的，可見後期的王公已經漸漸變成虛君共和之下的一個禮儀性的角色了。而早期的王公像大多數基輔羅斯的王公一樣，是深入地介入城市的各種事務當中的。

後來莫斯科人征服了諾夫哥羅德以後，最看不順眼的就是在諾夫哥羅德晚期法律程式當中「行政長官文件不需要經過王公簽字也具有法律效力」這一條，他們堅定地要求諾夫哥羅德人以後不能這麼做。這一點在十九世紀的自由主義者和浪漫主義詩人（例如萊蒙托夫等人）的眼中，就是莫斯科人用亞洲式的專制主義踐踏諾夫哥羅德城市自由的鐵證。「我們在基輔羅斯時代曾經是歐洲人，我們在諾夫哥羅德時代曾經是自由人。啊！萬惡的莫斯科人，亞細亞的韃靼，把我們俄羅斯人給害慘了。」這是他們最經典的口頭禪。這個學說跟自由主義者發明的很多神話不一樣，本身是有歷史依據的。

城市共和國體系是諾夫哥羅德的靈魂

諾夫哥羅德的體系可以說包括王公體系和城市共和國體系兩個不同的部分。王公的體系在共和時代的後期基本上脫離了城市的政治生活，變成虛君共和之下的一個外層保護殼。城市內部的各個體系在歷史的不同時期成長起來，變得越來越強大。由選舉產生的行政長官和元老院，在諾夫哥羅德的歷史後期發揮的作用大大增長了。我們甚至可以合理推斷，諾夫哥羅德有別於大多數羅斯城邦，正是因為它在這兩方面有了極大的成長。這兩方面的機構都不是諾夫哥羅德獨有的。大多數羅斯城邦（包括基輔在內）都有，但是發展得不充分，其勢力往往是不如王公及其親兵的。但是在諾夫哥羅德就發展得很充分。雖然沒有達到羅馬元老院那種高度，但是實際上已經到了可以操縱選舉的地步。

行政長官最初的任期是不確定的。它最初也像大多數羅斯城邦一樣，它們都有行政長官，是針對具體的需要而設立的。有的時候任期三年，有的時候甚至是有終身任期的。但是到最後，諾夫哥羅德的行政長官像羅馬共和國的執政官一樣，規範為任期一年，由人民選舉產生。元老會議由豪紳選舉產生。它不領薪，不是城市共和國的正式體制，但是隱形的權力非常之大。實際上有很多人認為，元老會議的權力比維徹市議會要大得多，正如羅馬元老院的權力實際上比公民大會要大得多。維徹的選舉經常是被元老會議操縱的。人民缺乏政治頭腦，而且迫於生計，真正關心政治的時間也就是投票的那一、兩天。而元老自己就是有錢有勢的豪紳，不為生計擔憂，他們時時刻刻都在幕後操縱城邦的政治。他們在選舉當天通過自己的黨派代理人煽動民眾，控制議員，都是輕而易舉的事情。所以，後期諾夫哥羅德的外交和政務，外國君主都很清楚，最好是先找元老會議打交道。

元老會議是非正式的，不像羅馬元老院那樣有正式的、法定的議事日程。它是一個隱形的團體，像川普所攻擊的所謂「Deep State」一樣，它是諾夫哥羅德幕後真正的主導者。元老會議的參加者都是豪紳階級，大商人和大地主之類的角色，有錢有勢的人。他們之間的關係是薩克雷小說中所謂的那種社交關係，而不是正式選舉的議員的那種法律關係。如果你的家族在比如說長達幾百年的時間內都是大商人或者大地主，依附你吃飯的人像依附佛羅倫斯的美第奇家族吃飯的人那樣非常多，地位非常穩固，那麼你的社交對象必然就是斯特羅齊家族和跟你地位差不多的大地主大豪紳。窮人、暴發戶、沒文化的人，你都瞧不起，不肯把女兒嫁給他。你和你的社交圈子就自動構成了所謂的元老會議。

元老會議在諾夫哥羅德的晚期變成了諾夫哥羅德真正的靈魂。在元老會議的操縱之下，諾夫哥羅德人周旋於立陶宛人、德國人、俄羅斯人和韃靼人之間，左右逢源，國力達到了歷史巔峰。但是即使是在這個時期的諾夫哥羅德，它也沒有正規的條約體系和憲法之類的東西，只有習慣法，只有具體的、特殊的法律和條約，而且法律和條約也是沒有什麼區別的。各等級之間簽署的條約，以及城邦各行會商會跟外國商會、王公、商館之類的簽署的條約，跟法律是沒有區別的，它們都有法律效力。也就是說，各個不同系統的法庭可以引用這些條約作為他們判案的依據。

漢薩同盟的商館在諾夫哥羅德是享有特權的，就像諾夫哥羅德人的商館在弗拉基米爾和梁贊享有特權一樣。所以諾夫哥羅德的地位大概跟上海很相似，上海人在英國人面前是畢恭畢敬的，在蘇北人面前是頤指氣使的。諾夫哥羅德人也是這個樣子的。他們主動地給予德國商人（特別是漢薩同盟的商人）各種特權，生怕這些人不來；但是轉過身去，他們對付自己的羅斯親邦，弗拉基米爾和梁贊這些城邦，卻是一副發號施令的氣派。那些城邦很害怕諾夫哥羅德的商館不來，要給他們各種優惠條件和特權。

諾夫哥羅德政治集團的共和性質

除了諾夫哥羅德本城以外，諾夫哥羅德還有很多依附的城邦。依附的城邦是屬國，這些屬國在諾夫哥羅德對外的權力成長起來以後，或者因為商業關係想要撈好處，跟諾夫哥羅德之間簽署了很多不平等條約。不平等條約的內容往往是，他們的行政長官要由諾夫哥羅德共和國推薦。或者是，他們雖然可以選舉自己的行政長官和市議會，但是諾夫哥羅德城邦有權派監督官、王公、親兵隊長進駐他們的城市。在後一種情況之下，諾夫哥羅德派駐這些附屬城市的親兵隊長或者王公通常不是諾夫哥羅德自己的商團和民兵武裝，而是他們通過前述的條約請來的外邦王公，例如弗拉基米爾王公、立陶宛王公之類的。這些王公作為諾夫哥羅德的代理人進駐諾夫哥羅德各屬國，替諾夫哥羅德徵收這些屬國交納給諾夫哥羅德的保護費。

除了屬國以外，諾夫哥羅德還有一些聯盟城市。這些聯盟城市和盟國有些是像普斯科夫（Pskov）這樣的城市共和國。普斯科夫是一個勢力不如諾夫哥羅德、但是跟諾夫哥羅德一樣也是共和國的城邦。它們之間的關係就有點像是強大的佛羅倫斯人和比薩人之間的關係。實質上普斯科夫經常依附於諾夫哥羅德，但是法律上普斯科夫不是諾夫哥羅德的屬國，而是它的盟國。另一些盟國則是封建領地，例如弗拉基米爾或者特維爾公爵的幼子所控制的村社或者領地。他們不高興跟原有的宗主國發生關係，寧願跟諾夫哥羅德人結盟，也就變成了諾夫哥羅德的盟國。

諾夫哥羅德共和國本身，連同它的屬國和盟國，這三者經常被莫斯科人和波蘭人不精確地叫做諾夫哥羅德。從法律意義上來講，它們是三個不同的體系。但是從政治上來講，可以說它們都屬於諾夫哥羅德政治集團。在諾夫哥羅德人跟莫斯科人、韃靼人或者波蘭人打仗的時候，它們是被視為同一個集團的。從法律上講，只有諾夫哥羅德本身才是共和城邦，只有諾夫哥羅德連同它的屬國才是諾夫哥羅德的領地，盟國其實都是不算在兩者內的。但是從政治角度來講，它們的力量經常被用在同一個方向，因此通常外國人和很多歷史學家把它們全都畫成是諾夫哥羅德的地盤。

羅斯世界的四條邊界與莫斯科的起源

在諾夫哥羅德城邦漸漸發展出自己的特殊性的同時，我們要注意，諾夫哥羅德處於羅斯世界的西北邊疆，也就是羅斯世界跟歐洲人接觸的地方，所以諾夫哥羅德吸收的歐洲文化是特別多的。它的共和制度能夠長期維持，跟諾夫哥羅德長期是波蘭人、立陶宛人、德國人和瑞典人的鄰居很有關係。上海長期是英國人、美國人和日本人的鄰居，這也是上海不同於中國的根本原因。諾夫哥羅德人後來變得越來越不像是其他的羅斯人，甚至被認為是跟其他羅斯城邦對等

弗拉基米爾城外的蒙古人

俄羅斯藝術家瓦西里．馬克西莫夫（Vassily Maximov，1844-1911年）所繪，畫中金帳汗國的蒙古軍在洗劫弗拉基米爾城之前，要求他們屈服。

基輔羅斯時代晚期，弗拉基米爾逐漸取代基輔成為羅斯大地新的萬城之母。到了蒙古統治時期，弗拉基米爾大公由金帳汗國的大汗冊封，並不由某一家族世襲，獲得大公頭銜的王公有權將弗拉基米爾併入自己的領地。弗拉基米爾大公之位變成了羅斯各王公之領袖的頭銜，作為牽制羅斯各公國力量的重要手段，金帳大汗傾向於將忠於自己的王公封為弗拉基米爾大公。因此，羅斯的王公們圍繞大公頭銜展開了激烈的爭奪。

最後一任弗拉基米爾大公，由莫斯科大公德米特里擔任，在他死後遺囑規定，弗拉基米爾大公爵位由莫斯科大公世襲。

的力量而不是諸羅斯城邦的一員，也是因為這個原因。

羅斯世界等於說是有四條邊界。西北邊界是它的歐洲邊界，產生出了諾夫哥羅德城邦。東北邊界是它跟芬蘭人共用的邊界，是殖民開拓的邊界，產生出了後期替代基輔的弗拉基米爾及其眾多屬邑，包括莫斯科。西南邊界是巴爾幹邊界，是古斯拉夫人的共同世界的邊界。東南邊界既是歐亞大草原商路的來源，也是俄羅斯無險可守的邊疆，俄羅斯最致命的一條邊界。一方面，這條商路是諸羅斯財富的一個重要來源；另一方面，最危險的侵略者是從這方面過來的。

這一方面完全是無險可守的，既沒有西南方面的喀爾巴阡山天險，也沒有西北方面的水網防禦系統（諾夫哥羅德就有類似芬蘭的水網防禦系統），也沒有東北方向密密麻麻、難以穿越的大森林可以給你做避難所。東南方向是一望無際、一馬平川的大平原和大草原，烏克蘭大平原直通歐亞大草原，韃靼人和其他歐亞大草原的遊牧民族可以長驅直入。這一點是眾城之母基輔衰落，原始的、最初的、主要位於烏克蘭第聶伯河兩岸的羅斯大部分城市衰落的根本原因。

後來的俄羅斯歷史學家，特別是俄羅斯自由主義者，對這一點是耿耿於懷、憤憤不平的。他們說，俄羅斯早期的封建制度跟歐洲封建制度有很多共通之處，壞就壞在地理環境上。地理是民族歷史的關鍵，然而地理對歐洲人來說是親媽媽，對俄羅斯人來說卻是一個殘酷無情的後母。俄羅斯的整部歷史，都是孤兒棄兒俄羅斯在這個繼母的殘酷虐待之下吃著苦長大、為歐洲人充當人肉盾牌、保衛歐洲邊境卻被歐洲人視為亞洲蠻夷的一部辛酸史。俄羅斯人對韃靼人和內亞人充滿矛盾的看法，也是由這種歷史關係所造成的。蒙古人的入侵是歐亞大草原入侵當中規模最大的，但是既不是第一批，也不是最後一批。

十九世紀的自由主義者格外痛恨蒙古人，但是二十世紀初期和現代的歐亞主義者就不是這樣了。克柳切夫斯基和米留科夫都極端反對韃靼人和他們帶來的亞洲因素。然而別爾嘉耶夫和杜金卻認為，俄羅斯國家之所以存在，恰好是韃靼人的功勞。如果順著基輔羅斯的發展方向走下去的話，羅斯各城邦早晚會被波蘭人、立陶宛人、瑞典人和德國人瓜分，以小兄弟和窮親戚的身分進入歐洲國際大家庭。

十九世紀的自由主義者，米留科夫等人，是把俄羅斯不能進入歐洲國際大家庭引為無法原諒的歷史錯誤和終生的恨事。而歐亞主義者卻指出，正是因為韃靼人存在，羅斯城邦才沒有分裂成為一系列諸羅斯、以小國的身分進入歐洲，而是統一成了一個大俄羅斯帝國。大俄羅斯帝國真正的起源不是自由的基輔羅斯，而是輸入了專制主義的韃靼人。因此，俄羅斯帝國不應該自認為拜占庭或者基輔羅斯的繼承者，而應該自認為是蒙古人和歐亞帝國的繼承者。

我們要注意，認祖先這件事情是很重要的。十九世紀的俄國自由主義者和立憲民主黨人認的祖先是基輔羅斯，也就是說他們要把俄羅斯人變成歐洲人。沙皇本人，至少莫斯科的沙皇，認的是拜占庭，他們要做羅馬和君士坦丁堡之後的第三羅馬。而歐亞主義者認的是什麼？他們認的是蒙古帝國。歐亞主義的俄羅斯是蒙古大一統帝國的繼承人。俄羅斯的大一統性並不來自於歐洲，甚至並不來自於拜占庭，而是來自於蒙古帝國。

蒙古帝國摧毀了羅斯核心地帶的基輔和特維爾各城邦，卻成全了位於東北邊陲的莫斯科。莫斯科最初只是弗拉基米爾城邦系統的一個分支。之前提到過，芬蘭人控制的森林地帶沒有高級的政治組織，第聶伯河沿岸的比較成熟的羅斯文明不斷向東北方向拓殖，修道院在這個拓殖過程中起了很大的作用。拓殖的結果是，第聶伯河的商業路線在西南部顯得很重要，但是在東北部的殖民地顯得很不重要。

東北部的殖民者主要是森林開發者，而不是水道貿易者或者草原貿易者。主持殖民開發活動、開發處女地的修道院或王公貴族，變成了東北部羅斯城邦的凝結核和發展基礎。隨著東北部殖民地新領土的擴充和財富的積累，使得原先在羅斯本土、第聶伯河沿岸的密密麻麻、已經沒有什麼發展餘地的老城邦漸漸顯得相形見絀了。

如果說基輔是羅斯早期的萬城之母的話，那麼弗拉基米爾就是基輔晚期的萬城之母。俄羅斯東北部，我們可以把以基輔為中心的第聶伯河諸羅斯稱之為舊羅斯，像舊歐洲一樣；而把以弗拉基米爾為中心的羅斯稱之為新羅斯，像美洲新大陸一樣。它們的財富和威望漸漸上去以後，弗拉基米爾的都主教漸漸變成羅斯宗教世界的重心，弗拉基米爾的王公變成了東北羅斯各邦的正統所在。

這時，小小的莫斯科只不過是用木柵欄圍起來的一個莫斯科莊園。歷史文件上第一次提到莫斯科就是說，有一個小王公說他南下的過程當中經過了莫斯科，發現莫斯科的王公給他自己的莊園修了一個木頭籬笆。木頭籬笆所圍起來的這個部分就變成了莫斯科城的始祖。這個小莫斯科城的大小還不到今天克里姆林宮的三分之一。直截了當地說，跟一個農村大院子的差別是很小很小的。大小還是次要問題，最重要的是，莫斯科城像諾夫哥羅德一樣，也是羅斯世界的另類，但是它另類的方向跟諾夫哥羅德相反。

莫斯科大公蔑視繼承權法統

莫斯科的另類指的是，莫斯科的伊凡王公（伊凡一世）和他的後代雖然自稱是弗拉基米爾王公的遠房分支，但是他們的行為模式卻像是東方人或者韃靼人。直截了當地說，他不尊重弗拉基米爾王公的繼承法體系。

本來任何封建王公都是有長房和幼支之間的差別的。如果你是嫡長子和嫡長孫，那麼你各種事情都占便宜；如果你是小兒子的後代，那麼你各方面都吃虧，但是你也不是絕對排不上隊。基輔羅斯的各王公都希望自己有朝一日排隊排上，然後帶著自己的親兵隊長，在基輔做上一、兩任王公，那是很有面子的事情。不管有沒有油水，至少面子是十足了。東北部的各王公，特別是弗拉基米爾王公家族的親支近脈和各個分支，多多少少也都是希望有朝一日能夠輪到自己混進弗拉基米爾做王公的。

當然，這就涉及到一個繼承法習慣法的問題了。過去神聖家族的習慣法就是轉圈，輪著轉。原則上講，儘管長房總是占便宜，但是幼房也不是沒有機會。在自己的聲譽足夠好、支持者足夠多的時候，你總有一天會有一定的機會進城去做一做大公爵的。但是你要盡可能地提高自己做大公爵的機會，辦法就是齊桓公那種類型的，就是你要做一個優秀的騎士，虔誠的基督徒，善於施捨窮人，善於保護弱者，在蠻族和異教徒打過來的時候要身先士卒，口碑很好很好，大家都推薦你，你就特別有機會。即使你是小兒子，你也有一定的機會跳過長子，至少是跟在長子後面入主弗拉基米爾。換句話說，你要尊重法統，越是尊重法統的人，越有資格去做大公爵。

而莫斯科的親王們一開始就不這麼幹。他們赤裸裸地蔑視繼承法，喜歡用庸俗和市儈的手段，用收買和製造既成事實的手段，去謀求土地和財富。因此，弗拉基米爾的大公爵的位置從來都輪不上莫斯科的公爵。儘管莫斯科的公爵往往會用非正式和不受人尊重的手段撈到很多錢和土地，但是他們經常被弗拉基米爾的其他支系視為蠻夷（像是春秋時代的秦國一樣），不能參加諸侯之間正常的盟會。至於做盟主或者做大公，那更是想也別想。別人開會的時候都不請你，請客都不請你，他們覺得你行為不正。

行為不正體現在什麼地方呢？封建制度最重要的地方是什麼？繼承法。繼承法依照習慣法，那就叫做正統。齊桓公講究的是什麼？興滅國，繼絕世。他復興諸夏的習慣法，他講究禮樂。孔老夫子最重視的就是禮樂。孔孟最喜歡齊桓公，為什麼？齊桓公是尊重禮樂的人。什麼叫做不尊重禮樂？比如說季氏把孔子氣得要死，為什麼？你TMD一個魯國的執政貴族，你比魯國國君還差一級，比周天子差兩級，你竟然敢用天子禮樂，反了反了。孔子氣得渾身發抖，說出了「是可忍孰不可忍」這樣的話。

諸侯就應該做諸侯的禮樂，卿士就應該做卿士的禮樂。卿士權力再大，財富再多，都應該尊重天子和諸侯。你季氏的權力和財富雖然很大，但是再大大不過周天子，形式上的尊重還是有必要的。你不能說，美國總統是一個笨蛋，我就自立為王。那是不對的。總統就算是一個笨蛋，他也是美國人民選舉出來的總統。你在罵他是一個笨蛋的同時，還是要尊重他。尊重他源於憲法的權利，但不必尊重他自己。

例如，老布希曾經選過丹．奎爾這樣一個花花公子做他的副總統，於是美國人群起嘲笑，還寫了一篇諷刺科幻小說叫做《丹尼游火星》，把奎爾副總統說成是一個傻瓜。說是共和黨為了贏得名譽，不讓民主黨勝利，就像打海灣戰爭一樣，美國飛船由俄羅斯人出技術、沙特人出錢，很便宜就登上了火星。為了讓奎爾順利當選，就讓奎爾上了火星。然而奎爾胡亂操作，把飛船搞壞了，害得他的沙特人和俄羅斯人同僚全都死掉了。而他自己卻說，這一定是民主黨的陰謀，目的是為了讓我留在火星上參加不了大選。說完這話，他就在火星上打起了高爾夫球。

這樣的故事被編出來，就可以看出，很多美國人其實是瞧不起奎爾這個人的。但是，你瞧不起奎爾這個人，還得尊重他的副總統職權，因為他畢竟是合法的副總統，不是偷來騙來的，也不是發動政變搞來的。

在孔子眼中，季氏犯的致命錯誤就是，他對雖然衰微、但還是具有合法身分的魯國國君和周天子沒有表現出形式主義的尊重。而莫斯科的大公最喜歡幹的事情就是立遺囑。也就是說，對於他們自己的家業和領地，他們不像是諾夫哥羅德和基輔的王公那樣按照習慣法轉一轉。他們不像齊桓公那樣，召集盟會的時候，即使周天子是一個白癡和軟弱無力的人，我還是要請周天子做首席。如果周天子來不了的話，也要請周天子派一個卿士過來作為周天子的代表，恭恭敬敬，哪怕是像傀儡和木偶一樣，做會議主持人。即使整個會議都是由齊桓公和齊桓公的代理人盟友操縱的，但是齊桓公第一句話還是要說，請周天子和周天子的代表主持會議發言。他自己發言結束的時候還是要說，我們之所以取得這些偉大的成就，都是因為在周天子的英明領導之下，我們尊重和熱愛周天子。

這就像是奧蘭治親王的荷蘭國歌一樣。荷蘭獨立首先要跟西班牙打仗，但是荷蘭國歌首先要唱道，西班牙的國王，我們自古以來敬重。為什麼？我只是一個親王，荷蘭原先是西班牙的藩屬，封建的大義名分不能亂。我們雖然要跟西班牙國王打仗，但是對國王的尊重一點都不能少。伊莉莎白女王雖然砍了瑪麗女王的頭，但是在砍頭之前的最後一分鐘，瑪麗女王頭上的華蓋和禮儀一點都不能少。

有些愛國過頭的陪審團提議，瑪麗女王已經聯合西班牙想要發動政變了，罪證確鑿，為什麼不把她交給陪審團，按叛國罪明正典刑呢？伊莉莎白女王就勃然大怒說，你們這幫亂臣賊子，你們以為我不知道你們怎麼想的嗎？瑪麗女王再壞，犯了天大的罪，她也是天潢貴胄。如果堂堂的合法君王可以由一幫平民出身的陪審團按照處置平民的方法拉去砍頭，今天可以砍瑪麗女王的頭，明天難道就不能砍我伊莉莎白女王的頭嗎？瑪麗犯有再大的罪，她也是真命天子，合法的君王，跟我是同一個階級的。你們這些下等人不要忘乎所以，以為下等人可以因為上等人犯了罪就犯上作亂。瑪麗女王就算是砍了頭，在砍頭之前，劊子手還要跪在她的面子，盡臣民對天子的義務。我作為她的遠房親戚，也要按照尊重外國君王的禮儀來尊重她。

這就叫做法統。這個法統是莫斯科君主最不在乎的。莫斯科君主的繼承是破天荒的。前任公爵還不到臨死的時候，在他身體還健康的時候，就已經先立下遺囑，規定哪些由哪個兒子繼承或由什麼人繼承。這種做法最初在基輔羅斯和羅斯世界的保守派看來，那就像是孔子看到季氏用天子禮樂一樣，簡直是要氣得發抖。君位的繼承怎麼可能憑在位君主自己的意志，想怎麼幹就怎麼幹？你這不是反了天了嗎？我如果喜歡某個兒子，我事先就立一個遺囑，把某某某領地傳給他。不喜歡另一個兒子，就不傳給他。我說了算，我的領地就是要像我的私人財產一樣處置。這簡直反了天了。

城邦者，公器也。諾夫哥羅德哪一個王公敢說「我把諾夫哥羅德傳給誰」？對不起，下屆議會說了算。下屆議會完全可以解除合同，請你滾蛋。其他各城邦的議會沒有諾夫哥羅德這麼強大，但是城邦也是一個公器。即使是純粹封建性的、缺乏城市共和性質的城邦，它的繼承也是要按照瓦良格人剛來的時候神聖家族創立的那個慣例，要按圈轉的。

首先要親親。親親就是，按照血緣關係，長房先來，小房後來，但是大家要輪著轉。不是說，我喜歡長子，就把小兒子排斥出去；我喜歡小兒子，就把長子排斥出去。廢長立幼或者廢幼立長都是不行的。我擁有的這個弗拉基米爾城不是我大公本人自己家裡面的一件皮大衣。我的皮大衣可以高興就送給大老婆，不高興就送給情婦或私生子，或者送給某個修道院院長。甚至是為了表示我樂善好施，關愛窮人，是一個好基督徒，在過節的時候就送給了一個來要飯的香客或者乞丐。你的皮大衣可以這麼處理，你的蜂蜜酒可以這麼處理，但是神聖的弗拉基米爾城可不是像你的私人財產那樣能夠隨便處置的，你必須按規矩來。首先親親，按照親緣關係的順序一個一個排。你高興誰不高興誰，不發生影響。

其次要尊賢。尊賢就是說，比如說伊凡王公像齊桓公一樣行俠仗義。儘管齊桓公姓姜而不姓姬，論爵位也沒有宋國的公爵爵位高，他只是侯爵，但是國際會議仍然可以由他來當盟主。為什麼？因為他是賢人。什麼叫做賢人？九合諸侯，一匡天下，他享有美好的名譽。貴族階級的輿論都說齊桓公是好樣的，復興王室就靠他了。這樣的話，你可以搶在親支近脈的姬姓的鄭國和堂堂上公的宋國之前，以侯爵身分主持周天子的盟會。

如果按照親親的話，周天子首先要重用的是晉國和鄭國，因為晉國和鄭國是姬姓國家，而且是世襲的上卿；其次是宋國，因為宋國是前朝遺老，而且是公爵；然後，像齊國這樣的侯爵，又不是親支近脈，就要排在後面了。但是考慮到尊賢的緣故，在晉國和鄭國暫時衰微、宋國又不積極的情況之下，周天子的會議可以交給齊國主持。齊國甚至連上卿都不是，但是可以跳過作為上卿的晉國和鄭國以及作為上公的宋國。只要形式上尊重了周天子，他可以九合諸侯，一匡天下。這就叫做尊賢。周天子東遷以後任命晉國和鄭國做上卿，這叫親親；任命齊桓公做盟主，這叫尊賢。

按照順序排，弗拉基米爾城的大公爵死了以後，先給老大、老二、老三，再給公爵大弟弟的老大、老二、老三，再給公爵小弟弟的老大、老二、老三，這個順序排下來，這就叫做親親。尊賢就是說，比如說伊凡公爵雖然是已故大公爵的弟弟的小兒子，按親親排到猴年馬月也排不上他，但是他就是我們當代的齊桓公。韃靼人打來的時候，他老人家挺身而出。在大兒子還在醉生夢死的時候，他率領軍民打敗了韃靼人。這就叫做九合諸侯，一匡天下。親親固然重要，但是也還要考慮尊賢的因素。你可以跳一跳，大公爵的位置先讓你幹一屆，獎勵你的騎士精神。

莫斯科大公的市儈與「當家人」傳統

莫斯科的公爵們是不講什麼騎士精神的。一方面，他對自己的莫斯科城是不按照弗拉基米爾城這樣的親親的規矩來的，而是憑自己的武斷意志選一個繼承人，我選誰就是誰。這已經是離經叛道了。而且，他在弗拉基米爾封建體系當中謀求利益的方式，並不是在韃靼人打來的時候搞一點騎士精神，在「南夷與北狄交，諸夏不絕若線」的時候站出來主持諸夏聯盟。他的做法是像一個缺乏貴族所謂高尚心胸的生意人的做法。

我跟韃靼人做一個交易好不好？韃靼人最近俘虜了很多很多羅斯人，要賣到東方或者土耳其去做奴隸。我沿路上攔住了韃靼人的商隊，向他們購買奴隸，把這些人買下來。買下來以後我幹什麼呢？如果是齊桓公的話，他不會帶著錢跟韃靼人做奴隸買賣，他會率領一支騎士隊伍，攔腰截擊韃靼人，把這些基督徒救下來。你出錢去買就已經很不騎士精神了，這等於是承認了韃靼人有權擄掠基督徒做奴隸。第二就是，齊桓公得到這些俘虜以後肯定要把他們送回各自的本國去，讓他們回到魯國、鄭國、蔡國去，向全世界宣揚齊桓公的美名，說齊桓公行俠仗義，真是匡復諸夏的大恩人。於是，輿論造夠了以後，齊桓公就可以九合諸侯，一匡天下。然而，莫斯科公爵把你們買下來，可不是為了把你們送回本國。莫斯科處在森林深處，有很多處女地，莫斯科人口不足，勞動力太少，我把你們買下來，是為了讓你們去做勞動力的。

俄羅斯藝術家阿波利納里·瓦斯涅佐夫（Apollinary Vasnetsov，1856-1933年）兩幅關於莫斯科的畫作

上圖，十三世紀後期，丹尼爾時代的莫斯科，繪於1908年。當時的莫斯科不過是俄羅斯中部無邊的森林中的一座木造小城。丹尼爾·亞歷山德羅維奇（1261-1303年），是首位莫斯科大公（約1276-1303年在位）。他在羅斯各王公的混戰中左右逢源，立場時常轉換，為自己的公國謀取利益。最終，丹尼爾奪取了科洛姆納，又繼承了佩列斯拉夫爾—扎列斯基，從而擴大了公國的疆土。

下圖，十四世紀早期，伊凡一世時的莫斯科克里姆林，繪於1921年。當時的莫斯科則是一個用木柵欄圍起來的城市，在俄語中，克里姆林（Кремль）一詞原指「城市中心的堡壘」。莫斯科大公伊凡一世（1288-1340年，1325-1340年在位）在1328年把作為羅斯統一象徵的弗拉基米爾主教遷至莫斯科，並開始在莫斯科建造了最早的石造建築。由於他利用了政治和宗教上的權威，莫斯科實際上已成為當時羅斯的政治、宗教中心。但伊凡一世一生斂財無數卻又一毛不拔，因此獲得「錢袋」（Kalita）的外號。

你們放心，你們在莫斯科是能夠占點便宜的。你們被韃靼人擄去了以後，在東方各國，比如土耳其和阿拉伯是要做奴隸的。信奉東正教的莫斯科公爵把你們買下來，只是讓你們去做墾荒者。你們種出地來，釀出蜂蜜酒來，別忘了給我莫斯科公爵上貢就行了。但是如果你們說你們要回基輔、特維爾、梁贊去，那是萬萬不行的。我可是花了錢才把你們買下來的，你們要給我一些回報。我不是齊桓公，我是要賺錢的。你們替我開闢一些處女地，替我賺錢，留下來做我們莫斯科的農民好不好？這樣比做土耳其的奴隸好多了。你們原來的希望很可能是指望我伊凡公爵像是傳說中羅斯騎士時代的那些好漢那樣，把你們送回自己本來的城邦。對不起，讓你們失望了，我老人家不是來做騎士的。

於是，廣大人民群眾就給莫斯科的伊凡王公取了一個外號叫做「錢袋」（Kalita）。這個外號的意思就是說，您老人家真不愧是一個守財奴呀，絕對不做讓自己吃虧的事情，幹什麼事情都要以有點賺頭為目的。這不是一個很好的名聲，就是說你是一個市儈，並不是一位騎士。你想按照封建主義親親尊賢的程式去駐進弗拉基米爾城，大概是沒指望了。但是伊凡王公和他的繼承者也不在乎這個，人家在乎的是實惠。實惠確實是撈到不少，從韃靼人那裡購買俘虜是其中之一。用從韃靼人那裡賺的錢，利用其他各支房的封建糾紛購買莊園之類的東西，漸漸把自己的土地連成一片。然後出大筆錢，請弗拉基米爾總主教在莫斯科蓋聖母升天大教堂。

莫斯科公國的早期君主在羅斯世界的名聲是市儈，善於賺錢，善於經營。他們之所以要武斷決定繼承人，不按親親尊賢的程式，主要的原因就是，要選擇一個精明強幹的當家人。莫斯科文化留給羅斯世界（包括今天的俄羅斯）的一個主要遺產就是所謂的當家人的概念。像蘇聯時期的俄羅斯小說《魚王》之類的，描繪蘇聯計畫經濟體系對自然資源的浪費，大批本來可以好好利用的魚類資源都被官僚主義浪費了，就唉歎說：「為什麼不能產生一個好樣的當家人呢？」什麼叫做當家人？他就是後來「治家格言」裡面所描繪的那種，一個男人用專制手段對付他的妻子和孩子，包括經常對他們進行體罰；但是他是一個精明強幹的人，能夠隨時隨地照顧家業，使自己的家業不斷增長。

當家人不是一位基輔羅斯時代或者《伊戈爾遠征記》所描繪的那種英勇的騎士。那種英勇的騎士跟西歐騎士傳說中的羅蘭那樣，要率領自己的親兵去行俠仗義，往往在作戰的時候被異教徒和蠻族打死或者被俘。精明的當家人不做這種事情，他在乎的是自己的財產。所以克柳切夫斯基和自由主義史學家唉歎說，在蒙古入侵的前夜，基輔羅斯世界衰敗了。基輔羅斯早期產生了很多心胸高尚的王公和志士，在這個時期卻只產生了一大批市儈。市儈有兩個代表，一種類型是諾夫哥羅德那種商業共和國，另一種類型就是莫斯科所代表的這種家長制的、專制主義武斷統治的「治家格言」的創造者。

莫斯科人用這種方式開發和積攢自己的財富，當然引起的名聲就是不好的，是非正統的名聲。尤其是，他們賺錢的方式經常是跟東方人和韃靼人打交道，購買他們的俘虜，通過他們購買波斯的商品和東方的行貨用來發財。這一點甚至引起了懷疑，就是說莫斯科人自稱他們是弗拉基米爾家族的支系到底是真是假。這一點當然現在是無可考察的，但是其實從歷史的角度來講，無論他們真的是弗拉基米爾家族的支系而東方化了，還是他們其實本來是出身微賤的人甚至是有東方血統的人，冒名頂替自稱弗拉基米爾家族的支系，但是為了避免露餡起見，也不真正要求弗拉基米爾的繼承權，其實效果上講是沒有差別的。它顯示的歷史事實就是，莫斯科從建城開始就是東北羅斯體系當中的異類，具有明確的東方色彩。

莫斯科的「東方性質」和早期不光彩歷史

弗拉基米爾王公和他的各親支近脈容忍莫斯科存在，跟西北羅斯需要諾夫哥羅德的理由是相似的。諾夫哥羅德人是半個歐洲人，半個德國人，半個立陶宛人，是羅斯世界通向歐洲的紐帶；而莫斯科人是半個韃靼人，半個芬蘭人，半個穆斯林，是羅斯世界通向歐亞大草原和東方各國的紐帶。通向歐洲的紐帶自然而然會沾染歐洲文化的特點，直接影響到它的政治制度；通向東方的紐帶也自然會沾染東方專制主義的色彩，染上很多東方特色。按照弗拉基米爾系統的標準來看，莫斯科公爵所行使的權力實在是非常武斷的；但是按照韃靼人的規矩來講，例如按照成吉思汗家族的家法來講，其實也不算是專制。後來在韃靼人征服以後，莫斯科人順利地

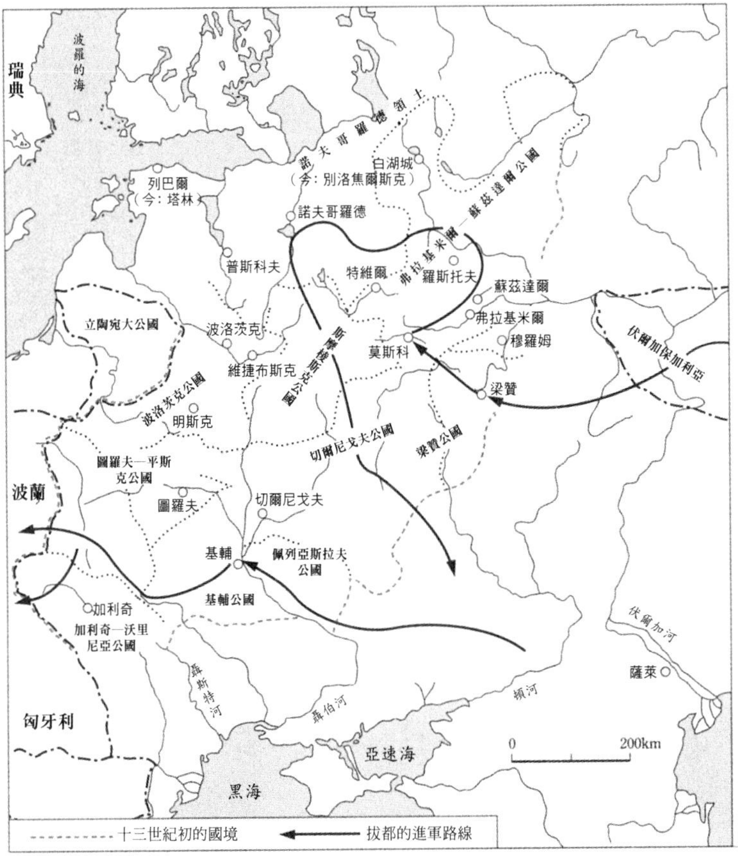

分立的各公國與拔都的侵略

一二三六年，跨越烏拉爾山脈的拔都，率領著蒙古軍隊在短時間內進攻、壓制了俄羅斯的主要地區。

變成了韃靼人的代理人，這一點也是因為它本來就是通向東方的紐帶，雙方的親和力本來就很大。而弗拉基米爾、梁贊、特維爾和其他王公的親和力很小，在韃靼人入侵的時候就主張殊死抵抗，而導致自身的權力遭到摧毀。這些都是事先就有前因可循的。

韃靼人摧毀了基輔、梁贊、特維爾和弗拉基米爾，導致弗拉基米爾總主教窮苦無依。如果說基輔羅斯的總主教是羅斯世界的最高領袖的話，那麼弗拉基米爾的總主教就是東北羅斯東正教系統的最高領袖了。這時候他們的狀態就像是金國滅亡以後沒有飯吃的儒生一樣。這時，莫斯科人由於跟東方人和韃靼人的特殊關係而得以倖存，還做上了韃靼人的代理人。莫斯科有錢，有安全。雙方一拍即合，就像是曹操迎接漢獻帝一樣，莫斯科的公爵迎接弗拉基米爾總主教搬到莫斯科的聖母升天大教堂來。於是，總主教得到了安全和財富，而莫斯科的威望陡然增加了。

現在，正統派的各城邦都已經被韃靼人打倒在地，而本來被認為是很不正統、很武斷的莫斯科，現在變成了唯一的倖存者，大家也就不好計較它的各種不正統了。再壞，你好歹也是碩果僅存的東正教城邦，而且是可憐的、顛沛流離的弗拉基米爾總主教唯一的避難所。弗拉基米爾總主教為莫斯科帶來了極大的威望。儘管莫斯科做了韃靼人的代理人，做了很多可以說是俄奸性質的工作，按說是應該不容於基輔羅斯世界的，但是作為弗拉基米爾總主教的代理人，仍然可以一好遮百醜，挽回它在基輔羅斯世界的很多名譽。

莫斯科早期的很多收入都是來自於東方的韃靼人的。蒙古人來了以後，莫斯科人十分積極地爭取做韃靼人代理人的工作，甚至是為韃靼人帶路，去攻打它的宿敵特維爾，把特維爾徹底摧毀。本來特維爾跟弗拉基米爾是幾乎齊名的名城，特維爾本身僅次於弗拉基米爾和梁贊，比起莫斯科不知道強大多少。但是莫斯科人自從做上了韃靼人的代理人以後，就在薩萊的伏爾加河上的可汗營帳裡面不斷地進讒言說是，別人都已經聽話了，只有特維爾的王公有反心。這話其實還不能算是讒言，因為它並不是汙蔑，而是有現實依據的。特維爾的王公確實是集結了很多反清復明的力量，企圖把蒙古人給趕出去。莫斯科公爵向韃靼人告密以後，韃靼人就封莫斯科人作為韃靼人在基輔羅斯的代理人，率領一支韃靼軍隊去攻打特維爾。

我們要注意，莫斯科的公爵是出了名的不能打仗的。基輔羅斯的王公像西歐的封建王公一樣，他們主要的職能是軍事保衛，所以他們最重視騎士精神。像伊戈爾王公這樣，雖然打了敗仗，但是雖敗猶榮。他像是宋襄公一樣，他英勇地上了前線。他就像是十八路諸侯興義兵討董卓的時候那樣，大諸侯置酒高會，不肯出去打仗，而曹操這樣的小諸侯卻英勇地出去抗戰。雖然打了敗仗，但是曹操當時的名譽是很好的。你們TMD就在酸棗置酒高會，而只有我帶著我的少數親兵出去到虎牢關打董卓。雖然我被董卓打敗了，但是大家都已經看出來了，關東有義士，興兵討群凶，我曹操才是真正勤王的義士，而你們就很成問題。所以，伊戈爾王公雖然是一個小王公，但是他仍然是基輔羅斯世界的大英雄，是民歌和傳奇作者最喜歡的主人公。

但是，莫斯科的公爵是生意人的公爵，是當家人的公爵，他們早期的名譽就是儘量不打仗。晚期，哪怕是韃靼人已經滾蛋了以後，莫斯科的沙皇們得到的名譽是，他們從不像波蘭國王和瑞典國王那樣親臨前線。十萬大軍比西歐的兩萬人（波蘭人能出兩萬人就很了不起了）人數要多得多，從來都是派統帥出去打仗的，打了敗仗以後統帥會被砍頭，而沙皇本人卻從不出征。這個傳統是莫斯科早期就有的。所以，莫斯科軍隊並不能打。莫斯科人打敗特維爾人，是靠莫斯科人向韃靼人告密，從韃靼人、蒙古人、金帳汗國那裡帶來了一群蒙古兵。這撥蒙古兵討伐特維爾，把特維爾的王公趕到了立陶宛，摧毀了特維爾城，順利地解除了莫斯科稱霸過程中的主要障礙物。

莫斯科不僅作為韃靼人向基輔羅斯徵稅的稅收官，中飽私囊，從中黑了很多錢，而且在軍事上能夠戰勝主要的競爭對手靠的也是韃靼人。從這個角度來講，莫斯科早年的歷史實在是很不光彩的。但是在基輔羅斯世界整體上趨於衰落的過程當中，莫斯科人委曲求全、為虎作倀、引狼入室、充當帶路黨的外交政策，畢竟使得莫斯科在長達五十年的時間內變成了哀鴻遍野的基輔羅斯各城邦難民的避難所。在這裡，因為你是受韃靼人保護的王公，所以你有安全。而莫斯科的處女地太多，人口太少。大量難民的湧入，比莫斯科早期從韃靼人那裡購買的少數基督徒俘虜人數更多，技術更好，為莫斯科開發了很多土地，構成了莫斯科後期得以稱霸的經濟基礎。

【延伸問答】

01 俄羅斯是「戰鬥民族」、擅長戰鬥的印象是在蘇聯時期塑造的嗎？還是在蘇聯時期之前俄羅斯的戰鬥力就已經名聞遐邇？

這個很明顯是最近N年（不會超過十五年）中文網路不學無術的線民們捏造出來的東西。以前和中文世界以外從來沒有聽說過這樣的說法，沒有任何歷史記錄把俄羅斯人稱之為是「戰鬥民族」的。也許這是現代中文世界的電子遊戲玩家發明出來的概念。俄羅斯人在歷史上一向都是打不贏波蘭人的，正常情況下總是幾千個波蘭人打幾萬個俄羅斯人。俄羅斯人從歐洲標準（包括波蘭人）看來，是以不計損傷的巨大成本作戰，軍隊是由吃苦耐勞或者沒有人權的大量農民士兵組成的，跟包括波蘭貴族騎士和歐洲封建騎士的那種極少數貴族精英戰士、損失一個騎士都要視為是重大損失、損失一個爵爺就要出巨額贖金贖回來的作風相差甚遠，具有明顯的亞洲蠻夷特徵。但要說是戰鬥力，顯然是典型的溫泉關精神，就是說歐洲人一向都能以少勝多的。如果被奧斯曼人或其他人打敗了，那肯定是對方擁有幾十萬人對幾千人這樣的優勢兵力。

02 東正教會在蒙古征服時期獲得的政治特權和積累的經濟實力，後來為什麼不足以平衡莫斯科王權的擴張？

東正教會在蒙古時期，至少從人口和城邦的數量上來講，大部分已經歸屬立陶宛大公，變成立陶宛大公國在政治上的藩屬了。因此，才會產生東儀天主教會這種在波蘭─立陶宛王國的壓力之下、在政治上接受了羅馬天主教會的保護、但是儀式和生活方式保留了過去東正教特點的特殊教派。獨立於羅馬天主教會和波蘭─立陶宛王國勢力的東正教會，已經是一個心理上自居為弱勢的小派別。他們跟同樣自外於波蘭─立陶宛王國、處於歐洲邊陲的莫斯科大公國在政治上是聯盟。沒有兩者之間的聯盟，整個羅斯世界都會被波蘭─立陶宛王國一口吃掉。兩者之間的聯盟，支持了莫斯科大公國的生存。在莫斯科大公國和俄羅斯帝國的初期，兩者不存在分庭抗禮而不使雙方都淪為波蘭─立陶宛王國藩屬的可能性。

當然，分庭抗禮和權力分散還是有的。羅曼諾夫王朝以前，即使有伊凡雷帝這樣的暴君，教會的勢力還不能被視為是國家勢力的直接附庸。而羅曼諾夫王朝的產生，也是包括教會在內的各封建團體選舉的產物。彼得大帝以後東正教會對國家的全面屈服，實際上是一個近代的凱末爾現象。國家掌握了西歐技術輸入和財政力量的主要閥門。誰掌握了國家，誰就有袁世凱和洋槍洋砲。而教會，無論是拒絕服從彼得大帝的舊派東正教會長期受到迫害，還是近代我們更熟悉的伊斯蘭原教旨主義社團因為得不到西方先進技術和財政資源的灌輸而在文化上也顯得更落後一些，都跟擁有西方先進技術、但是把這些先進技術用來加強專制國家專制權力的近代化政權形成了尖銳對立。這後一個因素，才是俄羅斯東正教會的官方教派（也就是尼康大主教所領導的官方教派）變成國家的宗教部門、而不服從國家的舊東正教派和其他民間野教派給人一種強烈反西方和反近代的瘋僧形象的根本原因。

03 蒙古征服時期的諸羅斯城邦，在政治獨立性下降的同時，宗教上相對於拜占庭的獨立性是否增強了？

「羅斯諸城邦」和「羅斯諸城邦的東方教會」不是同一個概念。從拜占庭教會的角度來講，君士坦丁堡總主教逐步變成了拜占庭皇帝的下屬。在拜占庭皇帝滅亡以後，根據教會和奧斯曼蘇丹達成的協議，奧斯曼蘇丹繼承了羅馬皇帝的權威，因此也繼承了羅馬皇帝和拜占庭皇帝對東方教會的權威。因此，東方教會在政治上的宗主就是兼任羅馬皇帝的奧斯曼蘇丹。

而羅斯的諸教會，自己的政治君主是不一樣的。有些是接受了立陶宛大公的保護。我們要注意，接受立陶宛大公保護的不完全是東儀天主教徒，有很多正宗的、非東儀的東正教徒接受了立陶宛大公的保護，但是並非接受羅馬教會的保護。有很多接受了羅馬教會保護的東儀天主教徒，在政治上講對波蘭—立陶宛王國的獨立性是大於徹頭徹尾的東方教會教民的。而他們願意接受天主教會的保護，其動機之一就是，可以依靠這種保護，針對波蘭—立陶宛王國取得更大的獨立性。

莫斯科從弗拉基米爾遷來的都主教後來承認了莫斯科大公為第三羅馬，這意味著他不承認君士坦丁堡教會所承認的奧斯曼蘇丹對拜占庭皇帝的繼承權。東方教會（包括君士坦丁堡的教會）對俄羅斯東正教會在學術上的權威性一直是存在的。即使在彼得大帝以後，奧斯曼帝國已經敗在俄羅斯帝國手下以後，凱薩琳大帝以後的時代，這種權威性仍然是存在的。但是，大量的留學生和修道士的派遣和流動並不能說明俄羅斯帝國的教會對舊拜占庭的教會仍然存在著政治意義上的從屬，它只是一種歷史威望的體現。這就像是，歐洲人會到古希臘羅馬人的歷史聖地去遊覽，但並不意味著政治上已經殘破不堪的義大利人能夠對德國或英國實施宗主權。

04

您說諾夫哥羅德和弗拉基米爾在諸羅斯政治光譜的兩端，是否就類似於雅典和斯巴達在希臘城邦政治光譜的兩端？弗拉基米爾城邦是不是羅斯的斯巴達，尚武而非重商？

完全不是。弗拉基米爾是東北羅斯諸城邦的阿伽門農王。政治上講，它是長房，是威望的發源地；但是無論就拓荒的實際利益還是現實政治的活動能力來講，它都不是站在最優先地位的。荷馬史詩中的阿伽門農王在希臘諸王的會議當中享有一個類似周天子的威望，因為他們是最正宗、最古老的邁錫尼諸城邦舊王權的繼承者；但是論英勇善戰或者足智多謀，他們都比不上阿基里斯和伊底帕斯，享有的權力基本上是禮儀性的。弗拉基米爾城邦在東北羅斯的地位差不多就是這個樣子。

05 在起源之初，斯拉夫諸部落請來瓦良格人留里克做統治者，而高麗來的函普也被請來做女真人完顏氏族的領袖。相比於本土自發產生，這種邀請異族統治的做法說明了共憲制哪裡發育不良？

這個根本不是封建憲制發育不良，而是封建主義的正常體現。封建主義是各等級共治，就像是一個公司當中董事會、總經理和工會實行共治一樣。董事會和工會都有可能從外地聘請另外一位經理來取代原有的經理，因為這對他們自己的工會階級和董事會階級來說是沒有影響的。西歐各封建君主國也經常從海外引進外國王子來當他們的君主，在莎士比亞的戲劇當中就經常出現這樣的狀態。資產階級和市民雖然自己其實也是有武力的，但是他們還是認為貴族的武力比他們強，引用這個君主或那個君主是在政治上使自己升級的手段。

如果你能夠選擇一個自己就帶著很多關係網、自身戰鬥力又比較強的君主來當自己的封建保護人的話，不僅對城邦的戰鬥力很有幫助，而且可以大大提升國際地位。例如，後來烏克蘭人因為是出身農民，國際地位一直不高，他們就想方設法請一位波蘭王子或者德國王子來做他們的大公。如果成功的話，羅斯大公國或者烏克蘭大公國就可以跟波蘭和立陶宛平起平坐了。而他們始終沒有做成功，這是烏克蘭在近代長期未能獲得獨立、而且國際地位和社會地位都低下的重要原因。例如，草創時期的波蘭王國或者東歐邊緣地帶的其他國王，如果能夠請到一個德國王子做他們的國王，對他們是非常有利的。羅斯諸城邦從瑞典人那裡請來自己的君主，在這方面也有類似的意義。

06 諾夫哥羅德共和國有幸躲過了蒙古征服，它是否有能力南下收復原基輔羅斯失地，而不是讓來源極其可疑的莫斯科大公國完成這一任務？

諾夫哥羅德人根本就沒有收復失地的理論和願望，而且蒙古人所占領的或者說是破壞的基輔也根本不是諾夫哥羅德的失地。你想，如果蘇聯人占領了東柏林，美國人會認為東柏林是美國的失地而去收復它嗎？柏林什麼時候變成美國的領土了？諾夫哥羅德和基輔是兩個平行的邦國，基輔並不是諾夫哥羅德的領土，就像是柏林不是美國的領土、波蘭和匈牙利也不是美國的領土一樣。它們至多是相對於蘇聯來講文化關係更近的親邦，根本談不上有諾夫哥羅德去收復失地的問題。而且，諾夫哥羅德是一個貿易城邦，它也沒有充當軍事征服帝國的野心。

莫斯科帝國後來自稱為歐洲保護人，已經是相當晚的時候了。至少在伊凡雷帝時代，跟波蘭人和瑞典人打仗的時候，它還沒有這樣自稱。這些都是後來比較周邊和比較上層的政治裝飾，並不能反映歷史發生現場的真實狀況。基輔在蒙古人征服以後一度化為廢墟，不再成為大城市，本身也並沒有被征服或者收復的價值。你想征服一片或者收復一片被蒙古人燒殺搶掠以後遺棄的廢墟嗎？你隨時可以派兩個人到那裡去插一面旗子，宣布已經收復了，但是實際上當地並沒有什麼資源值得你駐在那裡。

07 西歐天主教有沒有可能成功浸入基輔羅斯？它在歷史上傳教遇到了哪些困難，結果反而讓拜占庭傳教士領先了？

當然也是有可能的。保加利亞人也一度變成了天主教徒，後來又被東正教會收了回去。俄羅斯人和保加利亞人按照當時的觀點來看，階級地位和地緣形勢相差都不是很遠，但是波蘭人和立陶宛人變成了天主教徒，而保加利亞人和俄羅斯人變成了東正教徒。恐怕最核心的原因就是，缺少一個具有強烈封建性的精英階級來作為天主教會的載體。如果有里加大主教那種非常善戰的、自身也是封建領主的主教團體，或者是有像日耳曼騎士團、波蘭－立陶宛王國這樣的政治機構插入羅斯世界，他們是有可能在羅斯世界建立一個類似波蘭王國的政治結構的。這裡面最核心的問題其實也還是，相對於波羅的海沿岸，黑海沿岸的封建主義為什麼發育不全的問題。這個問題其實又回到了十九世紀自由主義者關於「俄羅斯封建主義和西歐封建主義的差別到底在哪裡」的古老爭論上去了。

08 條頓騎士團東征諾夫哥羅德公國，一二四二年在楚德湖戰敗，從此無力向俄國腹地進軍。條頓騎士團為什麼打輸了？條頓入侵對諾夫哥羅德公國造成了什麼影響嗎？

任何時代，一次具體戰役的成功或失敗都是常見的。只不過條頓騎士團的擴張也有它的天然邊界。這個天然邊界為什麼會在白俄羅斯一帶，而沒有延伸到更東的地方，這才是問題所在。楚德湖戰役的歷史意義也是被後來重新建構起來的，它強化了「俄羅斯人不屬於歐洲」的這個概念。實際上，假如日耳曼騎士團的拓殖範圍更向東一些，深入到芬蘭人聚居的內地去，很可能白俄羅斯會變成一個類似芬蘭人的國家。但反過來，芬蘭人從人種上和歷史傳統上來講，假如瑞典人的拓殖局限於芬蘭西部海岸，那麼大芬蘭的內地很可能會被看成是亞洲的一部分，而歐洲的邊界就會止步於瑞典人拓殖的芬蘭沿海島嶼和芬蘭西南部了。

09

俄國自由派在托古改制批判沙皇專制的時候，更多依賴發明基輔羅斯還是諾夫哥羅德的歷史資源？

大體上是，浪漫主義詩人更喜歡諾夫哥羅德，蛋頭學者和律師更喜歡基輔羅斯。但是這個區別只是大致上的，具體的例外都有很多。

10

您如何評價克柳切夫斯基的《俄國史》？是否屬於俄羅斯民族發明之前那個時代比較正統的歷史觀？

他就是俄羅斯十九世紀自由主義者的官方版本，是自由主義和大俄羅斯主義史觀的正統派。後來堅持大俄羅斯主義的自由主義者的歷史評價系統，基本上就是從他那裡傳承下來的。

11 假如立陶宛諸侯在十三到十五世紀之間排除了莫斯科的競爭，取得在羅斯世界的絕對優勢，是否也有可能皈依東正教，選擇做拜占庭的繼承人，與天主教波蘭和伊斯蘭教土耳其畫清邊界？

那是沒有可能的。對於立陶宛的貴族來說，東正教就是被統治的農民的標誌。即使在立陶宛本土，貴族也是信奉天主教或者新教的，只有農民才有可能信奉東正教。立陶宛即使把基輔羅斯的全部邦國都納入統治體系之下，這樣的階級結構仍然存在，沒有人願意放棄自己原有的階級身分。

12 梁贊大公國的憲制和經濟有何特色？假如是梁贊馴服了羅斯世界，其內政和外交路線是否會有所不同？

梁贊沒有辦法征服羅斯，就像鄭國或蔡國不可能征服齊國或楚國一樣。經過蒙古人的蹂躪以後，重建的梁贊是一個諸公子用事的多頭政治，內部統治是不穩定的，而且它也沒有一個可供它緩解內部壓力的邊疆。

13

您如何評價莫斯科公國在瓦西里二世時由其叔父尤里發動的、延續二十年之久的、規模最大的大公繼承戰爭？它對後來伊凡三世、伊凡四世的集權改革造成了哪些深遠影響？

談不上什麼深遠影響，這是由一系列斷斷續續的莊園領地之間的零星衝突組成的。對於當時的莫斯科公國來說的話，僅僅是證明了它原先長期執行的那種當家人的繼承制度以及不蓄諸公子、把諸公爵的領地和財富嚴格控制起來的政策並不完全可靠。

14

基輔羅斯的衰落是否與貿易衰落有關？立陶宛人染指已經衰落的基輔羅斯，其格局是否類似於戎狄或者匈奴入侵東周諸夏？在立陶宛人武功極盛的十四世紀，立陶宛諸侯有無可能重建以基輔為尊的權力和商貿中心，與北方的弗拉基米爾諸侯形成南北朝的格局？

基輔羅斯的衰落確實跟可薩人的衰落和巴格達貿易體系的興起有密切關係。基輔羅斯和草原路線的興盛時期，正是羅馬和薩珊交戰、使得中央貿易路線不通的時期。這個中央貿易路線不通，也是使奧古斯都和紅海—印度洋貿易興盛的原因，也是衣索比亞對葉門享有霸權的原因。立陶宛霸權時代的基輔已經殘破不堪，是波蘭貴族招攬流民、防禦韃靼人和哥薩克人攻擊的荒野拓殖區。立陶宛人的統治只是收攬各種殘餘的諸侯和貴族，對他們施加保護，並沒有重建基輔的動機。

15

諾夫哥羅德大公南下建立基輔羅斯，是否類似於雅利安人入侵印度建立封建體系？

諾夫哥羅德和基輔在政治上和文化上都是非常類似的。諾夫哥羅德王公到基輔來，等於是上海的工部局到漢口英租界建立一個類似的工部局。等於是，把我的行之有效的先進經驗傳播到你那裡去，但是你和我本來就是同一個系統的。這個跟雅利安人和印度達羅毗荼人之間的關係是完全不同的。後者之間的關係不是上海的工部局到漢口英租界的工部局去建立類似的統治，而是上海英租界派人到宜昌或者岳陽去統治那些本身不是歐洲人的清國臣民。

16 在基輔羅斯公國的歷史上，諾夫哥羅德既是分封重地，又是鬥爭失敗者東山再起的根據地。當時諾夫哥羅德和基輔兩座城市的關係，是否就類似於元朝上都和大都的關係，分別代表了秩序源頭和秩序下游？

不是。諾夫哥羅德是漢薩同盟深入內地的附庸城市，就好像漢口英租界是上海的附庸城市一樣。它是漢薩同盟商人採購東歐大平原腹地的硬木、蜂蜜和其他重要物資的一個口岸。新舊羅斯的兩個核心是，舊羅斯的神聖城市基輔和新羅斯的諸王公之王弗拉基米爾。

17 諾夫哥羅德公國通過市民階級抑制王公階層的發育，是否也使得它未能像東北羅斯那樣，以不斷分封裂變新城邦的方式來擴張殖民地？

諾夫哥羅德在經濟上講是漢薩諸城市的代理人政權，就相當於漢口英租界是上海工部局的代理政權一樣，在經濟上是依附於後者的，所以它一開始就不負有開疆拓土的使命。漢口英租界不可能自己去開拓出一個重慶英租界，漢口英租界和重慶英租界都是上海工部局的附庸，所以它也沒有什麼開疆拓土的必要。而且，它所在的地區並不是四面有處女地的地區，而是在統治古老羅斯的瓦良格人的後裔、北歐諸國、日耳曼人、波蘭人的四面包圍之中。並不是沒有森林可以開墾，但是這樣的開墾不足以建立新的殖民地。它不是一個邊疆國家。

18 在蒙古征服前夜，弗拉基米爾公國取代基輔成為羅斯世界的霸主，其格局是否類似於晉國的小宗取代大宗？取代的原因是伏爾加河流域的財富積累壓倒了第聶伯河流域嗎？如果沒有蒙古征服，弗拉基米爾是否又將與諾夫哥羅德爆發新的爭霸戰爭？

主要的原因是第聶伯河沿岸已經沒有什麼空間了。南方的河道，航行條件不太好，而且很容易受到以伏爾加河為中心的諸汗國的侵襲。向北方發展的話，諾夫哥羅德等於是歐洲勢力的一個代表。只有以弗拉基米爾為代表的東方，有芬蘭人和亞細亞各民族居住的廣大內地可以開拓。適合開拓的新邊疆，產生了一系列新的城邦。而在這些新的城邦當中，弗拉基米爾相對而言就是最正統的了。

19

如果沒有皈依東正教，在後來與佩切涅格人以及其他草原族群的鏖戰中，羅斯人是否會因為缺少某種自我認同的政治定力，而與草原族群混同？就像佩切涅格人，既與羅斯人爭鬥，又會成為羅斯王公的雇傭兵。如果沒有皈依東正教，羅斯人是否也會淪為這種狀態？

羅斯人如果沒有皈依東正教的話，大概北方的族群被瑞典人征服以後會變成聖劍騎士團、瑞典和波蘭的藩屬，會被變成歐洲的一部分。而南方的部分大概就會變成以伏爾加河為中心的諸草原汗國的一部分了。

20

金帳蒙古人的「八思哈」制度，在羅斯各公國的社會和政治形態中有何遺痕？莫斯科公國的專制性當中，是否也有八思哈基因的展開？

金帳汗國的遺產主要是戶口制度，對於過去的羅斯諸公國來說是一個嶄新的事物，賦予公國的君主過大的力量，而且把其臣民貶低到東方降虜的地位上。部落聯盟形成的習慣對於東正教徒的附庸國來說，並不是他們必須模仿的東西。

21 羅斯系諸公國在蒙古征服期間，其內部的憲制鬥爭或者權力鬥爭方式受到了怎樣的約束和擾動？

原有的威望比較高、正統性比較強的幾個大邦，因為變成了反對蒙古征服者的領袖，在戰爭中受到了巨大創傷，貴族人口損失嚴重，財富和實力也受到極大的損失。原先不大顯眼的那些小邦或者次要邦國，受到的損失反而比較少。大邦要麼是依靠自己傳承的正統性，要麼就是依靠自己諸公子的分封制度來維持。在貴族人口損失很大、而原有的拓土方式又受到破壞的情況之下，也就基本上一蹶不振。有些在一段時間內就變成了廢墟，然後部分地依靠新來的移民勉強重建起來。像特維爾和梁贊，就再也沒有恢復蒙古征服以前的輝煌。在殘破之中重建起來的邦國也是苟且度日，原有的正統繼承方式很難再恢復了。重建者往往要依託修道院系統，把本來已經開墾過的土地重新開墾一遍，保留一小部分殘存的建築物和人口中心。這樣重新建立起來的修道院系統及其人口，跟過去殘餘的貴族系統和市民系統之間的矛盾一直沒有理清，這是他們後來輕而易舉被莫斯科征服的原因之一。

22 漢薩同盟最大的問題就是商人們造不如買，沒有把財富轉成原始資料，長期屬於中間商，倒買倒賣，本土農業和手工業沒有大發展，完不成原始積累，也無法刺激政治轉型，這也是它沒落的重大原因。而屬於漢薩同盟的諾夫哥羅德卻升級成議會主權的商業共和國，為漢薩諸城邦所罕見。這是怎麼回事呢？

諾夫哥羅德的商業共和國在漢薩同盟是非常常見的。而且論體制來說的話，應該是德國系的盧貝克和維斯堡這些城市共和國的法制更健全一些，諾夫哥羅德和波蘭境內的各城市在後期都大規模地引用德國的馬格德堡法[7]來升級自身的法制。絕不是說只有諾夫哥羅德才有城市共和國，只不過像諾夫哥羅德這樣的城市共和國在北德和今天的瑞典是非常常見的，基本上每一個城市都是大大小小的城市共和國，而諾夫哥羅德在東方的諸羅斯當中顯得像是一個特殊的存在。

7 馬格德堡法，源自於神聖羅馬帝國皇帝鄂圖一世的制定的城市法，主要關注本地商人和手工業者在貿易中的利益，法律以鄂圖一世曾居住的德國城市馬格德堡而命名。這些城鎮特許憲章可能是中世紀時期中歐最重要的法律，也成為神聖羅馬帝國在隨後幾個世紀內發展出的德國城鎮法的基石。更重要的是，包括波西米亞、匈牙利和波蘭等地諸多王侯對此法律的接受和修訂，使得這一套法律成為推動整個地區鄉村及城市建設，乃至城鎮化進程中的關鍵。

23 弗拉基米爾大公死後的王位之爭當中，如果是得到波蘭支持的斯維亞托波爾克戰勝了諾夫哥羅德的雅羅斯拉夫，是否會擾動羅斯文明形成自我認同的歷史進程，逐漸把羅斯統治集團吸收到波蘭人的體系當中？

只能吸收一部分，恐怕內地還是會形成一些莫斯科式的或者亞洲式的專制政權。

24 假如以亞歷山大．涅夫斯基[8]（Alexander Nevsky）為代表的羅斯軍事精英被寶劍騎士團擊敗了，諾夫哥羅德地區是否也會像普魯士和利沃尼亞一樣被日耳曼化，成為最東方的德意志殖民地？這樣一來，東北羅斯是否就永遠沒有機會參與西方歷史遊戲了？涅夫斯基是否為羅斯世界保住了未來通向西方文明的地緣走廊？

涅夫斯基如果敗了的話，很多羅斯貴族會倒向波蘭人，變成波蘭人的附庸，後來參加波蘭人和日耳曼人的戰爭。比較靠東邊的、比較偏遠的地方，可能會永久性地隔離在歐洲之外。

25 亞歷山大・涅夫斯基寧願附庸於韃靼人，也不附庸於天主教世界，主要是地緣形勢所迫，還是宗教勢力掣肘？他的選擇是否預表了俄羅斯未來的歷史舞台和角色？

涅夫斯基只是一個小王公，他的合縱連橫策略並不稀奇。就算是立陶宛大公和諾夫哥羅德共和國，也是在東西方各種勢力之間經常搞外交博弈的。法蘭西國王多次跟土耳其人結盟，反對西班牙和其他基督教君主國。這樣的外交，在多國體系當中是司空見慣的。他的特殊性在於，他在後來的俄羅斯歷史中間是一個被發明出來的象徵。每一次俄羅斯人受了西方或者歐洲的委屈，重新想起來自己本來還可以另外做一個跟西方敵對的東方大國的時候，就會把涅夫斯基重新發明一遍，拿出來對於國內的親西方勢力作為警告，例如普丁政權就是這麼做的。他的重要性主要是符號性的。

8 亞歷山大・涅夫斯基（一二二〇—一二六三年），諾夫哥羅德公國大公，一二四六年成為基輔大公，一二五二年成為弗拉基米爾大公。當蒙古入侵之後，亞歷山大・涅夫斯基巧妙地與他們周旋，開始扮演金帳汗國與俄羅斯各公國之間的調解人的角色，並借用蒙古代理人的身分鎮壓各地貴族與平民。

26 面對蒙古西征，羅斯人是否有可能通過外交和軍事互相配合，比如抵抗、遷都、結盟、有條件稱臣之組合牌的方式，把蒙古鐵蹄引向羅斯城邦以外的其他方面？

遷都的問題是不存在的。羅斯諸公國本身就不是一個統一體系，各自有各自的首都，又不是一個統一帝國需要遷都。其他幾件事情，實際上他們都做了，而且也都有相應的後果。像涅夫斯基，就是依靠蒙古人和西方人之間的矛盾，名義上稱臣於蒙古，實際上通過打擊條頓騎士團為自己保留了一部分生存空間。莫斯科則是依靠蒙古勢力壯大了自己的典範。但是也有像特維爾和梁贊這樣的，其實他們才是真正的抗戰英雄，抵抗到底而付出了慘重代價。

三、從公國到帝國：東方和西方之間無家可歸的存在

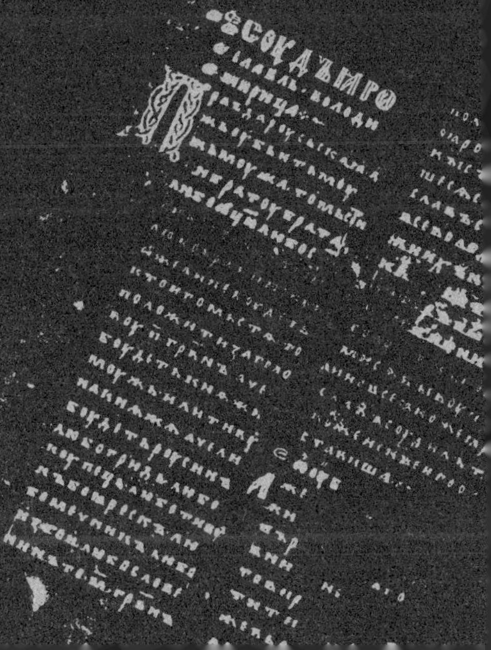

莫斯科公國兼併其它羅斯城邦

在諾夫哥羅德和莫斯科公國之間還有其他一些名城，例如在韃靼人撤退之前起最重要作用的特維爾和梁贊。古老的基輔和弗拉基米爾這時都已經衰落，像周天子一樣維持其象徵性的聲譽，但是在現實政治中已經漸漸不起作用。莫斯科以外的其他城邦，在政治體制的性質上介於莫斯科和諾夫哥羅德之間。它們都有自己的王公，但是不像諾夫哥羅德那樣接近於商業資產階級統治的君主立憲制共和國，也不像莫斯科那樣由出身微賤而精打細算的當家人大公實行專制統治，而是維持了一種更多保存了基輔羅斯舊傳統的、很像春秋諸公子專政的貴族體制。

莫斯科公國跟其他公國最明顯的差異就是，它像晉獻公一樣是「無畜群公子」的。分封的親王只有名義上的封邑，實權仍然掌握在大公和他的主要統治機關——也就是大貴族杜馬手中。經常有莫斯科大公的後裔，名義上也是分封王公，如果是在莫斯科以外的其他城邦，他們應該就是小諸侯，像魯國季氏的權力經常比魯國君主還大那樣；但是在莫斯科，他們經常是窮困潦倒，而且還處在國君派來的監視人員的嚴密控制之下。這些監視人員不斷地向莫斯科大公報告，這些可憐的親王在窮極潦倒的時候有沒有接受立陶宛大公或者波蘭國王的津貼，會不會皈依羅馬天主教，會不會逃到波蘭和立陶宛去。

而在特維爾和梁贊，這些公子王孫們就仍然像是留里克家族統治基輔羅斯的黃金時代一樣，支脈的公子只是比主脈的公子地位低一點，但是都有一定的機會輪到自己走運的時候。而且，即使是在不走運的時候，他也有自己的相對獨立的封邑、門客和武裝力量。因此，他們就像是春秋時期陳國、蔡國、鄭國和魯國的諸公子一樣，他們很容易結黨，很容易發生政變。莫斯科和諾夫哥羅德的政治相對而言都是穩定的，而梁贊、特維爾和其他羅斯城邦的政治局面則始終是不穩定的。諸公子和大貴族的黨派不斷相互鬥爭，不斷引起政變。

這一點，使得莫斯科人很容易吞併他們。諾夫哥羅德人的眼睛並不向軍事擴張和領土兼併這方面看，他們是以商業利益為本的城邦。而莫斯科則是一個領土城邦，它對兼併領土有極大的興趣。而在政治鬥爭之中，莫斯科人相對於特維爾和梁贊這兩個強國，就具有秦國對東方各國、晉獻公對周天子各諸侯的那種優勢。莫斯科國內通常是沒有能夠跟大公本人對抗的黨派。而莫斯科的敵手，無論是特維爾、梁贊還是諾夫哥羅德，在關鍵時刻總是會因為國內的黨派鬥爭而產生出親莫斯科、反對本國當權政府的強有力的黨派。最後，羅斯世界這僅有的三個可以跟莫斯科對抗的強國，也就是特維爾、梁贊和諾夫哥羅德，都是由於在戰爭最緊張的時候本土的大貴族黨派倒向莫斯科大公一方、為莫斯科人帶路而淪亡的。在這方面，莫斯科的專制主義顯示出了自己的優越性。

開放的邊疆與軍役貴族階層的開拓

莫斯科人的主要優越性還是它占據了開放的邊疆。相對於其他城邦來講的話，正如托克維爾所說的那樣，它是一個反方向的美利堅。美國相對於歐洲各國的優勢，是因為它有無窮無盡的西部邊疆。這裡面的財富相當於整個歐洲，卻是無主之地。北方的特維爾、南方的梁贊和西方的諾夫哥羅德都沒有開放的邊疆，只有東方的莫斯科在東方、南方和東南方都面臨著極度空曠的土地。但是跟美國不同，美國人面臨的基本上是真空，而莫斯科人至少是在東南方，伏爾加河的方向，面臨著包括金帳汗國在內的歐亞大草原蠻族。這些蠻族的人口密度很低，並不能有效利用大草原的資源。如果莫斯科人用他們的土地開墾技術把這些草原開墾出來，那就是非常肥沃的黑土地，能夠為大公和國家增加極大的財富。但是這些可怕的遊牧民族也會擄掠莫斯科大公的臣民，把他們賣到克里米亞和土耳其去做奴隸。所以相對而言，莫斯科人面對的開拓條件不如美國好。但是相對於羅斯的其他城邦來說的話，莫斯科人的大公總有足夠的荒地來犒賞他的臣民。

這一點，使得莫斯科大公能夠培養出一個特殊的軍役貴族階級。軍役貴族階級是完全依附於大公本人的。跟羅斯諸城邦自古以來就無法控制的諸公子不同，他們寄希望於大公的並不是所有城邦都非常有限的財政資源，而是新的土地。大公可以惠而不費地把莫斯科東南方的大量新邊疆賞賜給他們。賞賜給他們土地，就可以買到這些軍役貴族的效忠。大公沙皇賜予土地，

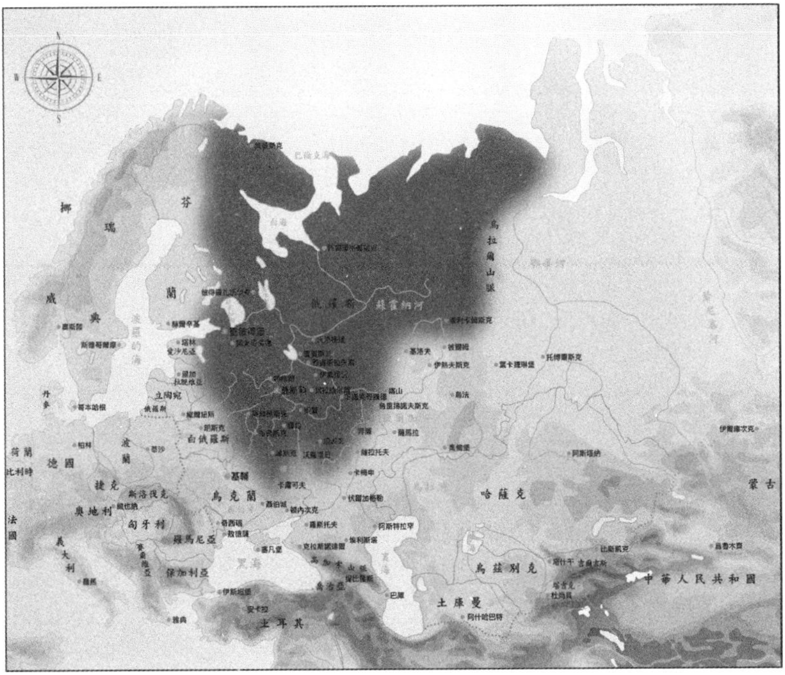

興起於歐亞之間的「俄羅斯」

十六世紀中葉，伊凡雷帝時期的俄羅斯沙皇國開始向東方擴張，並於十九世紀末以前獲得包含亞洲在內的廣大領土。

＊深色區域為約1550年時的俄羅斯沙皇國領土

＊本地圖的地形、國境線、國家名、都市名皆為當今之稱呼

服役貴族用效忠和當兵來回報大公。在東南方向上新開墾的各縣當中，通常在地主階級當中，服役貴族或軍役貴族的人數超過一半。這是莫斯科邊疆性質的一個非常突出的體現。

這樣一來，至少梁贊和特維爾就處在極為不利的境地。它們像法國和德國一樣，邊疆是已經確定的。要越過奧卡河的據點擴大一點點，都會引起其他城邦的強烈反制。它們沒有新邊疆。它們要招攬貴族、家丁和親兵，那是需要真金白銀的。而城邦和王公的財力是有限的。不僅有限，而且由於諸公子的不斷增加和相互鬥爭，實際上公爵和王公的財政像蔡國和魯國的國君一樣，是一代不如一代的。每一代都要分封出更多的領地，以滿足更多的公子，而不像莫斯科那樣有很多新土地可以吸引有功人士，在軍役貴族這個階級內基本實行唯才是舉。而它又像晉獻公一樣刻薄地對待自己的親族，不封給他們真正的封地，以免他們取得獨立地位。結果，莫斯科的大公即使沒有多少錢，憑土地也可以換來很多有功之士的效忠。而特維爾和梁贊，自己的資源沒有辦法擴充，無法維持很大的隊伍。而自己內部的諸公子和黨派又經常分裂出去，倒向自己的敵人一方。結果他們在鬥爭當中，就像是韓國和魏國鬥不過秦國，虞國和虢國鬥不過晉國，一步一步落了下風。

軍役貴族以開拓者的身分向東方和南方前進，對於莫斯科的商業經濟和農民的地位來說都不是好事。東方和南方的土地是近乎無限供應的，如果你不把韃靼人的不斷侵擾計算在內的話。地主兼各縣的軍役貴族只擔心一件事情：我手頭從大公沙皇這里弄來的土地，沒有足夠的勞動力來替我工作。因此，他們會從莫斯科的舊城區帶走盡可能多的勞動力。這樣就引起了莫斯科內部的勞動力緊張，使得原有的地主和貴族用各種亂七八糟的手段盡可能地限制自己的勞動力外流。當然，限制不是完全有效的。

一方面，最優秀的勞動力向新墾地、黑土地進發，使得本土市場的消費能力反而下降了。十六世紀的消費能力不如十五世紀，十七世紀的消費能力又不如十六世紀。最有消費能力的那個群體等於是富裕的農村居民，修道院長、地主之類的，正在從富農上升為地主的這個階級。隨著人口的外流，整個舊莫斯科地區的勞動力相對緊張，留下的是生產能力不是很強的人。因此，莫斯科本身的市場趨於萎縮，工商業得不到發展。

同時，地主盡可能地防止勞動力外流的各種措施，在後來就變成了彼得大帝以後俄羅斯帝國推行農奴制的歷史依據。我們要注意，這時的莫斯科農民還不能被視為是農奴，至少不全部是。有些人是人身依附的，他們把自己的勞動力典賣了若干年，但這是最窮的、負債的人。只從屬於國君的納稅自由農戶和從地主那裡租地的普通佃農，可以自由遷移、而且也經常逃亡和自由遷移的佃農，在這時候的莫斯科還是非常多的。但是這時候他們的地主已經開始採取各種手段，盡可能地限制農民自由遷徙的權利。

莫斯科大公依靠軍役貴族擴大自己的權力，而軍役貴族的出身是五花八門的。有很多人是從跟莫斯科敵對的其他羅斯城邦來的，但同時也有高得驚人的比例是從波蘭—立陶宛和歐洲來的，以及從韃靼人和穆斯林世界來的。據說，來自波蘭—立陶宛的客卿，在軍役貴族當中，最高的比例曾經占到三成。來自韃靼人和東方穆斯林世界的客卿，變成軍役貴族的，最多的時候達到軍役貴族數目的百分之二十五。而且甚至還有遠及日耳曼和西歐的冒險家變成莫斯科的軍役貴族。這樣大膽引用客卿卻不肯重用、甚至嚴格限制大公本人親屬的做法，也非常像是晉獻公和秦國。毋庸置疑，這種政策對於莫斯科的擴張主義是非常有用的。

開放的邊疆與修道院經濟體系的出現

這時，在羅斯世界的邊區，除了莫斯科人的軍役貴族向東南方開拓以外，還有另外一種運動，就是以修道院長為核心的寺院的開拓。按照他們自己的說法，隱士團體前進的終點只有北冰洋和東方大海。他們向東北方的森林地帶前進，而不是向布滿了韃靼人的東南方的草原地帶前進。從生產力的角度來講，草原一旦開墾，就會變成肥沃的黑土地，但是這樣的居民如果得不到保護人，是很容易被奴役和搶劫的。向東北方的森林地帶開墾，不容易產生出大片的熟地和大片的糧食作物產區，但是這樣的居民的獨立性也比較強。他們同化的對象主要是芬蘭人，形成的修道院經濟結構的封建性也比較強。

因此，韃靼人撤退前夜的莫斯科，最強有力的社會經濟組織就是兩種。第一是以修道院為核心的教會村莊。我們要注意，修道院經常是開拓者團體的核心，但是並不是說所有的修道院跟村民的關係都是和睦的。有的時候兩者也會反目，甚至村民驅逐了修道院，把所有土地都變成村社所有，這樣的例子也是有的。但是總體上來講，以修道院為中心的村莊結構是莫斯科經濟的一個組成部分。以軍役貴族和黑土地農業為基礎的經濟結構，是莫斯科的另一個支柱。莫斯科大公的主要的辦事人員、公務員和衙門，主要就依靠修道院培養出來的人和軍役貴族兩者組成。

從後來的縉紳會議（Zemsky Sobor）的組成來看，軍役貴族、親藩貴族、工商業者和農村的上層階級是縉紳會議的四大組成。而在縉紳會議不再召開的時候，大公和沙皇主要的左膀右臂是大貴族杜馬。這裡所謂的大貴族，主要就是指的修道院長和軍役貴族。親藩貴族只是起名義上的作用，他們是受到嚴密監視的，通常也沒有什麼政治能力。莫斯科人形成的這個五花八門的結構當中，替大公沙皇辦事的這個左膀右臂的階級是高度國際主義的。

例如，像後來在伊凡雷帝死後，莫斯科的王位繼承出現嚴重糾紛的時期，一度被縉紳會議推舉為沙皇的鮑里斯・戈東諾夫[1]（Boris Godunov），根據流行的傳說，他的家族最初就是出身於韃靼人的移民，離開了原有的部落或者汗國，憑藉個人的功業，像安祿山為唐玄宗效命一

1　鮑里斯・戈東諾夫，韃靼貴族出身。曾經侍奉過伊凡雷帝。他妹妹伊琳娜・戈東諾娃嫁給伊凡雷帝的幼子費奧多爾・伊萬諾維奇。費奧多爾身體有病，智力不健全，因此大權被戈東諾夫所掌握。一五九八年費奧多爾去世，無子嗣。留里克王朝滅亡。全俄縉紳會議推舉戈東諾夫為俄羅斯沙皇。

樣為伊凡雷帝的祖先效命，贏得了貴族的爵位和土地，最終變成了大公國和俄羅斯帝國的主要攝政，在王室絕嗣以後甚至還一躍而登上了沙皇的寶座。而另一位，在所謂的第一個假德米特里[2]（False Dmitry I）當中扮演著幕後操縱者角色的格林斯基家族，則來自於波蘭—立陶宛聯合王國。他們本來是天主教的波蘭—立陶宛聯合王國的一個貴族黨派的一部分，也是由於為莫斯科大公的先輩效勞服務，在莫斯科公國的貴族杜馬當中站住了腳跟，變成了參加上層政治鬥爭的一個重要黨派的領袖。

莫斯科公國有沒有真正意義上的羅斯人呢？當然有。中下層居民，工商業行會是比較純粹的羅斯人。農民，至少是修道院那個系統的農民，主要也是羅斯人。但是上層階級，莫斯科大公自身的血統雖然自稱是出於弗拉基米爾，實際上也是非常可疑的。而他們那種重用客卿的政策，使得相對於其他的羅斯公國，它的貴族階級是特別五花八門的。而且，軍役貴族，你從它的產生就可以看出來，比舊式的王公貴族——留里克家族、基輔羅斯時代的王公貴族來說，是更加高度依附於大公本人的。

騎士榮譽？莫斯科拋棄基輔文化

改名為沙皇以前的莫斯科大公，基本上是精明強幹的當家人。他的臣民甚至不指望他英勇善戰，迎擊韃靼人，來保衛自己的祖國。在被後來彼得大帝脫亞入歐以後喜歡冒充歐洲人的俄羅斯人發明成為是莫斯科人保衛歐洲、抵抗韃靼人的那次著名戰役當中，大公本人就在前線打著打著的時候迅速撤回了莫斯科，把他的士兵和將領留在前線。他一回到莫斯科，莫斯科的主教和商人就圍攏過來罵他說：「大公啊，你向我們收取這樣多的苛捐雜稅，說是為了保護我們，而韃靼人真的來的時候你卻跑得這麼快，你怎麼對得起我們？」但是大公還是面不改色地跑回來了。

他的形象根本不像是波蘭王國或者匈牙利王國的國王必須是貴族的統帥，要身先士卒。他的形象是治家格言裡面描繪的那種當家人的形象。這個當家人的形象是，嚴厲地對待自己的妻子兒女，精打細算地對待家人，但是並不像伊凡雷帝那樣暴虐，而是像綽號「錢袋」的守財奴大公伊凡那樣，能夠謹慎小心地抓住每一個機會來增加自己的家業。當家人增加自己的家業，主要依靠精明強幹，主要依靠嚴厲地管理自己的妻子兒女，主要依靠謹慎的操作，而不是依靠軍事冒險。西歐封建君主那種把軍事冒險和騎士榮譽看得高於一切的文化，在基輔羅斯時代是羅斯文化的主流，在弗拉基米爾時代仍然殘留在羅斯文化的壯士當中，但卻不是莫斯科大公本

2　指俄羅斯沙皇國混亂時期出現的數名冒名者，他們都聲稱自己是沙皇伊凡四世最小的兒子德米特里·伊萬諾維奇。而本尊八歲時便死於非命，據傳可能是鮑里斯·戈東諾夫派人暗殺。這些偽德米特里們皆聲稱自己逃過了八歲時的那一場暗殺。

身的傳統。

莫斯科是一個缺乏雄才偉略和貴族榮譽的邦國，但是正因為如此，它在韃靼人強盛的時候腰杆特別軟，在韃靼人衰落的時候懂得及時背叛，擅長於利用各種有利於自己的條件，肆無忌憚地利用自己的優勢，特別是自己的競爭對手內部分裂的弱點，最終一口一個地把四大強國當中的另外三個——諾夫哥羅德、特維爾和梁贊都吃了下去。以後其他的各小邦依附於莫斯科的速度就更快了。但是我們要注意，這個統一意味著，其他各邦當中，親莫斯科的貴族黨派臨陣倒戈，投入莫斯科大公的麾下，然後他們按照莫斯科大公軍役貴族五湖四海的傳統習慣，變成了莫斯科國的上層建築的一部分。伊凡雷帝掌權前夕，莫斯科大公國的上層階級就是這樣組成的。基輔羅斯各城邦來源的王公，波蘭—立陶宛和歐洲來的各貴族，東方來的各冒險家，都變成了莫斯科的軍役貴族。

帝國法統？莫斯科引入拜占庭文化

伊凡三世從義大利迎娶了流亡到西方的拜占庭公主，使莫斯科公國變成了拜占庭的繼承國，大公變成了沙皇。新的俄羅斯帝國（它現在已經不再是莫斯科公國）的上層階級，以及作為君主左膀右臂的修道院長和軍役貴族們，對這位公主或皇后都有極壞的看法。他們認為，莫斯科原有的淳樸風氣是被這位拜占庭女人敗壞的，她把充滿陰謀詭計和東方色彩的拜占庭文化引進了莫斯科。甚至是在她和她丈夫都已經死後，在伊凡雷帝一朝，庫爾布斯基公爵（Andrey Kurbsky）在跟伊凡雷帝鬧翻了、逃到波蘭以後，跟伊凡雷帝打筆仗的時候，還念念不忘地罵這位可憐的公主。他們之間的筆仗雖然是以後發生的事情，但是已經預示了拜占庭文化和歐洲文化的衝突。

庫爾布斯基公爵代表的是親波蘭和親歐洲的因素。他寫給伊凡雷帝的信中表示，理想的沙皇應該是一個跟他的貴族和各等級臣民共同治理國家的沙皇。這個理想，我們並不陌生，它就是波蘭—立陶宛王國的憲法結構，也是西歐封建各等級共治的憲法結構。君主只是貴族當中的第一人，他必須跟各等級按照成例進行統治。這個論述大大地激怒了伊凡雷帝。伊凡雷帝也寫了一封信，從聖經、古羅斯的傳統和東正教教義論證，從來沒有一個沙皇能夠按照自己臣僕的意志進行統治，我們東正教的教義哪一點曾經講過沙皇要根據自己臣僕的意志進行統治的？你完全是在胡說八道，犯上作亂。沙皇拿著寶劍，這個權力來自於聖經，是為了使惡人恐懼而善人安心的。沙皇不是跟他的臣民共同統治國家，而是親自統治國家的。這是涉及原則性的路線鬥爭。

但是我們要注意，伊凡雷帝雖然被歷史記錄成為暴君，事實上大概也是暴君，而且他寫給公爵的辯駁信中間對大貴族用了極不禮貌的詞彙，罵他們是奴隸，不忠於沙皇的奴隸應該如何如何，但是這並不是意味著，甚至是晚至伊凡雷帝時期的莫斯科公國已經達到了雷帝理想中的那種徹頭徹尾的專制主義，已經可以把他的貴族當作臣僕來使喚。沙皇本身用的詞彙極其刻薄，實際上恰好反映了他還沒有來得及、或者說還沒有能力在莫斯科實現他的理想。正因為沒有辦法實現他的理想，他眼中的現實中的大貴族仍然是桀驁不馴的，所以他在自己的文字世界中才特別刻薄地罵這些人。如果他已經有效地控制了這些人的話，他反倒沒有必要這麼惡毒地罵他們了。

拜占庭文化和宮廷政治的引入，對於傳統上講輔佐沙皇、作為沙皇主要諮詢機關和辦事機關的杜馬來說，並不是一件令人愉快的事情。莫斯科畢竟是一個開疆拓土的邊疆國家，不像是拜占庭那樣依靠宮廷和港口活過。只要開拓南方和東北方殖民地的工作仍然在不斷展開，拓殖者的主要代表——修道院長和軍役貴族就不高興他們的權力被索菲亞公主（Sophia Palaiologina）或沙皇的宮廷所擠占。他們也希望能夠控制沙皇，擠壓宮廷的勢力。因此，索菲亞公主對莫斯科現狀的不滿一點兒也不亞於這些大貴族。從她的角度來講，她是從高度文明、但是衰朽的拜占庭帝國來到一個遙遠的蠻荒。這些地方居住的都是一些相對於拜占庭來說很沒有文化的蠻夷，我是帶著高雅的禮儀和文化來教化你們的，讓你們知道第三羅馬和凱撒的尊貴，而你們卻用這種猜忌的方式對待我。

雙方之間的矛盾的不可調和性，隨著莫斯科兼併了其他各邦國，也就獨自承受了西方波

從莫斯科大公國到俄羅斯沙皇國，關鍵的兩位伊凡大公

左圖為伊凡三世（1440-1505年），莫斯科大公（1462-1505年在位），史稱伊凡大帝，被部分俄羅斯史學家認為是俄羅斯帝國的開創者。他迎娶了拜占庭的流亡公主，使莫斯科得在政治上繼承了東羅馬帝國的法統，莫斯科也成了東方正教的新中心，然而「第三羅馬」卻也導致了俄羅斯上層結構和下層結構的衝突。

右圖為伊凡四世（1530-1584年），莫斯科大公（1533-1547年在位）、俄羅斯沙皇（1547-1584年在位），人稱伊凡雷帝。他親政時，俄羅斯沙皇國已經接受了拜占庭帝國的法統與宮廷文化，但是卻與由軍役貴族和修道院長組成的下層階級之間存在著嚴重的衝突。伊凡雷帝的暴君形象，本質上是為了將莫斯科進一步推向集權國家的道路、避免俄羅斯地理上的分裂的防衛手段。

蘭、北方瑞典、南方克里米亞和韃靼人的全部壓力。舊有的莫斯科公國的國家機器，在新形勢之下顯得嘎嘎作響，已經應付不了了。在這種情況之下，瀕臨破裂的莫斯科國家機器推出了伊凡雷帝這樣一個人物來完成他的歷史使命。伊凡雷帝本人的精神也許有不正常的地方，但是他絕大部分狂暴的舉動是受到刺激的產物。

伊凡雷帝如何解決新法統與舊貴族之間的矛盾？

莫斯科的疆土擴張，使它由大公國變成了一個帝國。這個帝國接受了拜占庭帝國的法統和拜占庭的宮廷，但是卻沒有支持拜占庭政治體制的一套下層建築。而它由傳統的各公國和五湖四海拼湊起來的軍役貴族和修道院長這個集體，跟上層建築之間存在著嚴重衝突。而且，這些人當中已經產生了一個強大的親歐洲、親波蘭的黨派，試圖控制沙皇，把國家杜馬和縉紳會議改變成為西方式的上議院和下議院，把沙皇變成西方式的立憲君主。如果一位性格軟弱的君主在位的話，也許莫斯科就解體了，其中一部分就會西方化了。伊凡雷帝的存在和他狂暴的舉動，本質上講是為了擊潰親西方黨派和封建黨派的反攻倒算、將莫斯科進一步推向集權國家的道路所做的防衛戰爭。他要實現這個目的，顯然不能夠依靠合乎法制的手段。因此，狂暴的手段，包括犧牲自己的親生兒子，都是意料之中的。我們不要忘記，日後彼得大帝推行親西方改革的時候，他也犧牲了自己的親生兒子。

伊凡雷帝採取了專制君主最常見的做法，就是提拔下等人來打擊上等人。他為了對付這些在他年幼時期（他父親是早死的）攝政的叔伊斯基公爵和其他大貴族，一度以退為進。這種做法跟梁武帝捨身同泰寺是極其相近的。梁武帝捨身同泰寺被後來的儒生黑化得一塌糊塗，但是他的動機很可能也是類似的，很可能是一個充滿機心的政治舉動，而不是純粹虔信宗教的舉動。伊凡雷帝宣布，由於莫斯科人的罪孽（在他心目中，莫斯科人的罪孽當中最嚴重的一條當然就是大貴族犯上作亂，對君主不敬），他要退隱到莫斯科城外的修道院去潛心禮敬上帝。他在修道院待了一段時間，回來的時候，鬍子只剩下稀稀拉拉的幾根，面容憔悴，像是一天到晚都在禁食禱告一樣。莫斯科的市民階級因為失去了沙皇而大為緊張，紛紛跑到大貴族那裡去請願，要求他們一起把沙皇接回來。大貴族也沒有做好這方面的準備。所以，最終各等級聯合起來，把沙皇從修道院接了回來。

沙皇這時候就開始擺架子了，要求他們答應沙皇提出的各種條件。這些條件當中包括後來引起重大爭議的「無罪貶謫權」。「無罪貶謫權」的實質就是，沙皇不需要法典和慣例所規定的什麼罪名，我認為你有罪就是有罪，就可以隨意罷免任何貴族甚至殺掉他們。後來伊凡雷帝充分地行使了這個權力。庫爾布斯基公爵在《莫斯科大公史》當中，列舉出了四百多個被伊凡雷帝違法殺害的受害者。在這一回合的鬥爭當中，伊凡雷帝獲得了勝利。他認為市民和平民應該是支援雷帝來打擊貴族的，所以他比誰都積極。這就像是，亨利八世急於抬高下議院的地位，以便打擊那些在蘭開斯特王朝時期曾經跟國王平起平坐、控制了上議院、在約克王朝時期又跟約克王室進行過生死鬥爭、最終把都鐸王室推上王位的上議院大貴族。扶植下議院來打擊上議院的政策，使得亨利八世得到了絕對君主的名聲，也使得英國國會的傳統權力中心由上議院移向下議院，為近代的立憲君主制打開了道路。

伊凡雷帝在權力鬥爭當中當然並沒有參考英國的經驗，但是權力鬥爭的本質到處都是一樣的，他本能地採取了支持全國各階級人士召開縉紳會議來分散貴族杜馬權力的做法。他認為，縉紳會議包含了身分更低的其他人，這些人會比那些受盡沙皇恩寵、卻不思回報、反而想分割沙皇權力的大貴族要靠得住。然而，這個理想並沒有能夠實現。不久，縉紳會議就表現得像貴族杜馬一樣，也有可能變成沙皇的一個重大麻煩製造者，特別是在涉及設置督軍的問題上。

督軍是沙皇朝廷為了應付羅斯世界的統一所設置的機構。在羅斯世界統一之前，大多數城邦的面積都是很小的。所以，他們沒有必要遠戍，也沒有必要設置太專業化的軍隊。所謂服役，也就是帶上乾糧，走上三、五天路程，就到本國的邊境了。莫斯科統一各邦以後，西面波蘭，北面瑞典，南面克里米亞，都要走很遠的距離，業餘的戰士不可能承擔這方面的義務。沙皇派遣大軍，就需要更多的財政開支。而且，方面軍的將領也需要很多臨時徵用的權力。因此，沙皇就派出了他的督軍們。督軍淩駕於原有的各城邦和地方權力機器之上，直接受命於沙皇，還可以藉口軍事情況緊急，捆綁甚至勒索搶劫原有的地方權力機構的負責人。自然，這樣的督軍機構的設置，使得所有各等級都表示不滿。這一次不再僅僅是大貴族表示不滿了，而且還包括人民本身。商人、市民和農民都感到，橫徵暴斂、隨時行使武斷權力、只對沙皇負責的督軍是他們的一大禍害。他們開始在縉紳會議當中發言，向沙皇忠諫，希望沙皇改過自新。

這時伊凡雷帝感到，除了建立自己的直轄班底以外，已經沒有別的什麼辦法了。他等於是提前感受到了亨利八世去世以後詹姆斯國王和查理國王曾經感受到的那種狀態。由都鐸王朝君主提拔起來對抗舊式大貴族的資產階級和人民，現在已經羽翼豐滿，對於曾經提拔和保護他們的君主不再忠誠，而是企圖限制君主權力本身。於是，他建立了著名的、變成後世文學家和戲劇作家一大主題的特轄區和特轄軍。特轄軍是名譽很壞的軍隊，它完全依附於沙皇個人。特轄區則是從原有的貴族領地和傳統的地方自治共同體當中割裂出來的。

當時的評論家認為沙皇已經是嚴重精神失常了，他等於是用自己的一隻手砍下了自己的另外一隻手，把一個好端端的帝國一分為二，在行政管理方面製造了無窮無盡的困難。但是從沙皇的角度來講，國家分為兩半，一半是貴族的、傳統的俄羅斯，一半是沙皇自己直轄的俄羅斯，對於沙皇來說至少是增加了一個特殊的安全保障。他在自己的直轄領地當中終於可以實現他跟庫爾布斯基公爵打筆仗的時候所希望的那個夢想。在這裡，他是主人，其他人都是他的奴隸。而在原有的俄羅斯國家當中，他還必須跟貴族和各等級分享一部分權力。

但是從財政和軍事方面來講，這種做法使俄羅斯國家的財政資源受到了更大的壓力。俄羅斯依靠的財源主要就是它在拓荒方面的收益。而在東南方草原地帶的大規模拓荒，又引起了防禦克里米亞汗國、韃靼人和伊斯蘭教徒的巨大軍事壓力。在這個迫切需要軍事組織的巨大邊疆上面，無論伊凡雷帝的個人意志怎樣堅強，都是無法完全制服軍役貴族的。而軍役貴族的獨立性雖然不如歐洲的封建貴族，仍然是超過了伊凡雷帝可容忍的範圍。

伊凡雷帝吞併喀山汗國和阿斯特拉罕汗國的做法，進一步擴大了俄羅斯的疆土，也使得他的國防開支和對軍役貴族的依賴更大了。從他自己的角度來講，建立特轄區和特轄軍等於是一個防禦反攻的做法，把由於俄羅斯國土擴大而沙皇鞭長莫及造成的損失重新找補回來。但是他在這一系列恐怖活動中，已經使俄羅斯國家的資源透支殆盡。以至於在波蘭國王巴托里的反攻當中，俄羅斯在西部戰線遭受了嚴重的挫敗。同時，在自己的國內，修道院長們又藉口拿著聖經和俄羅斯國家的傳統對他進行忠諫，他自己的親兒子和兒媳婦則變成了反對他的陰謀集團的中心。

雖然傳說當中認為伊凡雷帝殺死自己的兒子只是意外，殺死以後他還非常痛苦和後悔，也沒有完全喪失人類的自然感情和天性，但是我們可以合理假定，這位被殺害的皇太子恐怕就像是彼得大帝和阿列克謝（Alexei Petrovich, Tsarevich of Russia）一樣，早在他被殺害以前，就已經變成了反對父王的陰謀集團的中心，至少是各個陰謀集團抱著合理希望的對象。有很多陰謀集團都在指望著雷帝早點死，太子他老人家登基以後，我們過去的好日子就能夠回來。伊凡雷帝殺子這件事情本身可能是偶然的，但是早在殺子之前，圍繞著父子兩個權力中心之間，伊凡雷帝和他企圖完全征服的各貴族集團之間的矛盾必然已經是達到了不可調和的狀態。

後伊凡時代的混亂期（1）：帝國天下三分

雷帝一旦去世，他的中央集權的改革成果大部分都無法維持，政權落入攝政王鮑里斯·戈東諾夫手中。而他留下的幼子，按照波蘭大使的說法來講，此人智力低下。「我拜見他的時候，他老人家根本不聽我講的什麼內容，也不關心國家大事，只是像一個愚蠢的、天真的小孩一樣，一味地玩弄他自己王冠上的金球球，好像王位對他來說只不過是一個玩具，這個傢伙就是智力有問題。」英國大使對他的評價有所不同。英國大使認為，此人不是智力上有毛病，而是他從小在喜怒無常的父親和陰險詭詐的貴族黨派當中長大，已經把討好的笑容當作保持自身安全必不可少的假面具來維持了。否則的話，他很有可能像他哥哥那樣死於非命的。等他長大以後，在恐懼中長大的心理陰影永遠沒有辦法抹去。他仍然本能地感到，只有什麼事情也不管，對任何人都抱著討好的微笑，假裝自己什麼都不懂，才是唯一的安全之道。

而俄羅斯民間人士和宗教人士對這位可憐的小沙皇抱著同情的態度。他跟伊凡雷帝不一樣，他畢竟沒有幹過任何壞事，沒有殺過任何人。他們善意地把新沙皇本人的愚蠢行動和無所作為解釋成，新沙皇像他的母親一樣，是一位虔信宗教的人，他對於世俗事務並不感興趣。只想通過宗教的虔誠，為他的臣民祈福，想要盡可能慈悲地對待他的臣民。只是由於貴族黨派的胡作非為，沙皇本人雖然品格聖潔，卻終於沒能夠達到目的，而是在沒有留下子嗣的情況下早死了。

沙皇死後，伊凡雷帝的家族、伊凡一世大公的家族就此絕嗣，攝政王和監國鮑里斯・戈東諾夫在貴族會議的推選之下當上了新沙皇。這時，各種陰謀論的傳說在民間不脛而走。例如，伊凡雷帝的小兒子德米特里其實並沒有死，並沒有像官方所宣傳的那樣早已去世，而是為了逃避殘酷的宮廷鬥爭，隱匿在民間或者逃亡到波蘭─立陶宛。現在他要在哥薩克的支持之下、在人民的支持之下或者是在波蘭人的支持之下，率領大軍來討還他被偷走的王位。鮑里斯・戈東諾夫這個外姓人作為沙皇是不合法的。

鮑里斯・戈東諾夫實際上也是俄羅斯傳統中所謂的那種當家人的沙皇，而且他在當家的過程當中還把伊凡雷帝所表現出來的很多狂暴的舉動給大大收斂了。但是，他所接管的江山是經過伊凡雷帝折騰以後各方面都非常殘破的江山。即使是各方面都推行保守政策，財政上和軍事上的大窟窿他也是填補不了的。波蘭人和瑞典人，他打不贏。南方的邊境，他保衛不了。原先他做攝政王的時候跟他平起平坐、現在看到他做了沙皇而對他各種不服的叔伊斯基公爵、格林斯基公爵和其他各路大貴族，他又制服不了。他唯一的辦法就是，培養一支只效忠於自己的秘密員警隊伍來監視這些大貴族。但是他又只能監視他們，無法消滅他們。而這支秘密員警隊伍的存在，使得他的名聲跟製造特轄軍的伊凡雷帝一樣的糟糕。最後，他在內外交困當中被第一個德米特里的政權輕而易舉地推翻了。

在莫斯科的第二次政治真空期，莫斯科的貴族又選舉出叔伊斯基公爵瓦西里四世（Vasili IV of Russia）當他們的沙皇。而叔伊斯基公爵的統治比鮑里斯·戈東諾夫還要更不穩定。鮑里斯·戈東諾夫的選舉，理論上講是由全國各等級代表參加的選舉，合法性還比較強。而叔伊斯基公爵無法信任全國會議會支持他，甚至不相信大貴族的其他黨派會支持他，因此他只召集自己的黨派，舉行了一次殘缺的貴族杜馬選舉，就單方面宣布自己當上了沙皇。因此，他的統治比鮑里斯·戈東諾夫更不穩定，又一次很快垮台了。

這時，第二個德米特里（False Dmitry II）召集他的支持者，在圖希諾[3]（Tushino）建立了一個跟莫斯科相對抗的朝廷。而在他企圖向莫斯科進軍的過程當中，他自己的支持者當中，波蘭人的勢力、俄羅斯哥薩克和平民階級的代理人之間又發生了嚴重的衝突。波蘭黨派人數比較

3 圖希諾營地是位於莫斯科周圍的圖希諾村附近的偽德米特里二世的營地，他因此也被俄羅斯沙皇國當局稱為「圖希諾賊」，當時對沙皇瓦西里四世不滿的人紛紛前往圖希諾營地。

少，但是戰鬥力比較強，比較精銳，在政變中占了上風，控制了圖希諾。第二個德米特里不得不逃亡卡盧加（Kaluga）。於是，俄羅斯帝國變成了三分天下：莫斯科的攝政團、圖希諾的親波蘭政府和卡盧加的德米特里政府。

後伊凡時代的混亂期（2）：波蘭的干預可以解決俄羅斯的開放邊疆問題嗎？

圖希諾政府看到國內的騷亂沒有辦法平息，於是就向波蘭國王要求，波蘭國王西吉斯蒙德（Sigismund III Vasa）把他的兒子瓦迪斯瓦夫（Władysław IV Vasa）派到莫斯科來做他們的沙皇。跟波蘭人簽署一個條約，以此為基礎，把莫斯科變成類似波蘭王國那樣的立憲君主國。他們簽署的條約規定，波蘭國王派他的兒子來做莫斯科的沙皇，但是這位王子必須改信東正教，不能把波蘭的天主教帶到俄羅斯帝國來。他必須尊重俄羅斯貴族的傳統權利，不能像伊凡雷帝那樣不經審判就殺人。其他還有一些條約。後來十九世紀的自由主義者認為，這些條約實際上是俄國人民推行君主立憲制的一個嘗試，是俄國人民使莫斯科俄羅斯國家建立一個類似英國大憲章式的自由立憲派傳統的一次偉大努力，高度評價了它的歷史意義。

但是，莫斯科公國的縉紳會議和杜馬，從性質上來講都跟英國的上議院和下議院、跟西歐各君主國的議會和貴族統治的傳統機構有很大的不同。杜馬雖然後來演化出了類似議會的權

米寧的呼籲

俄羅斯藝術家康斯坦丁・馬科夫斯基（Konstantin Makovsky，1839-1915年）繪於1896年。描繪了庫茲馬・米寧呼籲下諾夫哥羅德人民組織起來，反抗波蘭國王西吉斯蒙德及入侵者。

當時的俄羅斯正處於伊凡雷帝死後、留里克王朝絕嗣、長達20年的大混亂時期。包括波蘭和瑞典在內，各方勢力在俄羅斯混戰。1612年，米寧與波扎爾斯基公爵一起收復莫斯科，被視為是俄羅斯的民族英雄。

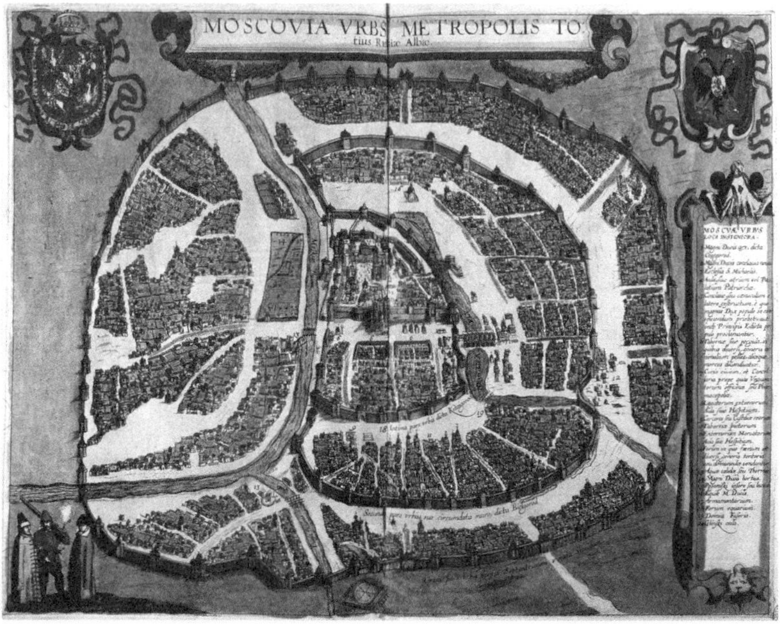

波蘭國王西吉斯蒙德的莫斯科城市規畫

此圖大約雕刻於1610年，是1612年莫斯科城市被毀和隨後的街道網絡變化之前，由波蘭人主導的城市規畫。方向：北在右邊，西在上方。

在俄羅斯的大混亂時期，波蘭國王西吉斯蒙德的兒子瓦迪斯瓦夫一度被俄羅斯的七諸侯攝政團選為沙皇，並簽訂條約引進波蘭的憲制，欲將俄羅斯變成像波蘭王國一樣的立憲君主國。

但是西吉斯蒙德企圖自己兼任沙皇，損害了親波蘭的莫斯科貴族的政治努力。此外，由於莫斯科的邊疆性質，他們最多也只能把親波蘭的那一部分變成波蘭—立陶宛—羅斯聯合王國，而真正的邊疆區仍然不是一個歐洲式的立憲君主國能夠統治的。西吉斯蒙德最終於1612年被米寧等人驅逐出莫斯科。

力，但是最初在莫斯科公國的時代，它起的主要作用仍然是沙皇的諮詢機構和行政辦事機構，自身很少具有議會的特徵。而縉紳會議雖然形式上講很像英國的下議院，但是在俄羅斯帝國本身就是一個新生事物，只在最近的幾代沙皇當中起作用。所以，無論哪一個機構，都起不了英國國會在英格蘭王國起的那種整合各階級的基本作用。

像切列普寧和柯普寧這樣的自由主義者，喜歡誇大這一類憲法性文件的歷史意義。切列普寧說，各等級和波蘭國王簽署的條約是對伊凡雷帝專制統治的一個巨大的反動，在俄羅斯政治史上第一次提出了一個真正詳盡的國家組織的計畫。首先是，這份憲法性文件強調莫斯科人民和各等級的條約權利。例如在波蘭和西歐都是非常正常、但是在莫斯科大公國很少存在、在伊凡雷帝時代受到嚴重踐踏的依法審判原則，任何政治犯的妻子兒女都不會因為他而受到株連。原有的各等級，包括東正教的神職人員、國家杜馬的官員、各衙門的官員、莫斯科和外省的服役貴族、工商界人士，他們在波蘭王子登基之前的傳統權利都應該受到尊重。同時，它把原先本來是相互之間沒有明確關係的兩個機構——縉紳會議和貴族杜馬規定為正式的國家機構。立法權授予縉紳會議，輔弼國王、充當國王疏密會議的權力授予貴族杜馬。

我們要注意，這樣一個行政結構恰好就是波蘭—立陶宛王國在盧布林聯合[4]（Union of

4 一五六九年七月一日，波蘭王國、立陶宛大公國和高度自治的皇家普魯士正式合併，成為波蘭立陶宛聯邦。文化上，盧布林聯

Lublin）以後形成的政治結構。波蘭國會不僅是立法機構，而且有權力選舉國王，但是國王當權以後在日常的統治當中主要是依靠參議院。參議院由王國的元老和宗教人士組成，負責輔弼國王進行統治。這樣一部憲法，使得由波蘭王子兼任沙皇建立的這個莫斯科俄羅斯帝國變得很像是波蘭王國在東方的翻版。由於在這個時候，立陶宛大公國和波蘭王國實際上已經接受了莫斯科以西以南（包括基輔羅斯在內）的很大一部分傳統羅斯城邦的效忠，使得莫斯科的各等級並不像後來的大俄羅斯主義者所描繪的那樣非常堅決地反對波蘭人的統治。

我們要注意，在莫斯科公國和立陶宛公國瓜分了蒙古人撤退以後留下的政治真空的那個歷史階段，包括基輔羅斯在內的各城邦是主動選擇立陶宛的。在立陶宛人和波蘭人合併的盧布林談判當中，留里克家族的後裔康士坦丁·瓦西爾·奧斯特洛斯基公爵（Konstanty Wasyl Ostrogski），基輔的統治者，是立陶宛大公國內部最強有力的親波蘭的黨派。他在立陶宛國會當中投票支持立陶宛和波蘭合併。相對於比較野路子的莫斯科大公來說的話，留里克家族的後裔，基輔王公，其實是羅斯世界更加正統的繼承者。而這位更加正統的繼承者早在莫斯科人得到拜占庭的王冠以前，就已經倒向天主教的波蘭，倒向羅馬教會，希望把自身和今天烏克蘭的羅斯貴族都同化成為波蘭人，最終把自己的血脈通過聯姻來加入波蘭王國和波蘭貴族的血脈當中。從這一點也就可以看出歐洲文化在當時對羅斯世界的吸引力。

瓦迪斯瓦夫王子在莫斯科流產的統治，實際上背後必然有著像格林斯基家族這樣親歐洲的莫斯科貴族黨派的支持。他們如果成功了，那麼莫斯科也要變成第二個基輔。連留里克家族的後代都變成波蘭貴族，寧願當波蘭國會的一個議員，也不願意做基輔羅斯的獨立統治者。那麼比基輔更加落後的莫斯科沙皇的統治範圍之內，肯定有很多大貴族跟他是抱有類似的想法的。圖希諾政權所簽署的條約，實際上就反映了這個莫斯科國內的親波蘭勢力的政治努力。

但是，事後的政治演化沒有向這個方向發展。從技術上講，波蘭國王後來不願意讓自己的兒子兼任莫斯科沙皇，而是企圖自己兼任莫斯科沙皇，損害了親波蘭和親歐洲的莫斯科貴族的政治努力，是波蘭國王的一大失策。但是這一點其實也還是次要因素，真正重要的因素恐怕是，七諸侯攝政團[5]（Seven Boyars）和波蘭人簽署的這個條約沒有考慮到莫斯科本身的邊疆性質。莫斯科面臨著東方和東南方跟穆斯林韃靼人接壤的巨大邊疆，這個邊疆實際上是由軍役貴族統治的。它跟波蘭和立陶宛這樣相對而言處於歐洲內地的立憲君主國是不一樣的。

瓦迪斯瓦夫用他的一部波蘭式的憲法統治莫斯科以後，如何處理邊疆問題以及由邊疆問題所派生的財政和軍事問題，仍然是無法解決的。伊凡雷帝的恐怖行動和伊凡雷帝以後莫斯科國

合後的波立聯邦加速了立陶宛和羅斯地區波蘭化的進程；經濟上，盧布林聯合導致了波蘭貴族對魯塞尼亞的殖民以及魯塞尼亞人的農奴化；地理層面上，盧布林聯合所建立的是十七世紀面積最大、人口最多的歐洲國家（除俄羅斯和鄂圖曼帝國以外）。

5 七諸侯攝政團，又稱七波雅爾，是指曾於一六一〇年七月十七日廢黜沙皇瓦西里四世的七位俄國貴族，並在當年邀請波蘭人進入了莫斯科。

家的總崩潰，歸根結底是因為，作為諸羅斯公國之一的莫斯科，在成長為帝國以後，無法同時解決它的開放邊疆問題和它跟歐洲的關係的問題。親波蘭的黨派雖然把自由君主制和立憲制的原則引進了俄羅斯，但是他們實際上會比以前的幾個政權更沒辦法處理這個問題。

軍役貴族是依靠不斷的開疆拓土才能夠存在的階級，他們自身在任何可能存在的縉紳會議當中的地位都是不明確的。他們跟工商界、教會和修道院系統之間缺乏共同利益，很難像英國國會的各等級一樣在同一個議會當中起作用。如果沒有一個強有力的專制君主自上而下地協調他們各方的利益的話，各階級的分裂很快就會變成地理上的分裂。於是，七諸侯時代幾個中央並立、相互爭戰的局面將會很難避免。親波蘭的沙皇即使最終真正站住了腳，能夠起的作用恐怕也只是分裂莫斯科公國和俄羅斯帝國，把親波蘭的那一部分變成波蘭—立陶宛聯合王國之外的一個波蘭—立陶宛—羅斯聯合王國，使這個聯合王國的邊境推進到斯摩倫斯克更東的地方，而真正的邊疆區仍然不是一個歐洲式的立憲君主國能夠統治得住的。

後伊凡時代的混亂期（3）：波蘭的「自由」vs莫斯科的「不自由」

莫斯科人和親波蘭黨派的分歧，可以由波蘭貴族馬斯克維奇的書信來證明。這部書信產生於一六一一年。這方面的記錄說，波蘭人在跟俄國人交涉的時候表示說：波蘭是一個自由的國家，波蘭人希望把自己的自由輸入到莫斯科。莫斯科人如果願意跟波蘭人組成聯邦，效忠於波蘭的王子，他們就能夠享受到歐洲文化的恩澤和波蘭人同樣的自由。莫斯科人為什麼不像波蘭一樣爭取自己的自由呢？

但是俄國人回答說：你們波蘭人喜歡你們自己的自由，而我們俄國人卻熱愛我們的「不自由」。你們名義上是一個自由的國家，實際上是一個強者為所欲為的國家。強者以自由和法制為藉口，可以合法地壓迫和掠奪弱者。你們說你們是法治國家，你們的貴族和商人不經過審判，不可能隨時隨地被沙皇殺害，不可能被隨心所欲地沒收財產。但是你們也付出了代價，你們有繁雜的訴訟程式，一個官司打上幾年都打不完，勞民傷財，耗時費力。窮人打不起官司，一打官司會使他們破產。所以你們的法治是虛偽的，只對富人和貴族有利，窮人從你們的法治當中得不到什麼東西。

反過來，我們名義上是專制國家，但是正因為我們是專制國家，在我們這裡，最強大的大貴族也沒有辦法欺淩百姓。沙皇是一個仁慈的大家長，沙皇會壓制大貴族。如果大貴族企圖欺壓人民的話，沙皇會組織沙皇的特別法庭，直接進行審判，不遵守你們那套虛偽的法治，辦案非常迅速，立刻就能夠制裁作奸犯科的貴族。你們說我們的沙皇是暴君，但他的殘暴是落在大貴族和強者頭上的。正因為他打擊了大貴族和強者，微賤的弱者才能夠得到保護。沙皇是神的代理人，他像神一樣秉公懲罰。我們寧願相信沙皇的公正，也不願意相信你們那些掌握在貴族和富人手裡面的法庭的公正。我們寧願接受自己同胞的淩辱，也不願意接受外國人給我們輸入的自由。與其讓貴族侮辱我們，不如讓沙皇侮辱我們。沙皇至少是神的代理人，而貴族本來跟我們一樣，不過是亞當的子孫，憑什麼要騎在我們頭上？

波蘭人聽了這一段話以後，覺得實在也沒有辦法反駁，於是波蘭人和俄羅斯人經過這一次短暫的嘗試以後，最終是分道揚鑣了。一度曾經可能像盧布林聯合建立波蘭—立陶宛聯合王國那樣建立的波蘭—立陶宛—羅斯三元聯合王國，就此壽終正寢。而且由於波蘭人對莫斯科人的這一次干涉，莫斯科人變得深恨波蘭人，波蘭人也變得深深鄙視莫斯科人。以後的幾百年時間內，他們雙方再也不能相互容忍，展開了長期的鬥爭。烏克蘭就是在這個長期的鬥爭當中被撕裂為波蘭的烏克蘭和俄羅斯的烏克蘭的。

妥協的產物：羅曼諾夫王朝的建立

經過了一系列動盪以後，縉紳會議最終在莫斯科選了當時年僅十六歲的米哈伊爾·羅曼諾夫（Michael of Russia）為新任沙皇。理由是，他是大主教的兒子。這個大主教當時被波蘭人俘虜，正好待在波蘭。他自己年紀又輕，沒有什麼政治頭腦，沒有捲入任何政治黨派。但是從血統上來講，他也可以算得上是伊凡雷帝的遠方侄子。按照血統，他也有可能繼承。同時，從黨派的角度來講，圖希諾方面的黨派仍然想選舉他們的德米特里的繼承者當沙皇，但是莫斯科的黨派堅決說這個王子是假冒偽劣的，絕對不能讓假王子的後裔玷汙神聖的沙皇的寶座。而羅曼諾夫家族傳統上講跟圖希諾和卡盧加方面、跟驅逐波蘭人的民軍領袖方面都有良好的關係，因此他是雙方都能夠接受的候選人。

從莫斯科方面的黨派的角度來講，無論如何，他總是伊凡雷帝的侄子，從血統上講是合法的。從圖希諾和卡盧加方面的看法來講，他雖然是伊凡雷帝的侄子，但是他跟我們的反抗軍的關係是密切的。從親波蘭黨派的角度來講，他的父親菲拉瑞特主教（Patriarch Filaret of Moscow）是親波蘭黨派的人，也是一個主張建立歐洲式立憲政體的人。他從波蘭來的來信就正告他的兒子，一定要跟各等級和大貴族和睦相處，不要重蹈伊凡雷帝的覆轍，使國家陷入混亂。這樣一來，經過了長期動盪和流血以後，三方面至少都勉強可以接受羅曼諾夫家族的這個少年充當他們的沙皇了。

羅曼諾夫當上沙皇以後，他採取無為而治的做法。自己圖個清靜，把政權主要交給大貴族來辦理。同時，他也殷勤地召開縉紳會議。最頻繁的時候，甚至每年一次地召開縉紳會議。從他的角度來講，他本來不是沙皇，現在能夠當上沙皇已經很了不起了，不值得為了濫用權力而失去已經得到的東西。從大貴族的角度來講，現在這位沙皇不再像伊凡雷帝一樣肆無忌憚地打擊和淩辱他們了。從人民的角度來講，人民得到了和平，而且縉紳會議在他統治的時期變成了一個常設性的機構。因此，三方面暫時都能夠相安無事。但是，這方面的妥協和所有妥協一樣，都只是暫時的力量平衡的產物。困擾著伊凡雷帝俄羅斯國家的主要問題，並不因為米哈伊爾和他的繼承人實行休養生息的消極政策而有所改變。從羅曼諾夫家族沙皇自身的角度來講，他們對縉紳會議和貴族杜馬的容忍其實也都是策略性的，是沙皇家族的合法性還沒有完全建立、自身羽翼尚未豐滿的時期形成的妥協政策。

隨著新的沙皇在財政上漸漸站穩腳跟，羅曼諾夫家族的第二代沙皇召開縉紳會議的次數就大大減少了。而且，召開縉紳會議的階級組成也發生了變化，不再強調縉紳會議應該是全國會議，而是在處理具體問題的時候只召集涉及這些具體問題的相關階級。例如，在跟波蘭人發生戰爭的時候，就召集準備要為這些戰爭支付經費的商人。在處理南部邊疆問題的時候，就只召集軍役貴族參加。不相干的其他階級，沙皇根本不來召集他們開會。這樣，縉紳會議的傳統權力自然而然受到了削弱。等到第三任沙皇當權以後，羅曼諾夫王朝已經羽翼豐滿以後，新的沙皇就乾脆不再召集縉紳會議。縉紳會議的傳統產生於伊凡雷帝的動盪時代，在羅曼諾夫王朝只維持了三代就告一段落，壽終正寢。於是，莫斯科政權漸漸地又回到了波蘭人所鄙視的那種君主專制的狀態。只是這個新的君主專制吸取了伊凡雷帝的教訓，恢復到原先莫斯科大公那種謹慎的當家人的狀態。

由於哥薩克人的叛亂，莫斯科的沙皇政權在外交上的困境大大緩和，烏克蘭的新土地和肥沃的黑土地可以安置很多墾殖者，減少了沙皇的財政和軍費壓力。所以，國際形勢的有利，使得羅曼諾夫王朝能夠暫時渡過伊凡雷帝及其繼承人無法渡過的危機。但是付出的代價就是，正如十六世紀的俄羅斯跟十五世紀的俄羅斯相比那樣，人口雖然更加擴充了，領土範圍大大擴充了，而經濟上講卻顯得更加平庸。十七世紀的俄羅斯比起十六世紀的俄羅斯，跟西歐的經濟和社會文化之間的差距不是進一步縮小了，而是進一步擴大了。

早期羅曼諾夫王朝的統治特徵

羅曼諾夫家族最初幾位沙皇休養生息的政策，一方面是依靠外交突破來維持的，烏克蘭哥薩克跟波蘭王國的戰爭使得俄羅斯大大減輕了西部邊疆的壓力；另一方面則是，俄羅斯沙皇以經濟上的退化為前提條件，依靠黑土地的農業開拓來維持國家和社會的擴充。在東北部的森林和修道院系統，經歷了菲拉瑞特作為攝政王、跟他的兒子米哈伊爾沙皇共治的時代以後，莫斯科的君主國開始進一步積極地把教會控制的產業和村社納入自身的管理當中。伊凡雷帝時代開始推行而遭到強烈反對的督軍制，現在納入了國家體制當中，以更溫和、但是更無法反抗的形式推行，摧毀了地方自治體系。地方自治體系的摧毀，也使得原先在縉紳會議當中代表各地方的那一部分富人代表沒有必要再參加縉紳會議了，進一步地鞏固了由軍役貴族出身的行政官吏組成的沙皇當局的權力。

這樣做的條件之一就是，莫斯科宮廷要採取閉關自守的政策，避免外交上的冒險和大的軍事行動。在內政方面，盡可能把國務留給小地主和軍役貴族所組成的、奴役性比過去要強得多的開拓體系。這個開拓體系要盡可能地把農民和勞動力捆綁起來，控制在自己手中，不要讓他們像基輔羅斯時代那樣任意流動、破壞我們的開拓機會。國家的主要負擔要盡可能放在勞動力身上，而不要放在土地身上，因為土地是廉價和近乎無限供給的，而有限的勞動力抓在手裡面就是財富。沙皇和軍役貴族合作，把從波蘭人那裡奪來的東烏克蘭當作繼伏爾加河和頓河地區以後的又一個巨大的、數不盡數的財源，為俄羅斯國家提供大批的領地和大量的糧食。以糧食和倉儲為基礎的俄羅斯經濟體系變得更加自給自足。西伯利亞的皮毛貿易稅和波斯方面的貨物通行稅，相對而言就變得不那麼重要了。

以這種經濟形式支持起來的莫斯科國家，各方面都變得更加保守。從財政上講，龐大的俄羅斯帝國的財政收入換算成法國的財政，實際上只有七、八百萬里弗爾[6]，根本不夠法蘭西君主國塞牙縫的。這意味著，俄羅斯國家在面對西方的波蘭和瑞典的情況下，實際上是經歷不起一場近代化戰爭的。這樣一個俄羅斯君主國，只能夠在金帳汗國解體以後，在東南方只剩下一些小的遊牧部落騷擾的情況之下，勉勉強強維持一個拓殖者不斷前進的邊疆。而且即使在這種情況之下，俄羅斯的居民仍然要大批被這些遊牧民族掠奪和販賣為奴隸，送到君士坦丁堡的市場上去。

這樣的連續不斷的、零零星星的、非常土鼈的戰爭，才是俄羅斯國家財政所能支持的唯一戰爭形式。如果波蘭人又出現巴托里那樣的強勢君主，或者是莫斯科國家再次出現分裂，那麼實際上這樣一個莫斯科國家會面臨著比伊凡雷帝去世以後更大的危機。但是幸而波蘭人和烏克蘭人在這時候打起來了。烏克蘭的哥薩克向克里米亞人和莫斯科人求援，使得俄羅斯人不戰而解除了西部邊境的危險。但是正因為如此，波蘭王國的衰弱引起了瑞典的強大。當瑞典人最終從西北邊境施加壓力的時候，莫斯科政權發現自己完全沒有能力應付一場歐洲式的戰爭。他們連波蘭都沒有辦法應付，就更不用說是瑞典了。

彼得大帝的使命是背叛傳統的東正教社會嗎？

就在這個危急存亡的緊急關頭，彼得大帝應運而生了。彼得大帝的歷史任務有別於羅曼諾夫家族的前幾位沙皇。這幾位沙皇讓波蘭的拉丁文學者充當他們子弟的教師。對於這時候的莫斯科國家來說，波蘭人就是歐洲文化的主要象徵。波蘭既是俄羅斯國家的死敵，又是為俄羅斯

6 里弗爾，法國的古代貨幣單位名稱之一，最初作為貨幣的重量單位，相當於一磅白銀，約等於十二盎司。

輸入歐洲文化的主要通道。俄羅斯人想要打敗波蘭人，看來是沒有希望的，除非你能夠找到一個比波蘭人更先進的輸入源。這就是彼得大帝即將做的事情。波蘭人把俄羅斯人壓得喘不過氣來，但是波蘭自身在歐洲談不上是先進。跟英國人和荷蘭人比起來，波蘭只是一個落後國家。如果彼得大帝能夠打開波羅的海上的出海口，直接從英國人和荷蘭人引進比波蘭更先進的技術，那麼扭轉俄羅斯國家在面對波蘭和瑞典方面的劣勢是很容易的事情。瑞典人和波蘭人都遠遠不如英國人和荷蘭人先進。只要莫斯科國家從英國和荷蘭直接輸入、而不是假道波蘭間接輸入西歐文化，這一系列問題都可以解決。

而莫斯科國家把自己的中央政府遷到聖彼得堡以後，利用從德國輸入的軍事貴族和從英國、荷蘭輸入的技術，把自身變成了一個針對俄羅斯內地的殖民政府，壟斷了從西方輸入的技術孔道以後，它就能使自己以伊凡雷帝和米哈伊爾沙皇做夢都想像不到的巨大能力，對俄羅斯社會施加專政。雙方之間的技術落差就等於是西歐技術和歐亞傳統社會之間的落差，這個落差比波蘭貴族騎士對莫斯科傳統貴族之間的技術落差還要更大。

這也就是為什麼東正教會在彼得大帝時代發生了嚴重的分裂。反對彼得大帝和西歐化世俗國家的、莫斯科民間的虔誠東正教信徒堅持說彼得大帝是敵基督。彼得大帝和他所代表的聖彼得堡新君主制，本身就是東正教社會、俄羅斯帝國土地上的西歐殖民政權。這個新俄羅斯帝國在外交上和軍事上的極大成功，打敗瑞典，瓜分波蘭，席捲土耳其，把俄羅斯由一個東歐強國變成一個歐洲強國，最後使哥薩克騎兵勝利地在亞歷山大沙皇的率領之下進軍巴黎，驅逐拿破崙，這一系列都是依靠俄羅斯人的血肉所支持的西歐技術資源的輸入。而東正教社會從中得到的僅僅是奴役和更大的壓迫而已。

俄羅斯原先那種不完整的、還保留著一系列納稅的自由農戶的農民體系，在彼得大帝及其繼承人的統治之下變成了徹底的農奴制。農奴得不到莊園主的允許，甚至連自古以來就有的遷徙自由也喪失了。而且，農奴對貴族和國家的義務與日俱增。一方面是，彼得大帝以後那幾代德國式的沙皇統治和凱薩琳大帝以後法國式的宮廷文化跟西歐的標準越來越接近，俄羅斯上層貴族和知識分子越來越像歐洲人；另一方面，俄羅斯底層農民的農奴化日益加深，在凱薩琳一朝以後，俄羅斯基本上不再有可以遷徙的自由農民。十二月黨人[7]時代，俄羅斯留給西歐的印象是一個奴隸制的國家。其實，倒退到米哈伊爾沙皇的時代，情況還不如此懸殊。

7 十二月黨人事件，一八二五年十二月二十六日，由俄國軍官率領三千名士兵對俄羅斯帝國政府發動起義。由於這場革命發生於十二月，因此有關的起義者都被稱為「十二月黨人」。法國大革命後，俄羅斯受到歐洲的啟蒙思想及自由主義思潮的衝擊。拿破崙戰爭期間，與法軍作戰的俄國官兵，看到了西歐的繁榮和先進，反觀自己的國家仍舊是落後不堪，開始對專制政府感到不滿。一八一六年，部份俄國軍人成立「救濟同盟」，一八一八年改組為「福祉同盟」，但之後分裂為主張共和制的「南方同盟」和希望君主立憲的「北方同盟」。一八二三年春，雙方協議共同發動武裝起義。雖然十二月黨人的起義以失敗告終，但亦敲響了俄國自由主義革命運動的鐘聲，同時亦引發大量有關自由主義的文學創作如托爾斯泰的《戰爭與和平》及普希金的詩作等。

彼得大帝和凱薩琳大帝的擴張主義財政政策，使得聖彼得堡的君主國必須把莫斯科沙皇所想像不到的巨大開支壓在俄羅斯社會之上。付出的代價之一就是俄國農民的全面農奴化。另一方面，軍役貴族雖然不如封建貴族自主，但他們畢竟還是經常叛亂反對沙皇的；而彼得大帝模仿西歐建立的官僚貴族集團，比軍役貴族進一步更依賴於沙皇本身。由寵臣和西歐學校引進的技術官員充斥著彼得大帝以後的俄羅斯帝國的宮廷。這些人即使擁有將軍頭銜，本質上也是文官。他們即使擁有貴族頭銜或者將軍軍銜，他們的前途也完全依靠沙皇的賞賜。他們沒有朝廷爵位之外的社會基礎。對於他們來說，能不能夠升上將軍的級別，在退休的時候享受將軍的俸祿，才是一生追求的目的。像托爾斯泰和杜斯妥也夫斯基這些近代俄國的文學家，就經常描繪這個階級。他們是為官場和做官而存在的，寄生在俄羅斯帝國的官場體系當中。當然，他們也為俄羅斯帝國引進了西歐的先進技術，搞起了洋務運動。

這個階級跟沙皇合謀，掌握了俄羅斯帝國的主要資源，使得沙皇可以在面對著教會、民間、工商業者和所有勢力的時候，都可以採取更強勢的進攻性政策。例如，沙皇彼得就成功地迫使主教尼康（Patriarch Nikon of Moscow）做出在拜占庭時代和莫斯科大公時代都不敢想像的巨大讓步。彼得大帝甚至要求東正教的神父要負責監視教民的思想。如果教民們在懺悔當中說出對沙皇及其政府不滿的話，東正教的神父有義務把懺悔的秘密告知沙皇的政府。這樣的讓步，即使在代表拜占庭文化的索菲亞公主和伊凡三世的時代，都會被教會認為是離經叛道的。

那時的教會還有自己獨立的教會法院。教會法院的獨立性也是在彼得大帝的時代才壽終正寢的。彼得大帝對教會的強勢干預，再加上他對俄羅斯帝國社會各階級的強勢掠奪，使得東正教會發生分裂。拒絕接受彼得大帝改革的教徒變成了所謂的舊教徒，他們相信彼得大帝和他的繼承者實際上是敵基督的代理人。他們退出政權，不承認俄羅斯國家贍養的教會有權利做基督的代理人。

凱薩琳大帝引用法蘭西啟蒙知識分子，大大提高了俄羅斯貴族的文化水準，使得法語變成了俄羅斯上層貴族主要的工作語言，也使得凱薩琳大帝的繼承者（特別是亞歷山大一世）在神聖同盟時代能夠被歐洲各君主國認為是自己的同儕，共同處置拿破崙戰爭以後的善後事宜，使得俄羅斯的國家威望和國家利益達到了歷史上從未達到過的最高峰。但是這一切跟東正教社會有什麼關係呢？在他們看來，俄羅斯帝國的外交部是由波羅的海的德國貴族主辦的，統治他們的俄羅斯貴族是一群法國假洋鬼子。沙皇遷到聖彼得堡以後就背叛了他們，不再代表他們的利益。他們自己的一切犧牲都是徒勞的。俄羅斯國家的威望越強，他們所受的奴役就會越深。俄羅斯變成歐洲大國，僅僅意味著沙皇和沙皇的當局變成了歐洲文化通過洋務派官僚來奴役他們的工具。他們在米寧和伊凡·蘇薩寧驅逐波蘭侵略者的時代贏得的所有獨立，以俄羅斯人征服歐洲、變成歐洲干涉者的名義，反而完全喪失殆盡。

「我到底是俄羅斯人還是歐洲人？」

在這個時代，十九世紀的俄羅斯被中歐人普遍認為是反動勢力的代表，是注定要吞併半個歐洲的可怕的霸權主義勢力。然而，俄羅斯社會底層的絕望情緒和逃避情緒卻是空前的深。有文化教養的俄羅斯貴族和隨後的知識分子在自己靈魂方面的深刻分裂，「我到底是俄羅斯人還是歐洲人，還是兩者都是」，通過托爾斯泰和杜斯妥也夫斯基體現出來。它通過自由派和三位一體專制主義者的衝突，通過西歐派和斯拉夫派的衝突，深刻地撕裂了俄羅斯社會。從俄羅斯自身的角度來講，羅曼諾夫王朝的早期只是俄羅斯國家一開始就沒有辦法解決的政治危機的暫時妥協，而彼得大帝的當權則是把原先暫時緩和下來的傷口又重新撕開了。最終，羅曼諾夫王朝血腥的倒台和十月政變，是順著彼得大帝那個方向——「俄羅斯人的統治者是俄羅斯人的敵人」這個傳統的登峰造極的體現。而這一切從正統的保守派老東正教徒的看法來講，都是俄羅斯放棄真正的東方基督教徒傳統、跟西歐文化相接觸的結果，這樣的接觸只會使俄羅斯人自身受到更多的奴役。

然而，他們只是這麼說說而已。怎樣避免西方文化的干預，怎樣避免在每一次歷史節點之後他們跟西方的相對差距都更大，怎樣避免在政治衝突當中他們很容易落入西方文化代理人或者國內的內部殖民主義者的統治，在這方面斯拉夫派儘管提出了很多很敏銳的洞見，卻始終提不出任何解決辦法。只要西歐派堅持大俄羅斯帝國的結構，那麼把俄羅斯社會完全西歐化的企圖就沒有辦法成功。波蘭人可以西歐化，立陶宛人可以西歐化，烏克蘭人如果脫離了大俄羅斯也可以西歐化。但是，大俄羅斯帝國只要本身存在，背負著亞細亞邊疆和內亞邊疆這樣一個沉重負擔，那麼每一次西歐化的結果都不會比圖希諾當局、七諸侯跟瓦迪斯瓦夫王子簽訂的那個憲法契約下場更好。瓦迪斯瓦夫王子短命的統治，其實也就預示了亞歷山大改革、克倫斯基政權[8]和葉利欽政權同類的短命統治。合乎西歐自由憲法傳統的統治在俄羅斯內地永遠都是短命的，他們一次又一次地被類似普丁這樣的沙皇統治所逆向取代。只有這樣的仁慈的沙皇專制主義或者民粹專制主義的統治，才能夠解決俄羅斯的帝國問題和邊疆問題。

當然，十九世紀的俄羅斯自由派，乃至於二十世紀甚至二十一世紀的俄羅斯自由派，從未認真考慮過恢復特維爾、梁贊和弗拉基米爾各公國跟莫斯科公國分庭抗禮的傳統，把莫斯科分解成為一個類似基輔羅斯時代的多國體系。這樣一個多國體系實際上是可以解決俄羅斯自由派永遠解決不了的問題，但是俄羅斯自由派大多數自身也是大俄羅斯主義者，他們忍受不了俄羅斯失去帝國。彼得大帝引進的歐洲文化的財富對他們來說，就像是對《卡拉馬佐夫兄弟》這部

8 克倫斯基政權，一九一七年，由俄羅斯政治家、革命家亞歷山大・克倫斯基領導的二月革命推翻了沙皇的統治，並自任新政府總理，但是他的政府在當年被布爾什維克發起的十月革命推翻。

小說當中的二兒子伊萬來說一樣，是他們無法捨棄的，是他們自身靈魂的一半。失去了這些，再做一個純粹的拜占庭人，甚至是做歐亞主義者所說的那種亞洲人，對他們來說是不可接受的。而俄羅斯帝國恢復成為諸公國的世界，使他們自身在歐洲人面前完全喪失話語權，變成連波蘭和捷克都不如的小兄弟，對他們來說又是另外一種不可承受之重。這樣一來，俄羅斯的名士就變成永遠漂浮在水面上、永遠在西方和東方之間無家可歸的存在。彼得大帝的執政，只是他們漫長厄運的開始。俄羅斯帝國的強盛和俄羅斯對歐洲政局的干涉，每一次都是增加了他們內在的撕裂。

從俄羅斯國家的角度來講，羅曼諾夫王朝初期的烏克蘭問題是俄羅斯介入歐洲衝突的開始。本來哥薩克人的來源是千奇百怪的，他們有不願意受波蘭貴族地主統治的烏克蘭農民，也有莫斯科地主和波蘭地主，也有逃亡的韃靼人。他們的軍事民主制是極端野蠻的。例如，有一個波蘭地主逃到哥薩克人的營地，就被哥薩克人選做烏克蘭哥薩克的頭領，然後他建議帶著哥薩克人去搶劫莫斯科，發一筆大財，於是就贏得了哥薩克人的歡心；但是搶劫莫斯科不成功以後他又建議這些哥薩克人，要不我們回過頭去搶劫波斯人吧，哥薩克人就罵他是騙子，差一點把他們自己剛剛在歡呼中選舉出來的統領給殺掉。這樣一批桀驁不馴的勢力，對於波蘭國王來說是一個潛在威脅。波蘭國王只能從他們當中選出幾百人，收編為波蘭軍隊的一部分，就是所謂的「註冊哥薩克」（Registered Cossacks），以這種方式羈縻他們。但是，沒有吃上波蘭王國皇糧的哥薩克顯然還是多數。這些人在紮波羅熱（Zaporizhzhia）建立了自己的營地，這個營地是候鳥性質的。遇上危難的時候，各地哥薩克都會逃到這個位於第聶伯河中間的易守難攻的要塞來避難，可以一下子有幾萬人之多；而大家各自出去搶劫或者出去從事其他活動的時候，這個營地的人口可能只有幾百人。就是這樣一個營地，發動了反對波蘭的哥薩克戰爭。

哥薩克戰爭對於莫斯科的決策者來說是一個解放，使他們自身在伊凡雷帝時代以來一直無法解決的面對歐洲的安全問題得到解決了。但是正因為他們在暫時的解決當中獲得了很多利益，烏克蘭問題將俄羅斯拖進了波蘭問題，波蘭問題又將俄羅斯拖進了歐洲問題，使得俄羅斯帝國從長遠上來看，在以後的未來將會面臨著它自己更加無法承受的更大負擔。等於是，解決了一個較小的問題，解決了眼前的具體問題，卻開闢了一個路徑，在這個路徑的終點，它將面臨著比現在更加嚴重的、更加無法解決的問題。這時，羅曼諾夫王朝的開創者米哈伊爾沙皇和他的繼承者費奧多爾（Feodor III of Russia）都已經不在人世了，以後的具體問題要留給彼得大帝和凱薩琳大帝來解決了。

【延伸問答】

01 留里克王朝與羅曼諾夫王朝更迭之際，是不是俄羅斯歷史上的十字路口？如果波蘭此時直接或者間接控制了莫斯科，把莫斯科一脈納入大波蘭的貴族體系，後來是否就不會有俄羅斯帝國了？

莫斯科人的確是差一點點就會變成另一個立陶宛大公國，變成一個介於哥薩克集團和立陶宛大公國之間的波蘭藩邦，由某一個波蘭國王的親屬或者小王子之類的擔任它的大公，由一系列親波蘭的、接受波蘭國王冊封的哥薩克統領或者其他貴族統領鎮守它的邊疆，彼此之間維持一種鬆散的聯繫。親波蘭或者親歐洲的羅斯貴族，實際上對這種前景是充滿嚮往的。

02 沙俄的參政院是何種性質的機關？是中書門下那種溝通內朝和外廷的議政機構，還是接近於「以卑臨尊」的御史機構？

是聖旨和法律的一個登記機構（聖旨也是法律的重要來源），可以說是皇家法制正規化的一個處置機構。相對於原先幾次編著法典造成的混亂而言，參政院的登記體制是皇權和法律之間的一個緩衝機構。沒有經過參政院登記的法律，在彼得王朝以後的歐洲化的俄羅斯帝國是不規範的，其地位跟習慣法相去無幾；經過參政院登記生效的法律，才具有擁有法定程式的皇家法律的地位。

03 歷代沙皇經營波羅的海，是否主要利用了瑞典和波蘭的地緣矛盾？環波羅的海三角博弈的主要脈絡是怎樣展開的？

那是必然的。波蘭人和瑞典人是騎士團遺產的主要爭奪者。中世紀早期，騎士團和分散的小城邦（主教領地之類的）是波羅的海的優勢政治形式。新君主國興起以後，強大的波蘭王國和瑞典王國開始爭霸，把原先那些較小的政治形態逐步納入他們自身的統治體系和藩屬。莫斯科人的捲入，是雙方沒有料到的。最初，瑞典人和波蘭人還是把對方當作主要敵人的。

伊凡雷帝的政策就是企圖把正在衰弱、眼看就要被吞併的騎士團的殘餘勢力納入自己麾下，在波蘭人和瑞典人之間打入一個楔子，但是被波蘭人殘酷地清掃以後完全失敗了，騎士團的大部分遺產落入了波蘭人的手中。接下來的三代沙皇當中，俄羅斯的政策轉為堅定地反對波蘭，跟瑞典人在打擊波蘭王國霸權的時候結成了事實上的盟友。

但是到了彼得大帝以後，由於波蘭王國的勢力已經衰弱，俄羅斯帝國一再在波蘭宮廷扶植出親俄羅斯的黨派來。而瑞典人在三十年戰爭以後勢力大幅度上升，俄羅斯帝國的政策就變成，扶植親俄的波蘭政權或傀儡政權，聯合波蘭打擊瑞典，最終在摧毀瑞典的霸權以後逐步把波蘭變成自己的傀儡國。

04 羅斯世界主要的憲制鬥爭，是發生在留里克王朝還是羅曼諾夫王朝？

羅斯世界，當然是在基輔羅斯和多國體系的時代。對於俄羅斯帝國來說，當然是在羅曼諾夫王朝建立以前的大混亂時代。這個時代是親波蘭的立憲君主派（企圖引入歐洲式憲法的這一派）跟主張重建人民專制主義的沙皇保護人這兩派勢力之間的鬥爭。最後，後一派取得了勝利，把俄羅斯變成了我們現在看到的這個樣子。其實在這個混亂當中，反對伊凡雷帝和親波蘭的勢力是有相當大的機會把俄羅斯變成一個小烏克蘭的。

05 就像法蘭西帝國受地中海和大西洋兩個方向的誘惑而不能保持戰略專注力一樣，俄羅斯帝國是否也因黑海和波羅的海兩個方向的搖擺而牽制了實力和資源的最佳發揮？是否因此也像日本帝國一樣，圍繞不同戰略方向而孕育了兩個利益集團的黨爭？如果專注於一個戰略方向，俄羅斯的國運是否會有所不同？

波蘭倒真是具有波羅的海和黑海的雙向性，本身就體現於立陶宛和波蘭的聯盟。立陶宛的聯盟，使波蘭的資源被拉入了烏克蘭方向。如果沒有立陶宛的聯盟的話，波蘭恐怕就是神聖羅馬帝國的一個邊邦，會有一種更接近於瑞典人和普魯士人的發展。波蘭和俄羅斯的爭議，主要是由於立陶宛人造成的。而莫斯科的二元性，實際上主要是圍繞著立陶宛大公國爭奪羅斯邊邦的鬥爭展開的。莫斯科本身就是一個邊疆邦，它的歐洲性在一開始就是相當少的。立陶宛人隔斷了它和羅斯核心地帶的聯繫。它為了爭奪自己的羅斯成員資格，必須跟立陶宛展開鬥爭。而通向南方、跟土耳其和伊斯蘭教世界的鬥爭，則是開拓烏克蘭引起的副產物。相對於波蘭政策的二元性而言，莫斯科本身存在著不斷塑造自身性格的鬥爭。它的二元鬥爭，是在把莫斯科由一個邦國轉化為帝國的過程中間產生的。

06 金帳汗國的徵兵制和徵稅制，是否強行修改了羅斯社會的封建路徑，注入了東方官僚制和編戶制的基因，催化了文明季候的早熟？

金帳汗國只有戶口制，而沒有真正意義上的官僚制。俄羅斯帝國後來的官僚制度，是彼得大帝以後，在面對西方的改革過程中間，作為執行改革的機關，收編原有的軍役貴族的一部分以及培養的留學生和幹部隊伍，形成的一個新的官僚集團，跟金帳汗國沒有關係。但是戶口制度確實是蒙古人引進的，是基輔羅斯世界原來沒有的，一開始就被認為是東方奴役的象徵，後來也為俄羅斯帝國轉向二度農奴化提供了有力的幫助。

07 留里克王朝和羅曼諾夫王朝的統治集團、憲制結構和執政風格有變化嗎？假如留里克王朝沒有絕嗣，俄羅斯的歷史路徑會有擾動嗎？

留里克王朝經過伊凡雷帝的透支以後，大概是無法避免內戰和解體的。絕嗣對於俄羅斯帝國來說恐怕是一件好事，給了更加穩健和保守的羅曼諾夫王朝一個休養生息的機會。如果沒有這個機會的話，伊凡雷帝以後假如有繼承人，而這些繼承人的不同王子又在邦國擴大為帝國的過程當中變成不同黨派的發言人，那麼今天的俄羅斯可能不會存在，而是會變成幾個不同的國家，其中一部分可能會在親波蘭的貴族統治之下變成波蘭人的東方邊境督軍。後來堅持專制主義和東方南方殖民主義的勢力，很可能無法產生出自己的彼得大帝。

08 金帳汗國及其裂變之後的餘波，對於中古後期到近世的內亞格局有何影響？是否為後來俄羅斯帝國收括內亞預伏了路線圖？

莫斯科既是金帳汗國的代理人，又是金帳汗國的繼承者。金帳汗國的崩潰，實際上是使俄羅斯接替了內亞帝國的歷史使命。如果它不是長期為金帳汗國充當代理人的話，那麼基輔羅斯世界的其他各邦恐怕是不會對內亞帝國的使命產生明顯興趣的。對於基輔羅斯的核心地帶和它的傳統邦國來說的話，是只有瑞典和芬蘭的北方以及拜占庭的南方的。伊斯蘭世界和蒙古韃靼人的東方，對於他們來說是另類的。但是對於俄羅斯人來說，這就是自己家了。

09 羅曼諾夫王朝初期的休養生息，是否使俄羅斯錯過了一個染指三十年戰爭、攫取外交利益的機會視窗？

俄羅斯人根本不可能染指三十年戰爭。無論從地緣形勢還是從國家實力的角度來看，當時的俄羅斯人是沒有這樣的資格的。當時它的問題在於，自己能不能夠從大混亂時代和波蘭干預時代的創痛中緩過來，避免自己的國家再次通過君主立憲制改革而變成波蘭王國的一個藩屬。當時的莫斯科人是沒有資格跟瑞典人和波蘭人平起平坐的。經過三代沙皇的休養生息以後，通過烏克蘭戰爭，它才獲得了這種資格。

10 您如何評說先勝後敗的利沃尼亞戰爭[9]？利沃尼亞戰爭對俄羅斯的內政外交有何影響？

利沃尼亞戰爭證明俄羅斯不是一個歐洲國家，不能跟歐洲的波蘭和瑞典平起平坐。它證明了，後來的彼得大帝的改革是維持俄羅斯帝國作為一個歐洲列強而存在的必要條件。否則俄羅斯在隔絕於歐洲的情況之下，不可避免地，要麼解體成為歐洲的一系列附庸國，要麼就會逐步變成一個非歐洲的東方國家。

11 一五四七年莫斯科公國改國號為羅斯，在憲制方面和意識形態方面有何意義？是否有向歐洲方向宣揚合法性的動機？

當時俄羅斯的主要敵人是波蘭人和立陶宛人，主要是要強調它自己在羅斯各邦當中的正統性，抹去它作為蒙古人主要代理人、從蒙古人征服當中獲得了極大利益這個不光彩的歷史，證明它在蒙古人撤退以後爭奪基輔羅斯各邦的領導權是有正當性的。

12 伊凡四世對於貴族階層的清洗，是否為後來彼得大帝建立行政管理體系掃除了障礙？

9 利沃尼亞戰爭，是一五五八年至一五八三年間為爭奪古利沃尼亞（今愛沙尼亞和拉脫維亞）控制權而引發的戰爭，由沙俄對抗由丹麥－挪威、瑞典帝國以及波蘭－立陶宛所組成的聯軍。

顯然不是。伊凡雷帝的政策在他身後造成了反動和王朝的滅絕。在動亂時期，民軍領袖和宗教勢力獲得了比在伊凡雷帝時代更大的權力。羅曼諾夫王朝早期的沙皇權力是不如伊凡雷帝時代的，他們相對於貴族的態度也更保守一些。兩者之間的關係有點像漢文帝、漢景帝跟秦始皇之間的關係。羅曼諾夫王朝正是由於他的失敗，不得不採取更謹慎和保守的政策。彼得大帝時期的新的俄羅斯官僚體制，比較接近於總理各國事務衙門和洋務派，並不是伊凡雷帝的破壞性政策和射擊軍的後裔。

13 莫斯科在攻滅諸羅斯和諸汗國的過程中，對於這些邦國原有的貴族階級是如何處置的？

大多數都變成了俄羅斯帝國的貴族或官僚。莫斯科時代有東方血緣或者原先就是東方人（韃靼人之類）的貴族，數目大概占貴族總數的四分之一左右。甚至鮑里斯·戈東諾夫本人也很可能是這批人當中的一員。波羅的海講德語的貴族，在俄羅斯帝國當中始終享有特殊地位。他們的血脈一直是凸顯的，可以說是沒有變成俄羅斯人，而只是在俄羅斯帝國任官。而東方出身的、吉爾吉斯出身的、韃靼人出身的俄羅斯貴族，最後就會變得跟俄羅斯人沒有區別了。也就是說，他們會主動融入俄羅斯人，並以身為俄羅斯人為榮，變成類似高爾查克[10]（Alexander Kolchak）式的存在。而波羅的海人則是不願意融入俄羅斯人，而堅持以自己的特殊性為榮的。

14 象徵俄羅斯和烏克蘭合併的《佩列亞斯拉夫協議[11]》（Pereyaslav Council）究竟是什麼性質？應當如何評價簽訂協定的赫梅利尼茨基（Bohdan Khmelnytsky）？他領導的烏克蘭起義是敵視天主教波蘭的宗教戰爭，還是哥薩克內部的派系紛爭？他為何脫離封建自由的波蘭而投向專制的莫斯科？

那是烏克蘭內部的階級鬥爭。在波蘭貴族體系當中受到壓迫的小貴族和自由民，在赫梅利

10 高爾查克（一八七四—一九二〇年），俄羅斯帝國海軍高級將領，曾參加過日俄戰爭和第一次世界大戰以及俄國內戰。十月革命後組建白軍，並自任俄羅斯最高統治者，與布爾什維克政權進行軍事對抗，一度對蘇俄政權造成了巨大軍事壓力和威脅。但其主力軍隊最終為蘇俄紅軍擊潰，一九二〇年，高爾察克在帶領殘餘軍隊向東轉移時被蘇俄紅軍俘虜後於伊留申庫茨克以行刑隊方式祕密槍決。

11 佩列亞斯拉夫協議，一六五四年俄羅斯沙皇國與哥薩克酋長國（十七世紀時烏克蘭國家前身的雛型）簽訂的結盟條約。兩國結盟共同抵抗波蘭的入侵，烏克蘭加入俄羅斯沙皇國效忠沙皇，此後三百多年烏克蘭的文化逐漸和俄羅斯統一。

尼茨基的領導之下反對依附波蘭的大貴族。然後在戰爭沒有辦法取得成功的時候，終於投入了俄羅斯的懷抱。

15 留里克末期大混亂時代的拉鋸戰中，東正教會出於反天主教立場，是否在鼓動和撮合反波蘭勢力上面起了極大的政治作用？假如波蘭控制了羅斯，東正教失去了莫斯科霸權的加持，是否會慢慢萎縮成一個小眾教派？

東正教的教士階級確實是發揮了反波蘭的整合力量。羅曼諾夫王朝的第一代君主本身就是被波蘭俘虜的東正教大主教的兒子。他在擔任沙皇以後，還允許他的父親跟他享有同樣的權力，本身就說明了教會階級的特殊作用。但是波蘭人是不大可能消滅東正教的。根據在烏克蘭和白俄羅斯的經驗，他們大概會把東正教徒變成社會的下等人，把社會的上層職位留給天主教徒和路德教徒，形成一種立陶宛式的社會結構。上等人信奉的是西歐宗教，下等人繼續在蔑視的寬容之下信奉東正教。

16 在一五七一年攻陷莫斯科之戰中，假如克里米亞汗國俘虜或殺掉伊凡雷帝，莫斯科公國的霸業遺產是否將被克里米亞與波蘭瓜分？抑或是莫斯科僅能保住羅斯系的諸邦國，而金帳系的諸汗國是否將被克里米亞整合起來重建金帳法統？

就當時的情況來看的話，克里米亞汗國是沒有打算跟莫斯科人打正規戰的。他們打算是利用一個短暫的真空期，掠奪一大批奴隸和財寶，發一筆財以後就回去。如果要打正規戰的話，那麼他們的動員方式會完全不同，而且也不見得能打贏。

17 您如何評價米哈伊爾沙皇之父——菲拉列特大牧首（Patriarch Filaret of Moscow）？他原本是不是親波蘭的大貴族？他歸國後，與米哈伊爾之間是否實際上也是踐行了雙皇體制？

他就是沙皇政府的主要策畫人。沙皇能夠當選和繼位，跟他的策畫很有關係。他是政府的實際主持人，也反映了在縉紳會議仍然主持國政的時期，羅曼諾夫王朝體制在早期並不是嚴格意義上的專制體制。而是在大混亂時期的大規模憲制鬥爭以後企圖淡化原有的憲制爭議，用溫和政策爭取大貴族和教會的支持。前三位沙皇的努力主要就是為了和平演變，爭取教會和縉紳會議的合作，在不引起嚴重衝突的情況之下，逐步把權力從各階層當中轉移到選舉產生的沙皇手中。

18 東正教會及其牧首，在莫斯科的君主權力尚不是特別專制的年代，比如說伊凡雷帝之前或者羅曼諾夫王朝早期，是否曾經發揮過憲法性功能？俄羅斯的政教合一有何特點？俄國式的政教合一是何時結束的？

教會在大混亂時期、波蘭入侵時期和三沙皇朝廷鼎立時期的作用是舉足輕重的。但是，在羅曼諾夫王朝逐漸站穩腳跟、由選舉產生的沙皇變成東正教普遍承認的家長以後，教會就日益依賴於沙皇政府了。

19 蘇茲達爾大公康斯坦丁．瓦西里耶維奇（Kostyantyn Vasylovych）同樣也娶了拜占庭公主。假如他的兩個兒子安德列或者德米特里能夠成功地從金帳汗手中拿穩「弗拉基米爾大公」的封號，壓制住莫斯科，是否也有可能被時勢推向第三羅馬的政治建構？拜占庭的法統如此深遠強大，是否注定要在其文明輻射的邊區寄命還魂？

他的問題是缺乏邊區。缺乏邊區，自己的邦國就沒有辦法長大。如果長不大的話，那麼自身實力就沒有辦法對其他邦國取得絕對優勢。

20 是哪兩股勢力可以支援伊凡和彼得兩位皇子同時坐在沙皇寶座上？這兩股勢力之間是純粹的權力鬥爭，還是代表了不同的政治路線？為什麼最後彼得獲得了更多的支持？

雙沙皇體制，或者說雙凱撒體制，在拜占庭帝國的法統中是很常見的。我們不要忘記，君士坦丁大帝就把他的三個兒子和兩個侄子並列為凱撒。在後期拜占庭的歷史當中，凱撒實際的權力往往只相當於是親王。但是，繼承君士坦丁堡的皇位，或者在名義上的皇帝已經喪失實際管理能力的情況之下作為帝國的實際統治者而存在，是經常有的事情。我們要注意，拜占庭帝國源於羅馬帝國，而羅馬帝國源於羅馬共和國。多執政官共治，或者說是諸凱撒共治，在戴克里先的憲法當中就是非常常見的。這是軍事民主制給拜占庭帝國留下的一點遺痕。兩個奧古斯都和兩個凱撒共治就是戴克里先憲法的遺跡。一個皇帝和幾個凱撒，或者一個掌握實權的凱撒跟沒有實權的皇帝和沒有實權的凱撒共治，是專制君主統治的習以為常的現象。

所以，羅曼諾夫王朝一開始，年輕的沙皇米哈伊爾就任命他的父親——從波蘭歸來的總主教擔任跟沙皇權力相等的攝政。而且，這個作為臣子的父親經常比這個不管事的沙皇管的事情更多。兩沙皇共治，只是彼得大帝引進歐洲式絕對君主制以前拜占庭式專制君主制留下的最後一點遺痕。雙沙皇共治對射擊軍和索菲婭公主幕後弄權是有利的，但是這並不是決定性原因。在主少國疑的情況之下，為了避免大混亂時期圍繞著或真或假的德米特里的那一系列動亂，最好是像君士坦丁的兒子和侄子都有一定的權利問鼎君士坦丁堡的皇位一樣，把凱撒或沙皇的頭銜都給他們，不要讓任何一個人完全失去希望、而依靠圖希諾（Tushino）民軍或者諸如此類的力量的支持形成分裂帝國的危機。

21 俄羅斯沙皇國的疆域是在米哈伊爾一世的任內（一六一三—一六四五年）迅速擴大到接近今天俄羅斯面積的，這與米哈伊爾一世時期的措施是否有關聯？

基本上沒有關係，而且地理上的面積也是沒有意義的。聖彼得堡和亞速（Azov）兩個地方的面積不大，克里米亞在凱薩琳時代的面積不大，但是卻是俄羅斯用了全部國力去爭取的地方。烏拉山南方的巴什基爾人（Bashkirs）大草原和西伯利亞阿拉斯加方面的巨額土地，對於莫斯科的國力增強基本上沒有任何意義。當時的沙皇也沒有怎麼費心思去爭取它們，而是聽任邊鎮將領和有野心的哥薩克去自行清理那些部落，像印第安人戰爭一樣，不知不覺之間贏得了大量的土地。但是除了皮毛貿易以外，這些土地對於沙皇來說與其說是利益，不如說是負擔。

22

如果讓您穿越回十六、十七世紀之交，成為一名哥薩克首領，您將執行何種戰略為哥薩克人爭取未來幾百年最有利的命運？哥薩克人有沒有機會從歷史的罅隙中殺出來，像條頓人一樣，化軍團為邦國？

哥薩克人的形態是沒有辦法建國的。對於哥薩克人來說，最有利的就是建立一個羅斯大公國，作為立陶宛或者波蘭的附庸國。但是，這樣的想法其實哥薩克首領是採取過的，被高傲的波蘭貴族拒絕了。波蘭人顯然認為，哥薩克人和烏克蘭人的逼格都不夠高，沒有資格跟波蘭和立陶宛平起平坐。退而求其次，追求在東西烏克蘭之間，利用波蘭、俄羅斯和土耳其的三角矛盾，爭取暫時的生存，就是僅次於此的第二好的策略。這就是他們實際上所採取的策略。

23

波蘭立陶宛聯邦議會邀請伊凡四世擔任國王的計畫，有實現的可能性嗎？對莫斯科是福是禍？

實現的可能性確實不如西歐親王擔任波蘭國王的可能性大。但是這樣的國王跟亨利三世擔任波蘭國王一樣，也只能是波蘭大貴族的傀儡。對於莫斯科來說，反而會加強莫斯科對波蘭的相對劣勢，把莫斯科納入波蘭的準藩屬國體系。

24

莫斯科都主教區從君士坦丁堡牧首區獨立，並上升為莫斯科牧首區，這對俄羅斯的歷史意義是否可媲美於英國聖公會從羅馬教廷獨立？

顯然不是。這樣的獨立是殖民擴張和邊遠地區取經不靈造成的被動後果，不是像英國聖公會的建立那樣是主動向羅馬教會宣戰。

25 替沙皇開拓東方的斯特羅加諾夫家族，是不是帝俄時代封建性最強的土豪貴族？

當然不是。它只是面對著一個抵抗力最弱的方向。軍役貴族和民團勢力最強的地方是在西方和南方。開拓伏爾加河草原地帶和跟波蘭貴族爭奪烏克蘭草原地帶的那些貴族，他們手裡面有大量的庇護者，他們是需要真正打硬仗的。無論是波蘭人還是克里米亞人和韃靼人，都比西伯利亞那些部落難打得多。

26 您在《森林與封建》中強調森林與封建貴族的正比例關係。森林經營需要長期投資，也與地方自治似乎高度相聯。俄羅斯的封建主義沒有發育出高強度的屬地性，地方自治不如西歐，除了政治因素，與其森林資源屬性有沒有什麼關聯？

森林提供了蜂蜜、琥珀和很多土特產，在基輔羅斯時代是很重要的。但是莫斯科公國賴以建立的殖民方式是面向南方大草原的征服，它的軍役貴族開拓的都是那些難以據守、但是開墾出來的土地相當肥沃、能夠變成良好農產區的大平原地區。

27 十五、十六世紀莫斯科與克里米亞之間為爭奪金帳汗國地緣遺產和生態位的鬥爭，對於塑造俄羅斯的政治性格和戰略視野有沒有影響？

克里米亞戰爭實際上不是金帳汗國的遺產，阿斯特拉罕和喀山的戰爭才是爭奪金帳汗國遺產的戰爭。克里米亞戰爭主要爭奪的是當時幾乎是無人區、但是開發價值極高的烏克蘭邊區，是莫斯科、波蘭和土耳其的三角鬥爭。而克里米亞國和哥薩克人在這個三角鬥爭中間不斷反復背叛。

28 您如何評價德米特里大公[12]（Dmitry Donskoy）？金帳汗國的封建性是足以容納邦國的，莫斯科公國那種對外收割邦國、對內抑制貴族的集權式治國路徑是不是德米特里大公奠定的？還是要歸因於伊凡三世呢？

莫斯科公國一開始「不畜群公子」的政策就跟基輔羅斯的其他各邦國不一樣。這跟莫斯科的建城方式和它的地緣位置都有關係。換句話說，它不像弗拉基米爾、梁贊和特維爾一樣，它本身就是產生於邊區的、成員出身可疑的一個後起的殖民城市，主要的利益在於面對新邊疆。因此，它不符合原有的由基輔大公國開創的羅斯諸公國傳統的大公和親王繼位順序。

29 羅曼諾夫王朝初期嚴峻的外患和軍事壓力，是否也為軍役貴族提升政治生態位、充實憲制空間提供了重要的歷史機緣？

軍役貴族是大公和沙皇們在戰爭中製造出來的。但是，所謂的強大的軍事壓力，如果從絕對值來講的話，應該是技術水準頗為低劣的，遠遠趕不上勃艮第公爵和義大利諸城邦的戰爭。

30 您如何評價瓦西里三世[13]？他在奧爾沙的戰敗，對莫斯科的內政外交有何影響？瓦西里三世設立的「杜馬」最開始是一個貴族諮詢機構，還是一個君主的私人秘書顧問班子？

這樣的戰爭基本上沒有特殊的意義，是君主們經常從事、但是自己也不知道其意義的眾多

12 德米特里大公（一三五〇－一三八九年），莫斯科大公，一三五九－一三八九年在位。在位期間，把莫斯科城周圍的木牆改為石牆用來防禦外敵入侵。同時莫斯科大公國持續與鄰近各公國作戰，迫使他們臣服自己，削弱了特維爾公國的力量。一三八〇年德米特里大公擊敗了金帳汗國的部隊，打破蒙古軍隊不可戰勝的神話，莫斯科公國取得了暫時的獨立。

13 瓦西里三世（一四七九－一五三三年），莫斯科大公，一五〇五－一五三三年在位，伊凡雷帝之父。在位期間，對內繼承歷代莫斯科大公的共同政策，努力推動俄羅斯統一，最後一批半獨立的羅斯城邦被併入莫斯科公國領土；對外致力於恢復俄羅斯西部和西南部被波蘭立陶宛聯盟吞併的土地。

活動。最初的杜馬被他的臣民們主要理解為沙皇召集貴族建立起來的一個辦事衙門，在後來的政治危機時期才多多少少具有了一系列議會的性質。

31

假如莫斯科公國未能吞併羅斯諸邦，則東歐平原的封建諸侯能否發育到與西歐封建體系交涉乃至融合的程度？烏拉山脈以西有無可能交匯成一個超大規模、超級複雜的封建國際體系，抑制住民族國家的發育？東、西方的邊界是否會因此推移到烏拉山

莫斯科人如果沒有強大起來，那麼立陶宛人必然會吞併絕大部分的基輔羅斯城邦。俄羅斯能夠強大起來的先決條件就是要打通波羅的海通道。如果打通不了波羅的海通道的話，它就跟東方的一個小汗國是沒有什麼明顯區別的。得到了歐洲的技術和資源以後，它才能夠打穿南俄草原，把幾個世紀以來從南俄草原蹂躪頓河和伏爾加河、防止俄羅斯國家成長壯大的歐亞遊牧民驅逐出去，將南俄的大草原變成可耕地，使北俄森林地帶的大批移民像洪水一樣南下，一直湧到從莫斯科到裏海這一片無比廣闊的肥沃土地上，在這裡建立無數的可耕地，生產出極大量的糧食。

莫斯科以南的南俄大草原的可耕地化，是俄羅斯帝國的國本所在。它的存在前提就是俄羅

斯打通波羅的海，打通波羅的海的第一步就是要吞併諾夫哥羅德。這一步辦不到的話，那麼納爾瓦（Narva）、波蘭海岸和瑞典海岸是不可能打開的。那樣的話，小小的莫斯科公國躺在森林地帶和草原地帶的邊界上，是永遠無法擴張勢力的，它注定會變成諾夫哥羅德或者波蘭人、瑞典人或立陶宛人的一個小小的附庸，或者更有可能是變成東方諸汗國的一個小小的、不重要的附庸。

32

東正教的教會組織模式跟天主教和新教相比有何區別？

一般意義上的東正教組織模式是尼康和彼得大帝設計出來的。其特點是，東正教的教士任命是依賴於沙皇的，他的地位低於同樣依附於沙皇的軍功貴族和官僚貴族。但是這樣的教會組織模式其實在莫斯科大公國初期的時代都還不存在。那時候的修道院還具有比彼得大帝以後大得多的相對獨立性，它需要經營自己的經濟體系。天主教和新教沒有固定的組織模式，即使是天主教也沒有。長老會比較像共和制度，也有更接近於民主制度或者更接近於君主制度的例如像英國聖公會那樣的組織。天主教本身的組織模式是一個巨大的叢體，它包含著很多種不同的體系。例如，像法蘭西和西班牙這樣的大君主國，通過政教協議，各主教兼任兩王國的重要封建領主，具備有多重義務，羅馬教廷對他們的權威是形式上的。而在沒有法蘭西這樣的強大君主國的地方，哪怕是距離更遠一些，教廷對他們的權力反而更大一些。像多明我會或者其他修會那樣的獨立實體，它們享有的地位跟屬地性很強、封建性很強的各主教和教區又有很大的不同。

33

伊凡雷帝死後，士紳馬上就反攻倒算。他其實也有類似漢武帝酷吏的特轄軍然而效果比漢武帝要差一些。他怎麼沒清算乾淨土豪？

反攻倒算的主要力量並不完全是士紳，宮廷勢力也起了相當大的作用。伊凡雷帝以後形成的長期混亂狀態，實際上是說明莫斯科本身沒有一個堅強的士紳階級。如果有一個堅強的士紳階級，他們就能夠形成有效的統治了。當時攝政各諸侯和參加逐鹿的各種力量實際上是五花八門的。

34 十六世紀立陶宛與莫斯科之間，是否類似於十九世紀奧地利與普魯士之間，是同生態位競爭和排擠的關係？

邊疆開拓者是俄羅斯人而不是立陶宛人，邊疆開拓者是普魯士人而不是奧地利人。奧地利人是正統的羅馬帝國和教會的繼承者，而立陶宛人和俄羅斯人沒有哪一個算得上正統。俄羅斯人一方面是邊疆開拓者，一方面自稱是拜占庭的繼承者。但是拜占庭教會是不承認這一點的，拜占庭教會認為奧斯曼帝國才是拜占庭帝國的正統繼承者。所以這樣的比喻是非常牽強附會的。

35 在長時段文明格局中，俄羅斯帝國作為拜占庭東正教文明的後身，是否具有與天主教世界共同分擔伊斯蘭化突厥帝國的壓力的價值？歐洲、奧斯曼、俄羅斯各自內部自發秩序的盛衰消長，是以怎樣的節奏錯落釋放出來相互碰撞相互塑造的？

俄羅斯帝國自以為自己是保衛歐洲免遭亞洲蠻夷和穆斯林壓力的一道牆壁，同時受到後方歐洲國家的不斷打擊。十九世紀的自由主義者因為很想讓俄羅斯融入歐洲，特別喜歡重複這方面的意見。美國詩人朗費羅（Henry Wadsworth Longfellow）倒是贊同他們的，但是歐洲人通常並不贊同，而是經常把俄羅斯人看成是跟奧斯曼人差不多的蠻夷。而在此之前和之後同樣抵禦奧斯曼帝國壓力、而且也被法國人和歐洲人在背後捅刀子的西班牙王國和哈布斯堡帝國，也經常發出同樣的抱怨。但是，法國人、英國人和所有的歐洲人都認為西班牙人和奧地利人肯定是歐洲的一部分，卻很少有人認為俄羅斯人也是歐洲的一部分。

36 第三羅馬史觀與歐亞主義史觀是不是互為表裡的關係，都是要建構俄羅斯的獨特性與合法性，或者說用歷史敘事的發明來支持現實格局的整合？

「歐亞主義」的產生是很晚的事情，比「第三羅馬」要晚得多。「第三羅馬」產生的那個時代，莫斯科還根本不能稱之為是歐亞主義的國家，它只是諸羅斯邊疆的一個開拓者，這時還看不出它一定能夠建立橫跨歐亞的大帝國。當然，從「第三羅馬」的觀點來講，依託後來的歷史發展是可以形成一套俄羅斯版的天命論的，這一套天命論可以變成歐亞主義以及「俄羅斯是橫亙在歐洲和亞洲之間的既非歐洲又非亞洲的一個單獨的世界」的基礎。但是這種學說是事後建構的，而不是在「第三羅馬」時期就已經設計好的。

37 俄羅斯初步建立專制官僚體制的時間節點是什麼？協助打下體制地基的候補文官／知識分子的來源是哪裡？是否和普魯士一樣以西歐遊士為主？拜占庭—希臘流亡者起了多大作用？

一般的看法認為，俄羅斯的官僚專制制度是彼得大帝一手建造的。多餘的小貴族，希望通過官方教育而獲得任官資格的小貴族子弟，是文官和知識分子的主要來源。德國人為彼得大帝以後的君主國提供了大量的技術人員。這時，希臘流亡者主要是起民族發明家的作用，希望利用俄羅斯的資源去建立希臘和保加利亞之類的國家。他們所起的作用已經不大了。

38 馬克思所謂的十六世紀以來普魯士、波蘭、俄羅斯等中東歐地區的「再版農奴制」現象如何理解？是純屬的白左歷史發明呢，還是確實反映了東歐封建主義相對於核心區的殘缺性或易受外來衝擊性？

所謂的二度農奴化，是君主、貴族和農民三角博弈當中貴族獨大、在東歐廣闊平原地帶扮演了農民主要保護者的結果。農奴和農民的區別在封建制度之下不是固定的，而是一個不同類型的契約關係。有些契約關係強化了農民對貴族的依附關係，這說明什麼？說明他們所在的環境不安全。例如像開放的烏克蘭草原地帶，特別需要強有力的貴族的保護，否則普通的農民沒有能力保護自己。

39 波蘭曾經征服過莫斯科，最終又是如何逐步喪失對俄國的軍事優勢的？

波蘭征服莫斯科，是把自己的候選人推上沙皇的位置。這時，波蘭人享有從西向東的技術傳輸鏈上游的優勢。但是摩爾曼斯克商路開闢、英國貨到達俄國以後，波蘭人就感到驚恐和憤怒，跑到英國去抗議說，你們把先進的技術輸送給了落後的莫斯科人，這對我們損害很大。接待他們的人就是伊莉莎白女王本人，女王本人用拉丁文做了一系列回復。意思就是，TMD，我們英國人在乎的是自己的商業利益，你們誰打了誰乾我們屁事。俄羅斯人只要能夠開闢通向西歐的獨立道路，最重要的就是彼得大帝在納爾瓦開闢的海港，直接獲得荷蘭、英國和瑞典的技術，那麼波蘭對俄國的技術優勢就消失了。在技術優勢消失的時候，雙方能夠動員的資源多少就起作用了。波蘭人的人口和土地不如俄國多，是憑技術優勢戰勝俄國的。如果雙方的技術優勢被拉平，那麼土地大、人口多、動員能力強的一方就占上風了。

40 莫斯科關於「第三羅馬」的歷史發明學，是否已經鎖定了俄羅斯的歷史路徑和地緣戰略？羅斯托夫、弗拉基米爾、諾夫哥羅德、雅羅斯拉夫爾、梁贊今天如果要重新發明諸羅斯，是否會比發明諸夏要容易許多？

「第三羅馬」使得莫斯科自外於歐洲。既是俄羅斯強大的根本，也是它的最大詛咒。俄羅斯最大的痛苦就是永遠無法融入歐洲或者達到歐洲文明的水準。但是如果它真的融入了歐洲，那它只能像是波蘭、烏克蘭和立陶宛那樣作為一個邊緣小邦，永遠沒有辦法跟法國和德國相比。如果它沒有繼承拜占庭的法統，那麼莫斯科公國的地位還不如立陶宛大公國，只是跟在立陶宛大公國的屁股後面，可能跟瓦拉幾亞公國和摩爾達維亞公國差不多，變成由吸血鬼伯爵或者諸如此類的邊緣地區的土司統治的一個歐洲邊疆地區。俄羅斯人對這樣一個羅馬尼亞式的前途會感到滿意嗎？在這樣一個前途當中，俄羅斯人的確變成了歐洲人，但是卻變成了羅馬尼亞人和保加利亞人的親屬。

相比之下，是不是做一個歐亞帝國，儘管做不了歐洲人，而且經常是歐洲人的敵人，更能讓他們滿意？實際上，俄羅斯人跟我們大多數人一樣，是想兩頭占便宜的，所以他們對這兩種前途都不感到滿意。一面哀歎自己做不了歐洲人，一面對自己作為一個小兄弟而變成歐洲人的可能性感到無法容忍。

從技術上講，如果你說的發明就指的是寫一本書，像保加利亞民族發明家在奧德薩寫了一本保加利亞歷史一樣，那個難度是差不多的。寫一本書，無論你寫什麼書，難度都是差不多的。你先把框架確定好了，例如我指著鼻子說是，弗拉基米爾就是一個民族，然後把自古以來弗拉基米爾這塊土地上，從古老的芬蘭部落時代，一直到莫斯科征服以後的時代，一路寫下來，把所有征服弗拉基米爾的勢力（特別是莫斯科人）都寫成壞人。這樣一本書好寫得很，一點也不比《諸夏紀事本末》或者《巴蜀利亞民族史》難寫，兩方面的難度是完全相等的。至於現實政治方面的難度，那完全是另外一回事。接近歐洲，難度就會變得更低一些。例如，白俄羅斯民主共和國的流亡政府至今還在歐洲跟盧卡申科的白俄羅斯政府作對。

41

假如瑞典成功壓制住了莫斯科的擴張，始終保持了在波羅的海地區的海陸霸權，對歐洲歷史有何影響？俄羅斯在突破不出去的情況下，會不會屈身為瑞典王國的附庸？瑞典會不會占據俄羅斯的生態位而成為中歐和東歐的強權，與英法鼎足爭霸？

瑞典本來主要就是一個波羅的海國家。那樣的話，它很可能無法變成一個西歐國家了。瑞典變成西歐國家的前提就是，失去了東方沒有邊界的大平原的疆土，失去了在德國各諸侯的土地。這樣，它才能夠全力推行近代化，移民美國，製造出現在的君主立憲制的瑞典。這個君主立憲制的瑞典最終還是在拿破崙戰爭結束以後、維也納會議以後才穩定。失去芬蘭，失去瑞典帝國，是它的先決條件。就像是，近代的自由的英格蘭是以失去法國領地為前提的。瑞典帝國如果擁有東方的土地的話，它可能會：第一，永遠壓制住莫斯科帝國無法出現；第二，由於它把莫斯科帝國消滅掉了，或者把小小的莫斯科變成自己的附庸的一部分，或者使莫斯科人為了逃避瑞典人的壓力不得不依靠波蘭人的保護，前途都是差不多的，瑞典的東方附庸將會不得不直接面臨歐亞遊牧勢力，因此捲入沒完沒了的東方戰爭當中。結果，這場戰爭很可能使瑞典王國自己也變成一個東方的門戶，使它完成不了西歐封建君主國的歷史使命。在這種情況下，丹麥—挪威聯合王國將會替代瑞典在近代歷史上的地位了。

42

邊疆性是美國社會氣質不同於老歐洲的關鍵因素。俄羅斯在頓河草原和西伯利亞方向的邊疆性、開放性似乎不遜於美國，為何沒有對沙皇專制主義起到明顯的鉗制作用？或者說，為何俄羅斯的廣大性、開放性、人口容易遷徙的特點就被解釋為封建主義不能紮根、有助於強化專制傳統的因素，而德意志人在易北河東的擴張、波蘭立陶宛在東方和南方的擴張、滿洲人和日本人往北方的擴張、晉人往內亞草原的擴張就沒有這麼顯著的效應？

沙皇專制主義是保護俄羅斯農民拓殖南方大草原的主要因素。沙皇專制國家鎮住了歐亞遊牧民族，使得不斷受到騷擾、經常被擄掠為奴隸的俄羅斯東正教農民能夠大規模地進入這塊新邊疆，所以這些地方的俄羅斯村社是非常依賴沙皇帝國的。以前的基輔羅斯諸城邦未能保護他們做到這一點。而瑞典人和波蘭人鞭長莫及，對這些地方的興趣是非常少的。俄羅斯專制主義跟這塊新土地的開拓是有極為密切的關係的。如果沙皇專制主義不起作用的話，那麼可能保護這些開拓者的唯一選擇就是類似哥薩克人的社團。這些社團可以取得火槍和歐洲武器，能夠像烏克蘭的哥薩克那樣選出自己的大統領。因為有歐洲火器，他們的武力還能夠跟中亞的各蘇丹國對抗。那麼這些哥薩克小王國有可能產生出比沙皇專制帝國更自由的體系。但是歷史並沒有往這個方向演化。孤立的農戶顯然是不能保護自己的。

43

關中平原沃野千里，糧食品質和產量力壓關東全部，造就了秦朝與西漢的政權根基，即使戰亂也是牢靠的底盤。同理，東歐平原一直是俄羅斯歷代王朝的根脈所在，又表現在哪些方面的資源優勢呢？

俄羅斯帝國的基礎並非是盛產小麥的烏克蘭平原。烏克蘭平原區的糧食產品儘管一度是俄羅斯帝國的主要出口品，但是它始終是波蘭人和俄羅斯人爭霸的場所，並不是莫斯科公國的根基所在。莫斯科公國的根基是「不蓄群公子」以後建立起來的莫斯科各衙門，包括管理商業事務的衙門。而這時的商業事務主要是裏海、波斯和阿爾漢格爾斯克的貿易，中央俄羅斯的糧食產量富餘不多。好處是，它緊靠邊境，無論是向南方的烏克蘭、向東南方的穆斯林和遊牧民族經常蹂躪的大平原、還是向東方的西伯利亞擴張，都有充分的餘地。但是莫斯科國家本身並不是建立在糧食生產的基礎上的。

44

日本的寺院在當地往往是政治經濟文化中心，也是大地主，發揮了與中世紀歐洲教會相類似的作用。俄羅斯的東正教會是否也與此類似呢？

東正教會也是大地主和移民墾殖的中心，但是它的軍事功能似乎要差很多，很少有像波羅的海騎士團那樣同時兼任軍事統帥的東正教徒。軍役貴族和東正教寺院在政治上是相互分離的集團，東正教寺院本身在軍事上的能力似乎很弱。

45 伊凡雷帝前後正是奧斯曼帝國進略歐洲的時期，這對同時期的俄羅斯造成了什麼影響？極盛時期的奧斯曼帝國向歐洲的進擊和對內亞的壓制，是否客觀上配合了莫斯科在東歐的擴張？

奧斯曼帝國的崛起對匈牙利不利，對波蘭有利。波蘭在東歐的強大，有賴於匈牙利和奧斯曼帝國的相互消耗。而這時，奧斯曼帝國的壓力還沒有達到波蘭本土。奧斯曼帝國的壓力達到波蘭本土，那已經是維也納之戰那個時代的事情了。在伊凡雷帝的時代，奧斯曼帝國的經營重點在巴爾幹半島。這裡是奧斯曼帝國主要的兵源地，是它最重要的地方。匈牙利則是它最主要的障礙。因此，波蘭的強大對伊凡雷帝在西部邊境的挫敗造成了極大的壓力。匈牙利和奧斯曼帝國的長期衝突，也使得匈牙利貴族傾向於跟波蘭結成聯盟。波蘭和匈牙利的聯盟，則是普斯科夫戰役（Siege of Pskov）、莫斯科西向征服全面潰敗的根本原因。所以，這一時期奧斯曼帝國的崛起，儘管跟莫斯科沒有直接關係，但是它造成的間接後果是促使波蘭強大，促使匈牙利依靠波蘭，給俄羅斯帝國的西向擴張造成了更大的障礙。奧斯曼帝國在當時並不重視高加索和黑海北岸，所以金帳汗國崩潰以後的諸汗國跟奧斯曼帝國沒有直接關係，也沒有對莫斯科在東南方向的擴張造成直接阻力。

四、聖彼得堡：企圖成為歐洲的時代

彼得大帝的改革源自前兩位沙皇

羅曼諾夫王朝早期的四代君主，經常被彼得堡時期的俄羅斯史學家描繪為庸碌、愚昧和黑暗。西方人基本上是同意他們的看法的。彼得大帝以前的俄羅斯和彼得大帝以後的俄羅斯經常被人描繪成為兩個形成截然不同對比的朝代，一個是南方的拜占庭朝代，一個是西方的歐洲朝代。但是近年來對原始資料的研究傾向於推翻這種說法，認為這種說法多多少少是十九世紀以後的俄羅斯人為了鞏固自己作為歐洲人的身分，以及歐洲人不可避免居高臨下地對於更東方、更落後的世界的蔑視和忽視，而被發明出來的。米哈伊爾（Michael of Russia）、阿列克謝（Alexis of Russia）和費奧多爾（Feodor III of Russia）三朝，在很大意義上，不僅為彼得大帝的改革奠定了基礎，而且它們自身就已經體現出彼得堡俄羅斯的許多特點。簡單地說，羅曼諾夫王朝初期的俄羅斯和波蘭—立陶宛的關係並不完全是歐洲人和非歐洲人的關係。而毋寧說是，歐洲邊陲強烈親歐洲的波蘭—立陶宛王國沿著立憲君主制的道路學習歐洲，以及莫斯科選擇專制君主道路、沿著這另一條道路學習歐洲，這兩條道路之間的競爭。

俄羅斯帝國的外交成就並不源於彼得大帝的微服私訪，而是源於類似文景之治的阿列克謝和費奧多爾兩位沙皇謹慎的政策。英國和法國的大使來到莫斯科，英國人要求從北冰洋直到伏爾加河的航道，法國人要求參加了三十年戰爭以後的俄羅斯加入法國及其東方盟友介入德意志政治的外交盟約。這些現象都已經表明，俄羅斯的國際地位已經由一個東歐國家變成了一個歐洲國家。在混亂時代以前，莫斯科的君主很少有機會跟波蘭以外的歐洲國家發生聯繫。真正的西歐強國，英國人、法國人、德國人、西班牙人，眼中完全沒有莫斯科的存在。而在這個時期，他們的大使則已經進駐到莫斯科。儘管他們仍然認為莫斯科人是野蠻人，但是它已經是一個值得爭取的外交力量了。

同時，彼得堡時期典型的社會特徵是（這也是歐洲以外所有落後社會的共有特徵），國家機器本身作為西方先進技術的主要引進者和受益者，榨乾社會資源，以支持西方化的、對於本土社會來說是過於昂貴的國家機器和洋務事務衙門，使得社會本身陷入分裂。這就是亨廷頓所謂的「靈魂分裂的國家」，也是今天作為人民捍衛者的本土伊斯蘭原教旨主義跟洋務事務衙門推行國家社會主義和引進西方制度的凱末爾主義者之間的長期鬥爭的來源。這個來源雖然有一些伊斯蘭教色彩，其實從本質上講跟彼得堡時期的俄羅斯是沒有區別的。大多數人認為這種致命的分裂是彼得大帝造成的，但是實際上，現有的證據已經充分證明，這種格局的時間不可能遲於第二次烏克蘭戰爭，甚至可能比這次戰爭更早。換句話說，就是在顯克微支描繪的赫梅爾尼茨基[1]和哥薩克戰爭肆虐烏克蘭的那個時代，莫斯科國家已經感到了彼得大帝和史達林都感

1　赫梅爾尼茨基（一五九五－一六五七年），是一位烏克蘭軍事將領和紮波羅熱的蓋特曼，他領導了針對波蘭立陶宛聯邦權貴的

到的可悲的壓力。

西化的軍事改革造成了財政壓力

俄羅斯自身的技術和資源，支持不了一場包括波蘭人、甚至是瑞典人介入的按照當時標準是歐洲化和現代化的戰爭。沙皇能夠動員多達七萬的軍隊，似乎比波蘭人能夠動員的軍隊更多。他們論勇敢雖然不差，但是完全沒有受過西歐意義上的軍事紀律的教育，武器也非常低劣。西歐意義上的受過訓練的士兵，一個標誌性的事件就是拿騷的莫里斯親王製造的《步兵操典》。而沙皇的由服役貴族組成的軍隊跟他們比較起來，就像是一批沒有紀律的烏合之眾，沒有辦法讓他們號令森嚴地按照一定的秩序排列起來。戰爭的急迫需要，使得沙皇不得不引用德意志的工匠為他們製造歐洲的軍械，而且還直接引進了英國貴族和荷蘭貴族來統帥他們的團隊。在這以前，為莫斯科效勞的外國貴族頂多就是德國人。在這一時期則出現了真正的西歐人——荷蘭人和英國人。英國的阿斯東公爵率領一支雇傭兵，為俄國沙皇作戰。而且，經過了一段時間的試練以後，沙皇承認了它的優越性，希望由他的軍團中訓練出來的士兵做教官，對沙皇的軍隊進行統一訓練。

這時，在第二次烏克蘭戰爭結束時，沙皇所統帥的五花八門的部隊當中，據說有多達三萬兩千名士兵和一百五十八門大砲是來自於西歐的。這一時期，我們可以合理地推測，來自東方的投靠者（例如吉爾吉斯人和韃靼人）其實並沒有中斷，他們在俄羅斯東向和南向擴張的過程中是一直存在的，但是他們肯定要便宜得多。在沙皇及其朝廷的心目之中，跟那些能夠打敗瑞典人和波蘭人的英國人、法國人、荷蘭人和德國人相比，本身就變得微不足道了。這些西歐人的要價也要大得多。我們要注意，來自西歐的雇傭兵不一定全是西歐人，他們真實的士兵來源可能是說不清楚的。一般來說，照當時的慣例，如果記錄說某某團隊是德意志雇傭兵，那就是說它的軍官和經紀人是德意志人。實際上它的士兵有可能是西班牙人，有可能是土耳其人，也有可能是其他人。所謂的英國人和法國人，也是這個意思。除了三萬多西歐雇傭兵團以外，還有經過沙皇改革、用西歐技術和西歐編制、由西歐教官訓練出來的一萬三千名俄國軍隊。正常情況下，俄國軍隊的總兵力雖然被波蘭人誇張地描繪為百萬大軍，實際上也就是七、八萬人。西歐軍隊三萬多人，模仿西歐的俄國軍隊一萬多人，已經占了沙皇全部軍隊的半數甚至稍多。

這樣的軍隊比沙皇原來的軍隊負擔要重得多，因此沙皇的財源面臨著嚴重的壓力，不得不提高關稅和鹽稅，在本國居民身上榨錢。稍稍提高鹽稅的結果，是使伏爾加河的漁夫因為得不

起義（或稱波蘭哥薩克戰爭），從而催生了獨立的烏克蘭哥薩克國家，成為首任酋長。一六五四年，他與沙皇俄國訂立佩列亞斯拉夫條約，導致烏克蘭中央領土受到俄羅斯帝國的控制。

到鹽來醃制他們捕撈的魚類，使得本來廉價的大量的魚無法保存而被棄置，引起了莫斯科居民的一場糧食危機。莫斯科的各等級（包括工商業者）用他們當時還殘存的一點點在縉紳會議中留下的發言權來抱怨沙皇，為了外國人的利益犧牲了真正的東正教徒。然而他們也無法否認沙皇的邏輯：面對著萬惡的波蘭人以及他們引入的德國和歐洲的新制度，莫斯科人如果不願意在西歐的新制度之下以法治和自由的名義當下等人，而是像他們在混亂時期所表現的那樣，希望在專制沙皇慈父的保護之下能夠享受一視同仁的奴役，那麼他們非得支持沙皇引進西歐技術的巨額費用不可。

征服西伯利亞，其實是沙皇政權財政危機的一個體現。當時西伯利亞的皮毛在國際市場上得到的收益，可以為沙皇的國庫每年提供六十多萬盧布。而沙皇的國庫全年的收入也只有一百多萬盧布。也就是說，西伯利亞皮毛銷售的收入往往是占到沙皇全年收入的一半左右。對於沙皇的財政部門來說，西伯利亞的領土和居民並不重要，而皮毛貿易的收入卻很重要。這就可以解釋，在《涅爾琴斯克條約》（即尼布楚條約）當中，滿洲人和俄國人的立場是非常不同的。滿洲人要求領土。他們認為，只要俄羅斯人的貿易點駐在阿莫爾河（黑龍江）上，就無法阻止像根特木爾這樣的蒙古酋長或者滿洲酋長投靠沙皇而不是剛剛設立的吉林將軍。當時還沒有黑龍江將軍。我們要注意，滿洲人的擴張是由南往北的，論時間線跟他們沿著大運河南下征服東南亞各省的步驟基本一致。這個跟國共兩黨編出來的課本是恰好相反的。從黑龍江將軍和吉林將軍設立的時間線就可以看出，在俄羅斯人抵達黑龍江和松花江、跟滿洲人的先遣部隊發生衝突以前，滿洲人剛剛在盛京將軍之外設立了吉林將軍，以便保衛他們在松花江流域的依附者。黑龍江將軍當時是不存在的。黑龍江將軍在瑷琿城的產生，本身就是由於俄羅斯人介入的結果。所以，俄羅斯人和滿洲人基本上是同時來到黑龍江流域的。

而談判的結果就是，康熙皇帝的代表索額圖和耶穌會教士張誠（Jean-François Gerbillon）的底線要求是領土方面的，要求肅清黑龍江中游的俄羅斯人據點，以保證滿洲各酋長的忠心。滿洲軍隊不可能永遠駐在雅克薩附近，一旦戰爭結束，他們不可避免要帶著他們的重砲一步一步後退。事實上，《萬年和約》（即南京條約）簽署以後，黑龍江將軍的駐地始終是在不斷南移的。而滿洲官員甚至沒有這個耐心去詳細勘探一下條約規定的邊境，而是胡亂地把界碑扔在了江邊就輕易了事了。他們只是要俄羅斯人離開，此外的其他事情並不關心。貿易收入這件事情對滿洲皇帝來說並不重要。這當然是由於滿洲人的財政結構使他們無法從當地的皮毛貿易中獲得大量利益，並不是說北京的達官貴人不喜歡戴皮毛的帽子。

而俄羅斯帝國不願意跟滿洲帝國翻臉的一個重要原因就是，他們從西伯利亞弄到的很多皮毛就是通過後來的恰克圖貿易和其他途徑賣到北京去的。他們沒有理由為了一些荒蕪不毛的領土和一些毫不重要的酋長，跟他們最大的客戶之一翻臉。俄羅斯的代表，就是《鹿鼎記》裡面被諷刺性地描繪的那位公爵，他從沙皇及其朝廷——這一次的朝廷是由索菲婭公主

（Sophia Alekseyevna of Russia）攝政，由彼得和伊凡兩位沙皇共治，也就是羅曼諾夫家族的第四代——得到的訓令是，要盡可能地確保俄羅斯商人的貿易權利和貿易通道的暢通。至於領土問題，可以做適當讓步。所以後來蔣廷黻在他的《中國近代史》那本書中就寫道，雙方的要求是，清方是爭領土，俄方是爭貿易。雙方能夠達成妥協，也就是因為這個原因。清方代表索額圖說過，貿易是小事，只要領土問題能夠解決的話，皇上沒有理由拒絕。至於要把這件小事寫在條約裡面，他表示不能理解。但是如果俄國人非要這麼做不可的話，那寫上就寫上吧，大清皇上對這種事情並不關心。而這確實是俄羅斯朝廷真正唯一關心的事情。如果我們瞭解到當時俄羅斯朝廷的帳單就可以明白這一點。在彼得大帝以前，聖彼得堡還是一片沼澤地，在理論上是瑞典國王的領土。這時，莫斯科的沙皇的眼睛已經只盯著西方。東方對於他們來說只是搞錢的場所，土地要不要是無關緊要的。

督軍制度：莫斯科侵蝕古老村社自治體系

像這樣的西方化的軍事改革，西方式的類似洋務運動製造的軍火企業，西歐工匠和西歐軍官的大量引入，是莫斯科原有的財政體系承擔不了的。彼得大帝后來的改革，歸根結底也就無非是阿列克謝和費奧多爾兩朝被動的西方化軍事改革的進一步延伸。這兩位沙皇的性格有點像漢文帝和漢景帝，是謹慎的，不是聲張的。他們還沒有完全忘記伊凡雷帝的暴政導致了俄羅斯國家的總崩潰，沒有忘記混亂時期的各路民軍，也沒有忘記在開國之君米哈伊爾沙皇的時代，沙皇還在縉紳會議的監督之下戰戰兢兢。他們用謹慎的政策，一點一點地削弱縉紳會議的權力。米哈伊爾所在的時代，沙皇幾乎是年年都要召開縉紳會議。為了避免仍然強大的大貴族反對，基本上什麼事情也不做。等到阿列克謝的時代，縉紳會議就是偶爾召開了。費奧多爾的時代，縉紳會議就不再召開了。後來彼得大帝奪權成功以後，為了使他推翻索菲婭攝政公主的行為合法化，才象徵性地召集了一次縉紳會議。然而這時的縉紳會議已經是匍匐在沙皇的腳下，不再有任何獨立性了。早期的縉紳會議的權力不是一下子消失的，而是一點一點消失的。首先是有權選舉縉紳會議的各階級數量越來越少，其次是縉紳會議討論的範圍越來越由全國性和憲法性的問題萎縮為具體的事務性的問題。召集會議只為了討論單獨的事務，不得涉及與本事務無關的其他事務。比如說要不要征服亞述這樣的具體問題。跟亞述無關的問題，本會議不討論。最後，縉紳會議就變成了沙皇馴服的代表，就完全從俄羅斯歷史中消失了。

在縉紳會議消失的同時，督軍制度也正在一點一點地侵蝕原有的、殘存的村社自治體系和各種習慣法。督軍制度本來是偶然設計出來的，是為了實行戰時動員、對付可怕的波蘭人和瑞典人設置的。最初設置的幾個軍區都在俄羅斯跟波蘭—立陶宛接壤的西部邊境。然後隨著戰爭的進一步擴大，根據西部戰爭形成的經驗，即使在俄羅斯國家與波蘭和立陶宛停戰議和的時間內，沙皇仍然把新的軍區設置到面對著土耳其人和韃靼人的南部邊境。最後，軍區甚至是設置到了傳統的內地，設置到了莫斯科城周圍的梁贊和特維爾這些古老的公國內。等到彼得大帝登基的時候，俄羅斯帝國境內已經沒有軍區管不到的地方了。軍區是戰爭的需要，所以它可以用戰爭權力對待沙皇的各種臣民。它不僅為了戰爭的需要而徵用各種軍用物資，而且為了督軍本人及其家庭的私人需要而徵用物資。

督軍有臨時權力，他手裡面拿的就只有一個沙皇的尚方寶劍。他不像原有的市政機構或者貴族之類的，有傳統的收入範圍。例如，本來修道院跟它的附庸們之間能拿到多少收入是有一個適當預算的，貴族、商人、市政機構都有一個傳統的、可以指望的收入。而督軍是從天而降，他什麼收入也沒有。而且一般來說，他本人還指望憑著尚方寶劍，除了為公務需要而撈取物資以外，還要為自己的私人撈一點好處。那他憑什麼？憑戰爭權力。誰違逆他的命令，誰就是違逆沙皇。因此導致的戰爭失敗責任要落在你頭上，看你能不能擔待得起。這種武斷方式徵用的物資是沒有辦法有規畫的。誰能知道波蘭人今天是在斯摩倫斯克發動進攻，還是明天要在基輔發動進攻。我說我需要三千壯丁的過冬衣服還是需要六千壯丁的過冬衣服，依據在哪裡？沒有任何傳統依據，就是我老人家認為波蘭人今年冬天的進攻會很猛烈或者不大猛烈。這是一個軍事估計。軍事估計就算是錯了，也沒有什麼重大責任。

於是，貴族和人民的各種傳統自治機構在督軍的壓迫之下叫苦連天。這時，縉紳會議還沒有完全消滅，他們的呼聲還能夠送到沙皇的耳中，但是沙皇一般不採取任何行動。一方面是，這幾任沙皇的性格像漢文帝和唐太宗一樣，對前朝的動亂非常謹慎。只要沒有惹出重大事故的話，他們寧願一味地苟且過去。另一方面當然更重要：督軍制度的設置和地方自治機構的萎縮破產，本身就是有利於沙皇的。督軍體系是沙皇能夠直接操縱的體系。而傳統的各種政治機構對於沙皇來說，雖然沙皇這時候已經獲得了全俄羅斯專制君主的稱號，在文化上通過教會和修道院大規模地引進拜占庭文化，對原有的殘存貴族勢力也是一個抑制，在法統上和意識形態上是有利於加強沙皇專制統治的，但是任何統治形式比起軍事管制來說總是顯得更弱一些，任何統治者本能地都希望加強自己的權力。所以俄羅斯各等級臣民在這一時期就不斷地抱怨，沙皇無所作為，魔鬼奪走了沙皇的聰明，沙皇是懶人，沙皇被奸臣蒙蔽了，諸如此類。但是他們不敢反對沙皇本人，因為沒有沙皇本人和羅曼諾夫家族的話，混亂時期的痛苦必然要重來。而且，他們之所以選擇沙皇，本身就是因為他們不願意接受波蘭—立陶宛人引進的可怕制度。既然這樣，他們就只能求仁得仁，只能指望我們再多犧牲一點點，讓沙皇做一個好沙皇，除此之外不能指望其他。

馬格德堡法：烏克蘭引入德國城市議會體系

依附立陶宛王國的羅斯諸邦和由立陶宛轉交給波蘭的羅斯諸邦正以另一種方式引進新的西歐制度，立陶宛轉交給波蘭的那一部分，就是今天烏克蘭的核心部分。而立陶宛大公國內部最親波蘭的勢力恰好就是過去留里克家族統治的基輔羅斯，包括當時的基輔公爵在內。他們在俄羅斯貴族當中的正統地位肯定要比羅曼諾夫王朝要正統很多，但是他們卻寧願依靠波蘭人的支持來抵制他們現在的宗主立陶宛貴族，寧願把自己變成天主教徒和波蘭人。隨著波蘭勢力和德國猶太資本家的深入，波蘭王國接管烏克蘭，這就意味著猶太資本家和德國工匠同樣也進入了烏克蘭，對當時蒙古統治下的舊羅斯各城市的傳統各等級形成了極大的衝擊。他們在烏克蘭和白俄羅斯明顯是代表先進生產力和先進技術的，使原有的維徹城市的各等級都面臨著破產威脅。而波蘭王國和立陶宛王國合併以後，波蘭人開始一方面把西方天主教會的禮儀和文化引進烏克蘭；另一方面，立陶宛人在波蘭人的威脅之下，開始引進德意志宗教改革的成就。有些人，比如說偉大的拉齊維烏公爵家族，就開始引進新教改革的成果，把德國神學家的學術著作引入立陶宛。同時，波蘭王國當局開始把德國的城市法——也就是所謂的馬格德堡法（Magdeburg rights）體系引進正在凋敝和破產的傳統羅斯的維徹城市。這些因素都意味著，在波蘭—立陶宛和歐洲文化統治的地區，蒙古人統治以前的舊羅斯的文化正在滅亡。莫斯科公

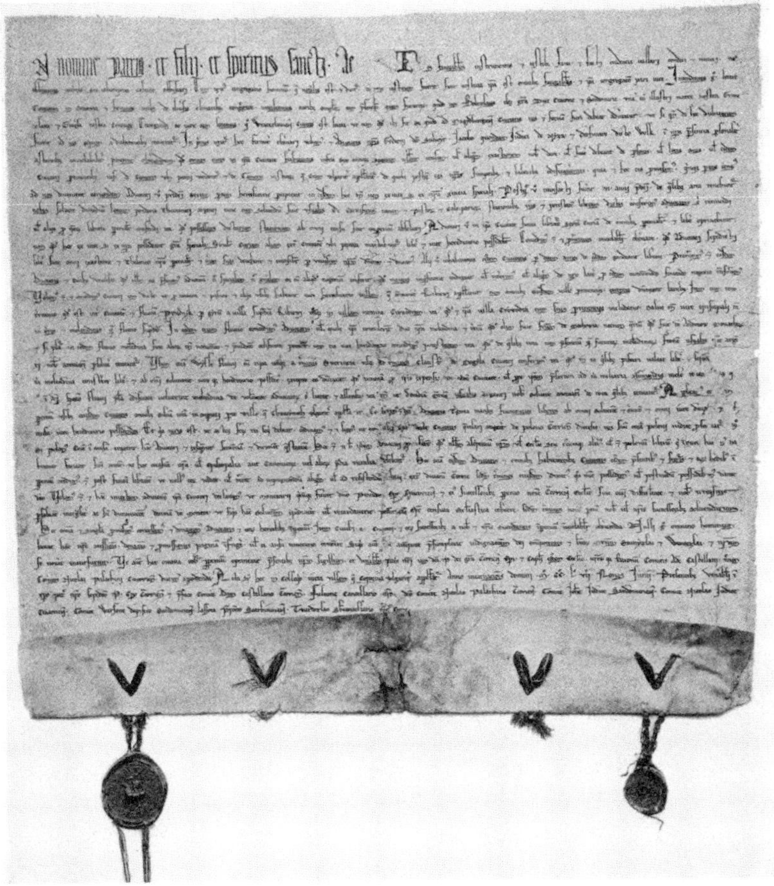

馬格德堡法律

本圖為1257年波蘭舊京——克拉科夫的城市特許憲章。

馬格德堡是神聖羅馬帝國皇帝鄂圖一世所統治和居住的德國城市，具有和馬格德堡類似風格的城市管理體系和城市特許狀，普遍被稱為馬格德堡法。馬格德堡法的雙議會體系，一是納稅人會議，二是陪審員會議，區別了陪審員和納稅人，把司法議會和資產階級的立法議會區別開來，使得兩權分立變得更有效率。

隨著德國商人和德國工匠遷入波蘭，實施馬格德堡法在波蘭範圍內變成了西歐文化的象徵。

國境內的羅斯人看到這樣的前景，對於依附波蘭—立陶宛王國就更加恐懼了。

馬格德堡法包括兩個方面，可以簡單化地概括為雙議會制。它之所以稱為馬格德堡法，是因為這是波蘭人（波蘭人西面是德國，東面是羅斯）從德國城市學來的先進管理體系。它跟馬格德堡這個自治城市本身的關係不怎麼明確，只是馬格德堡碰巧在波蘭勢力範圍內變成了西歐文化的象徵，所以類似的具有德國風味的城市管理體系和城市特許狀就普遍被稱為是馬格德堡法了。馬格德堡法的實施，跟德國商人和德國工匠的遷入確實有非常密切的關係。德國商人和德國工匠當中就有很多是講德語或者德語各種方言的猶太人。馬格德堡法的雙議會體系，一是納稅人會議，二是陪審員會議。納稅人會議組成的這個議會，跟過去的維徹體系比較相似，它就是由納稅資產階級選出的議員組成的。陪審員體系對於羅斯世界是比較陌生的。舊的維徹議會是行政、立法和司法無法區分的，專業化程度不高。而波蘭人引入的新體系，把「拉瓦尼克」（也就是陪審員）和納稅人區別開來，司法議會和資產階級的立法議會區別開來，使得（照孟德斯鳩的語言說）兩權分立變得更加有效率了。在城市自治體系的兩權之外，波蘭國王還有自己的代表。這樣就形成一個三元體系，使得馬格德堡法的城市在管理上比維徹城市更加高明一些。同時，他們不是經常講波蘭語，而是講德語和拉丁語，比起講羅斯各種方言、使用西瑞爾字母的修道院和維徹城市來說，跟西歐接軌更加方便。

馬格德堡法系城市在波蘭和烏克蘭的興盛，本身就對應著布羅代爾曾經說過的所謂「波蘭地峽」（Polish isthmus）——即畢蘇斯基將軍所謂的海間聯邦（Intermarium）[2]，從波羅的海通向黑海的商路——開通的時代。這個時代對於波蘭貴族來說是一個開疆拓土的偉大時代，對於德國工匠、德國商人和猶太商人來說是一個發財致富的偉大時代。他們發的財跟美國西進運動時期的那些糧食商人和鐵路公司發的財是差不多的。但是對於羅塞尼亞人、堅持東正教傳統文化的羅斯人來說，這是一個相對社會地位不斷降低的時代。這個地位的降低，最終迫使他們回應哥薩克叛亂，將烏克蘭從波蘭當中分裂出去。烏克蘭叛亂和波蘭地峽的中斷，以及阿爾卑斯山德意志地峽的興盛，幾乎是同時。瑞典人的大洪水（就是顯克微支的小說描寫的那次大洪水）摧毀了波蘭王國的經濟，使波蘭進入了反宗教改革運動和經濟社會的凋敝期。這時，俄羅斯國家利用烏克蘭戰爭，削弱了波蘭的勢力，轉而跟波蘭結盟反對瑞典，把自己由東歐國家變成了歐洲國家。但是對於阿列克謝和費奧多爾的朝廷來說，他們基本上是被動和消極地應付當時的情況的，缺乏後來彼得大帝朝廷、凱薩琳朝廷和亞歷山大朝廷那種具有前瞻性的雄才大略。這也使得他們對俄羅斯歷史（至少是對俄羅斯西歐化的歷史）所做出的極大貢獻經常被歷史學家和公眾輿論忽視。

2 海間聯邦，是一戰之後波蘭政治家畢蘇斯基提出的一個構想，旨在東歐建立一個由波蘭主導的聯邦國家，範圍包括波羅的海三國、芬蘭、白俄羅斯、烏克蘭、匈牙利、羅馬尼亞、南斯拉夫、捷克斯洛伐克，以抗衡蘇聯的威脅。因該設想其領土邊界分別有波羅的海、黑海和亞得里亞海，因此使用拉丁文名稱Intermarium，意為「海洋之間」。

羅斯農民的農奴化（上）

俄羅斯國家的強大和比較上等的各等級對西歐化運動束手無策、袖手旁觀的態度，使得宮廷和宮廷運用的外國專家對干涉俄羅斯歷史的作用大大增強了。而這個頭重腳輕的體制，對俄羅斯社會的下層施加了太大的壓力。從米哈伊爾、阿列克謝和費奧多爾朝廷的角度來講，他們最希望的是休養生息，使混亂時期損失的勞動力和生產恢復過來。西歐化運動製造的巨大壓力以及混亂時期造成的勞動力和納稅人損失加在一起，形成了他們雇傭的那些歐洲軍人和技術員無法解決的問題。這個問題最終變成了俄羅斯農奴化的關鍵因素。米哈伊爾沙皇時代的俄羅斯農村，還不存在後來在凱薩琳時期和亞歷山大時期被歐洲觀察家、十二月黨人和俄羅斯激進派稱為是俄羅斯東方特點和一切邪惡本質的農奴制。當時俄羅斯農村和基層社會存在的情況就是，混亂時期導致了大量的逃亡和南部邊境的開拓。早在莫斯科公國時代就開始的、由彼得大帝征服喀山和阿斯特拉罕所表現出來的那種向東南方向大草原的拓殖，以及烏克蘭戰爭開拓的、從波蘭人手裡面奪到的極其肥沃的烏克蘭黑土地，又吸引了大量的勞動力，使得農村的所有納稅人都面臨著勞動力緊缺的狼狽狀態。米哈伊爾和阿列克謝的朝廷一再發布詔書，要求在混亂時期結束以後，原先的農民返回自己的家園，恢復耕種，恢復納稅，穩定莫斯科國家的財政基礎。但是基本上所有的地主和所有的皇家土地都面臨著勞動力緊缺的問題。

農民在這種情況下很容易撕毀合同，尋找更好的機會。而且經常是，他們在這樣做的時候無論有沒有形式上的法律和政策，都很難受到懲罰。當時就有這樣的報告說，撕毀合同的農民逃亡以後變成了東正教神父，結婚生子以後回來被人揭發，但是新的地主並不願意犧牲這個來之不易的新農民，所以一味地庇護他。庇護以後，他又背叛了新的地主，再度逃亡，而法律無法追蹤他。現有的文獻顯示，跟意識形態專家的看法相反，在這個比彼得大帝的俄羅斯和凱薩琳的俄羅斯要落後不知道多少倍的十七世紀的舊俄羅斯，反而是沒有真正意義上的農奴制的。當時的農民簽署的土地契約經常是七年為期、十年為期或者十五年為期的。也就是說，沒有土地的農民從領主、地主或國家手裡面得到一塊土地，是可以不斷地重新簽署條約、待價而沽的。而社會的整體形勢是勞動力不足。因此經常出現的是，撕毀合同、溜之大吉的是農民本身，而按照合同權利、有權要求對方提出賠償的地主或國家經常找不到訴訟對象。而即使訴訟對象今後在某個地方冒出來了，由於勞動力短缺，其實也是不敢追究或不能追究他的。當時追究逃亡農民的法律期限是很短的，五年、七年或十年。而農民簽訂的合同的時間則經常長到十五年。也就是說，你租種了一塊土地，撕毀合同逃之夭夭以後，只要過上五年或七年，你自然就可以自動洗白。這使得農村的納稅結構無法穩定。

沙皇保守謹慎的朝廷不敢得罪任何一個階級。對農民來說，它採取的是姑息政策，對逃亡和撕毀合同的現象睜一眼閉一眼的政策。對於地主和貴族，它也不敢強行要求他們在勞動力不穩定的情況下維持自己原有的稅收。朝廷自身像是所有缺乏整體戰略的人一樣，消極地等待形勢的發展，希望形勢的發展本身能夠為他們提供解決辦法，而自己只是不斷苟且，提出臨時的方案。這樣一來，長達三個沙皇的朝代對於主要的納稅要求應該是放在農民身上還是應該放在地主身上是拿不定主意的，意義相反的各種詔書不斷地頒發下來。最後，在一六四九年法典顯示出的朝廷採取的各種自相矛盾的法令和措施當中，真正能夠堅持下來的實際上是蒙古人引進的戶口制度。戶口制度在蒙古人撤出的俄羅斯已經被視為是羅斯人的民族恥辱和東方專制主義的象徵。實際上，哪怕是在極其恐怖的伊凡雷帝時代，它的執行也是很不徹底的。但是在從上層建築方面來看似乎比伊凡雷帝時代更加開明和謹慎的羅曼諾夫王朝初期，戶口制度得到了恢復。國家利用軍役貴族來推行戶口制度，被證明是維持財政機器、國家機器和軍事機器的唯一辦法。

羅曼諾夫國家在行政方面的做法是，盡可能地將一切貴族，無論是舊的大貴族，還是在拓荒當中能夠在新的開拓地保證一定的居民組合平安而產生的那些新的貴族，統統納入軍役貴族這個階級。羅曼諾夫國家最缺乏的就是保衛這個缺乏天然邊界、人口明顯不足、而軍事壓力極大的國家的軍事集團。軍事集團和官僚集團是無法區別的，軍役貴族同時也是國家的官僚。軍區制的產生和演化，本身就是俄羅斯行政國家產生和演化的先驅。彼得大帝和凱薩琳大帝畫分的各省，從制度的淵源上講，就是阿列克謝沙皇的軍區的直接延伸，只是稍微換了一個名字。

也就是說，後來作為俄羅斯地方統治機構主力的各省，其實就是羅曼諾夫早期各軍區的直接繼承者。而後來彼得大帝時期的官僚貴族，也就是早期羅曼諾夫時代的軍役貴族的直接繼承者。軍役貴族在其所在的鄉曲，本身跟原來的農民村社一樣，也是國家的納稅人。混亂的土地制度，使得皇家土地、貴族擁有的土地和農民村社的土地經常犬牙交錯，增加了徵稅和整理財政的困難。而所有這三種土地共同的特點就是勞動力的嚴重缺乏，以及相互之間爭奪勞動力而耍出的各種既不符合法律、也不符合教義的花招。當時的俄羅斯社會內部的評論家往往痛罵，俄羅斯人的道德水準不但不如歐洲人，甚至連土耳其人、韃靼人和伊斯蘭教徒也不如。這跟這種混亂時期以後的社會混亂狀態和財政紊亂是有非常密切的關係的。

從這方面看，羅曼諾夫王朝初期的苟且和謹慎也是有道理的。這種局面下的王朝機構是一個頭重腳輕的局面，是經不起折騰的。如果沙皇太愛折騰，像伊凡雷帝那樣喜歡折騰的話，根基不牢的羅曼諾夫王朝可能就從半空中栽下來，不復存在了。唯一能夠拯救朝廷的做法就是謹慎地試探各方面的反應。無論政策和法律合理不合理，只要引起太大的波動就趕緊往後退，不引起太大的波動就慢慢往前走。東方式的戶口制度不光彩，但是管用，是羅曼諾夫王朝初期這幾位沙皇及其設立的各種衙門在阿米巴式探索過程當中最終被證明還能夠維持社會穩定和找到逐步增加財政收入的辦法的可行之道。但是正如阿米巴式探索的正常發展那樣，你探索的結果幾乎必然是會把國家的主要負擔壓在抵抗力最薄弱的那個團體身上。抵抗力比較強的團體，你如果招惹了他們的話，就會引起各種事端，然後你就會及時收手，為了避免引起事端而改變你的政策方向。能夠不引起事端而充分推行的那種政策，結果一般來說就是犧牲了社會最弱勢的團體。

羅斯農民的農奴化（下）

這種政策嘗試，在彼得大帝和凱薩琳大帝的時代最終變成了農奴制。農奴制的起源是不光彩的、曖昧的、非正式的。它最初是地方衙門在沙皇朝廷的默許之下、盡可能地避免其並非合法的各種勞動力再度逃走的手段。戶口制度就是，把原來你招攬來的勞動力，無論你是科斯特羅馬人還是薩拉托夫人，無論你招募的這些勞動力在來到你那裡以前是什麼人，你趕緊把他們編成東方式的、由蒙古人引進俄羅斯的那種戶口。編成戶口，然後通過地方聯防體制防止他們再度撕毀合同而逃亡，把追索農民逃亡的期限由最初的七年左右逐步延長，最後延長成為無限期。在各衙門的辦事手續當中增加農民放棄原有莊田、改換門庭的合同的摩擦難度，為此甚至不惜犧牲原有的封建法和教會法的傳統。

這樣的做小動作性質的法律改革引起了很多奇特的現象。例如，如果農民想要改換門庭去尋找新的主人，或者是修改原有的合同，縮短原有的合同期限，他就要面臨著違反東正教教規、使原有的婚姻和家庭都無法保證的危險。他這樣一撕毀合同，例如他的妻子或她的丈夫原先跟自己原有的土地所有人之間的合同期限與原來不一致，而你縮短合同期限的結果就要使你自身的家庭破裂。這個家庭破裂，原則上講是違反基督教教義和東正教教會法的，是不合法的，但是它可以通過技術性的、司法上的障礙，使你事實上在辦理各種手續的過程當中，你本身的家庭權利和家長權利都得不到保障。而這個摩擦期的長度可以很長，甚至長到一個農民能夠有效地作為勞動力而勞動的時間。事情發展到這一步以後，這一類小障礙在理論上、形式上和法律上沒有推翻農民可以用來保護自身家庭的教法的情況之下，可以使得農民再度遷徙的壁壘高到他無法承受的地步。就像是，十九世紀的英國法律是怎樣防止離婚的？答案是，使離婚的訴訟費用非常高，只有大貴族和有錢人才能夠承擔得起，因此普通人寧可分居和姘居也不願意離婚。俄羅斯國家防止農民再度遷徙的戶口制度，實際上也是用類似的手段，實現了一種不光彩的準農奴制。

戶口人口跟其他非戶口人口的主要區別就在於遷徙的困難。但是跟西歐自由主義經濟學家描繪的相反，在戶口地區有效地實現了編戶齊民制度的地方，至少是糧食和必要物資的供給穩定性反而會比自由地區更高。這跟俄羅斯地廣人稀、任何地方只要投入了勞動力就多多少少會有一些產出、技術水準的高低還在其次的狀態是有關係的。如果一個地方不斷發生農民逃亡的話，耕作很不穩定，動不動過上三年五年，原有的田地上又長出了草或者森林，然後下一批人來的時候又得砍掉樹、燒掉草、從頭開始，那麼你可以想像，該地的產出是極其不穩定的。相反，如果一個地方實行了編戶齊民制度，有效地穩定了勞動力，可以在二、三十年時間內穩定勞動力，這個土地是很有可能墾熟的。

而且，當時是俄羅斯國家大規模引用西歐技術的時代。它跟波蘭—立陶宛王國不同。我們可以注意到，波蘭—立陶宛王國之所以後來被認為是歐洲的一部分，有一個重要原因就是因為，他們引入西歐技術的管道是多元化的。有拉齊維烏公爵這樣的大貴族，有各個城市，各個城市內部的各個工匠行會，各個雇傭兵團隊。國王及其宮廷往往是最不積極的、最懶洋洋的。而莫斯科國家呢，基本上所有引進西歐技術的管道都跟沙皇及其衙門有關。相對於沙皇及其衙門，整個民間社會（如果還有民間社會存在的話）的態度都是消極的、更保守的、更落後的。沙皇的行政國家和編戶齊民體制能夠有效實施的地方（這些地方往往就是原來的皇家土地）引用西歐技術，比起修道院土地和各貴族自己招納了大批逃亡勞動力的各莊園，比起實際上經常在技術上是最落後的、但是形式上卻是保留了最多自治權的各村社，它是近水樓台先得月的，像索菲婭公主的射擊軍配備了王國最多的瑞典顧問和西歐武器一樣。編戶齊民從形式上看是受奴役最深的人，但是他們所墾的土地是最熟的，引用的西方耕作技術也是最多的，因此他們反而比那些形式上更自由的地區生活更加穩定。

十七世紀意義上的奴役主要就是關於遷徙自由。認真說來，無論國家、貴族還是教會，對農民所要求的無非就是讓你住在一個地方不斷生產出盡可能多的產品而已。有沒有自由，主要看你能不能隨便搬家。而搬家搬得越多，產量往往是越低。而且，搬家搬得多的農民，婚姻不穩定。這一點是非常要命的。婚姻不穩定，子女數目就少，戶口就不繁衍。無論是編戶齊民地區還是其他什麼地區，反正俄羅斯是不缺土地的。只要有人肯開墾，總有一些森林和草原可以供你開墾，無論在哪兒都是這樣。俄羅斯有缺乏土地的現象，那是幾百年以後的事情了。編戶齊民地區的農民有最大的家庭，子女數目最多，婚姻狀況最穩定，產出也是最多的。它跟遊蕩的赤貧農所耕種的保存了傳統自由較多的地區形成的差距越來越大。最重要的就是，編戶齊民制度、軍役貴族制度和軍區制度構成三位一體的相互支持，行政國家、軍事需要和財政需要環環銜接，構成了新俄羅斯國家的基礎。而由於沙皇的苟且和謹慎，向抵抗力最低方向發展的這個基本路數，使他沒有跟原有的貴族階級、教會階級和工商階級發生明顯的衝突。而軍役貴族，除了它的軍事色彩特別明顯以外，是能夠吸收五湖四海的冒險家和原有的大貴族階級的。

就這樣，在跟原有的莫斯科社會沒有明顯脫節的情況之下，羅曼諾夫時期的國家實際上已經具備了彼得堡國家在凱薩琳大帝和亞歷山大大帝時期的很多特點：一個依附於沙皇的脆弱的社會日益發展的二期農奴制，以及十九世紀自由主義者無法解釋也看不順眼的現象，顛覆西歐的政治經濟學定理，土地自由程度與農業發展程度呈反比。當然，這是在俄羅斯的所有土地相對於西歐而言都是生產力極低、但是仗著處女地的肥沃和土地的無限供給、可以彌補這方面缺陷的情況之下。這種現象能夠維持下去，跟俄羅斯處在歐洲邊緣地帶、俄羅斯社會所依賴的技術創新主要不來自於俄羅斯內部而來自於歐洲的狀態是密切相關的。新技術的引進跟俄羅斯社會本身沒有關係，因此俄羅斯人自由不自由關係就不大了。只要歐洲人自由，而沙皇足夠強大，能夠在外交上採取積極主動的措施，從西方引進先進技術就行了。引進的先進技術首先落到跟沙皇關係最密切的那些團體手上。因此，在歐洲本身是作為自由的產物和成果、在大多數情況之下是擴大了自由的那些技術成果，在羅曼諾夫國家卻變成了強化沙皇權力、擴大專制主義、促進農奴制的主要推動力。

這種現象不限於羅曼諾夫國家，今天的第三世界大多數國家都是這樣的。我們可以想像，海珊和納瑟這些人如果沒有西方的工程師（包括考古學家在內）給他做各種開發的話，不但阿斯旺大壩修建不起來，石油精煉廠修建不起來，甚至連建立在考古學基礎上的國家神話——以法老時代和巴比倫時代為基礎的伊拉克和埃及的民族神話都會建構不起來。如果沒有西方技術的輸入的話，海珊和納瑟的國家也只能是像馬穆魯克時代那樣，維持一種政變頻繁的軍閥統治。這些軍閥的權力不可能達到像海珊政權和納瑟政權的那個水準。如果沒有西歐技術的輸入的話，羅曼諾夫王朝的專制程度也會比實際上的專制程度要少很多。這一點在謹慎的早期三代沙皇身上表現得不明顯，因為他們是庸人。但是如果沒有他們的庸碌的話，選舉產生的羅曼諾夫王朝很可能沒有辦法通過長期延續而在俄羅斯社會獲得一定的正統性。

與西歐接軌，彼得大帝建立文官制度的表象

羅曼諾夫王朝的第四代終於又出現了伊凡雷帝死後的那種主少國疑的危險狀態。兩個年幼的沙皇並立，索菲婭公主攝政。射擊軍不服從王命，也不忌憚首都的工商業階級，恣意搶劫。這種情況在俄羅斯各階層的心目中喚起了混亂時代可能重來的恐懼。但是，有一點跟混亂時代的情況不一樣。混亂初期那個時代的俄羅斯國家，對於他們來說，波蘭人就是西方的化身。但是在阿列克謝和費奧多爾沙皇的時代，波蘭已經是西方的一個很不重要的部分。他們已經很熟悉瑞典軍官和德國工匠，英國和法國大使也常年駐在莫斯科的宮廷內部。所以，彼得大帝在政變奪權以後要自己跑到荷蘭去引進西方技術的各種準備條件，在當時都已經成熟。只要通向西方的技術輸液管仍然存在，新沙皇穩定局勢就不是很困難。它對於瑞典和波蘭的外交和戰爭不是一定成功的，但是壓倒俄羅斯社會內部的其他集團、穩定俄羅斯國家的任務是一定可以完成的。也因為這條管道的存在，波蘭人利用俄國的動亂再度捲土重來的危險幾乎不存在了。現在在西歐輸出者的面前，波蘭人和俄羅斯人幾乎是平起平坐的兩個邊緣地帶；而不像是在過去，波蘭代表歐洲，俄羅斯代表東方。

彼得大帝的銳意改革，其實是一系列相互矛盾的臨時措施的總和。應該說，彼得大帝的改革成果主要是通過後果來評價的。從政策設計的本身來講，他跟阿列克謝和費奧多爾兩位沙皇

彼得大帝的西歐體驗

沙皇彼得一世在1697-1698年間，親自領導了一系列對西歐的出使行動。在荷蘭停留期間，彼得一世曾經在造船廠中與工匠一同工作，了解造船工藝，成為日後組建俄羅斯帝國艦隊的基礎。圖片左側身前有鋸子的人即是彼得一世。

彼得一世的西化使命，就是打開波羅的海的出海口，跳過波蘭直接從西歐輸入更先進的技術與文化，營建並遷都聖彼得堡便是這個使命的體現。彼得和他所代表的聖彼得堡新君主制，在外交和軍事上獲得極大成功，把俄羅斯由東歐強國變成歐洲強國。

但是底層的東正教社會從中得到的僅僅是奴役和更大的壓迫而已，俄羅斯的農民體系，在彼得及其繼承人的統治之下變成了徹底的農奴制。

沒有什麼明顯區別，都是頭痛醫頭腳痛醫腳，而且是順著這兩位沙皇的改革方向走的。他依靠的是官僚集團，這個官僚集團雖然被他授予了貴族稱號，但是它是一個吃俸祿的集團。原先的軍役貴族被吸納到了這個新的官僚集團當中來。他們即使原來有什麼品級和地位，今後能不能發家致富，能不能取得社會威望，主要看他們做官能不能成功。這就是為什麼後來納博科夫家族在亞歷山大沙皇的面前表示，與其沙皇賞給他們一個貴族爵位，不如給他們一筆錢。英國貴族和法國貴族不會有這樣的想法，因為他們的貴族相對於國家是有獨立性的。一個歷史悠久的貴族爵位，比猶太資本家羅斯柴爾德的錢要值錢很多。很多美國富翁願意讓自己的女兒帶著巨萬的家產嫁給一個破落的英國莊園主，因為他的貴族爵位是非常值錢的。但是在俄羅斯官僚的眼中，貴族爵位卻沒有沙皇賞的一筆獎金值錢。這當然是因為，彼得大帝以來所謂的貴族和官僚機構本質上是重合的。

它跟羅曼諾夫王朝初期的軍役貴族的唯一區別就在於，它為了跟西歐接軌，建立了文官制度的表像。但是，文官的主要功能其實就是總理各國事務衙門，將西歐經驗通過官僚機構普及到俄羅斯帝國的各個階級。而且，這種改革也是不徹底的。例如，直到十九世紀末期，俄羅斯的文官到退休年齡的時候，如果像我們敬愛的普丁同志一樣，當差謹慎，不求有功但求無過，幾十年下來沒有犯任何錯誤，那麼沒有問題，你可以向沙皇申請獲得一個軍職。杜斯妥也夫斯基有一部著名小說叫做《白癡》，裡面曾經引用過一個俄羅斯民謠說是，寶寶在搖籃裡穿金戴繡，長大以後順順當當可以當將軍。這並不意味著他今後要去當兵打仗。任何做官的人，哪怕做的是純粹的文官，只要平平安安退休，都可以為自己弄到一個將軍的頭銜。這是過去羅曼諾夫王朝早期的軍役貴族制度和彼得堡政權新的文職官員制度仍然具有歷史承襲關係的一個證據，可以說是對舊的軍役貴族制度的一個贖買政策。

彼得大帝的行政國家當然也是過去的督軍和軍區的一個直接延續，只不過引用了正在產生的西歐制度的經驗。新的俄羅斯帝國的省長，不再像是舊俄羅斯帝國的督軍那樣被各階級抱怨是一個沒有薪水、卻有尚方寶劍的貪汙犯和掠奪者。新時代的俄羅斯省長給人留下的印象，通常就像是屠格涅夫《貴族長的早宴》那部劇本所說的那樣，他是在比較愚昧和混亂的社會當中的一個西歐文化的代表。他受沙皇和彼得堡衙門的命令來到地方上，通常是帶著「農業改良手冊」或者「英國陪審員制度和地方自治局手冊」之類的，準備替沙皇和國家搞一點建設事業。當然，他也不是沒有薪水的。彼得堡國家在財政方面取得了突破，至少彼得堡帝國的文武百官的薪俸和優裕生活是沒有問題的。沙皇給他們的獎金，按照西歐標準來看也是相當充裕的。

他們不再像過去舊時代的督軍那樣，必須依靠戰時徵用物資的權力（這個權力本來是為了軍隊需要的）來為自己私人和家庭牟利。比如說，我要為軍隊徵集馬料，給我搞一些大豆來，要不然波蘭騎兵打過來的時候，我們俄羅斯人的馬不肥，怎麼能行？同時你別忘了，我們家還需要很多木柴呢。我太太說過了，今年冬天我需要八百捆木柴。你在給軍馬搞來那些大豆的同時，別忘了把木柴送到我們家後院哦。新時代的彼得大帝的各省省長是不大可能幹出這種丟人現眼的事情的。這當然並不意味著他們不貪汙。凡是專制國家的官僚，總是跟貪汙結不解緣的。但是即使是貪官，也往往是帶有一系列李鴻章性質的貪官。貪是貪了，但是洋務企業還是辦起來了，鐵路公路還是修了，水利河渠之類的還是按照西歐標準改良了。俄羅斯新的省區制度跟比如說法蘭西的省區制度相比起來的話，可以看出，彼得大帝的俄羅斯的各省省長的權力是要大得多的。儘管法國在西歐是行政權力最強的國家，但是法蘭西帝國和法蘭西共和國的省長真正能夠行使的權力都是相當小的，不像是聖彼得堡朝廷派出去的那些省長，擁有所謂興利除弊的巨大權力。他們本身在自己的省區裡面就是一個小型的彼得大帝。他們任用的人當中有很多都是貪官，他們自己也是貪官，但是他們確實是負有改革的使命和引入各種新文化新技術的使命。通常至少要建立幾個學徒工廠，培養一批技術學校的子弟出來，他們才能夠善罷甘休。否則很難滿足沙皇朝廷對政績的追求，也滿足不了他們自己這個新興的、由官僚貴族組成的聖彼得堡社交圈對恭維和讚美的需要。

低人權廉價勞動力：彼得時代的「編戶齊民」

聖彼得堡朝廷的成功，除了那些傳說故事中所描述的「彼得大帝親自當學徒」、「在波羅的海建立起來的三桅艦隊萬里遠航到義大利，到希臘海岸去把土耳其人打得屁滾尿流」之類的傳說以外，最關鍵的因素還是他們在財政上能夠打開局面。在財政上能夠打開局面，也跟「文景之治」——羅曼諾夫王朝早期的三位沙皇的休養生息有很大關係。在他們不知不覺的、經常受人詬病的統治之下，俄羅斯人口已經倍增。倍增以後的俄羅斯人口，特別是中央俄羅斯，相對於黑土地來說比較貧瘠、但由於處於非常安全的內地而不會受到韃靼人擄掠、不需要很強的軍事保護就能夠人口繁殖、同時也是莫斯科國家推行編戶齊民推行得最徹底、農民的傳統穩定性最大的那個地區，在彼得大帝的時代已經很經得住折騰了。如果我們假定中央俄羅斯的人口仍然像伊凡雷帝時代那樣稀疏的話，彼得大帝搞出來的那些大規模的折騰，比如說修建一個一半都被淹在水下的聖彼得堡城池諸如此類的偉大活動，很可能把他或者他的子孫的下場搞得跟伊凡雷帝的子孫一樣的淒慘。正是由於有這批國家可以隨意號令的大量廉價勞動力的存在，彼得大帝才能夠在官僚制度普遍徇私舞弊的情況之下，推行西歐化的新經濟建設，還能夠獲得相當大的利潤，極大提高了俄羅斯的收入。

當然，這樣做是要進一步武斷地擴大本來其實並非基輔羅斯傳統、甚至都不能說是莫斯科公國和蒙古制度傳統的編戶齊民制度，進一步升級為農奴制度。我們要注意，從制度本身延伸的邏輯來看，農奴制度是蒙古式編戶齊民制度的退化版。這個退化，是由於莫斯科社會畢竟比蒙古社會更接近西歐、除了編戶齊民地區還有其他各種使用的習慣法不同的社區的緣故。

農奴制被西歐學者和俄國自由派說成是奴役的化身，但是農奴受到的管制在各方面都比它的原型——蒙古帝國和清國沿用的那種編戶齊民制度要輕得多。

彼得大帝知道俄羅斯本身的物質資源是充足的，只要稍微引進一些西歐的技術，各方面的生產力都能夠極大提高。對於他來說，他可以運用而不引起重大問題的主要資源就是大量的、可以隨便遷移的、依附於皇家的勞動力。他只需要運用樞密院和皇家敕令，通過憲法上的改革，以正式的君主制取代東正教傳統的所謂專制君主。這兩個詞在漢語當中幾乎沒有區別，但是在俄語當中是有很大區別的。君主制是一個西歐翻譯來的名詞，意味著彼得大帝和凱薩琳大帝是路易十四和路易十五那種意義上的絕對君主，但是他們並不是拜占庭皇帝意義上的那種專制君主。專制君主是一種大家長的君主制，沒有經濟和效率的觀念。而西歐君主制是一種有法制的、合法的君主制。彼得大帝的意思是，他和路易十四是一模一樣的，但是跟拜占庭皇帝是不一樣的。在建立君主制的過程當中，也要相應建立樞密院，建立文官體制，建立類似西歐的司法體系，進行法典編纂。在這個過程當中，他可以極大加強自己的權力。

他非常野蠻地運用了這些權力，其中之一就是把沙皇使用軍役貴族的權力大大擴充了。所有的俄羅斯貴族在彼得大帝的時代以後都欠著國家終身服役的義務。相應的，在財政和稅收方面，除了貴族以外的其他階級被解除了服役的義務，但是他們必須為此拿出更多的錢來。這筆錢本身就是一筆巨大的收入。而他新建立起來的國有企業的衙門依靠壟斷貿易的方式，向本身至少是糧食和物資相當充足的俄羅斯社會進行不等價交換，又為他賺到了相當多的金錢。編戶齊民的農民（這時還不能稱為農奴）也為此付出了代價。本來早期羅曼諾夫國家的管理是很混亂的，各個時期的傳統都還在發揮作用。也就是說，農民村社和貴族地主其實都是有兵役義務的。在彼得大帝時代以後，他們不再有這方面的義務了。但是作為交換，他們必須承擔建設性義務，比如說修建海軍。這些義務，是他們的貴族老爺承擔了全部軍役負擔的一個補償。因此，在貴族終身為沙皇服兵役的同時，編戶齊民也必須終身為沙皇服勞役。勞役不用送命，但是必須不斷地幹活。幹活的多少，是憑國家建設需要的。理論上講，可以像阿列克謝沙皇和漢文帝那樣不修工事，讓你服N多年勞役而實際上一點都沒服勞役；也可以像彼得大帝本人那樣好大喜功，中央俄羅斯各省居民自帶乾糧，千里迢迢地跑到一片荒蕪的沼澤地，在沼澤地上面修海軍碼頭，修聖彼得堡的皇宮。普希金[3]關於彼得大帝銅像的詩歌《青銅騎士》，就淋漓盡致地描繪了彼得大帝既是英主又是暴君的這個兩面形象。聖彼得堡的建城是一將功成萬骨枯。犧牲的主要不是軍人，而是被迫從事東方式野蠻勞役的大量俄羅斯編戶齊民。他維持這些編戶齊民勞動力的穩定，靠的就是已經有效推行了幾代的戶役制度和編戶齊民制度。

當然這樣一來，這些被徵用的編戶齊民和那些沒有被徵用的編戶齊民之間差距就很明顯了。本來他們是作為皇家的依附者，在技術上占便宜，但是以前還沒有承擔這麼多負擔。這麼多負擔一旦搞出來以後，即使他們的家庭更大更穩定，相對於沒有這些負擔的其他種類的農民來說，他們就變成吃虧的一方了。這種不平衡的現象當然不能繼續下去。彼得和彼得以後的幾任沙皇為了給貴族階級所承擔的重大犧牲提供補償，也為了避免由於農民的待遇不平衡而導致農民逃亡的現象和撕毀原先契約的現象變本加厲，逐步就使得所有貴族莊園的農民都像皇家土地的編戶齊民一樣不能任意遷移。不能任意遷移的期限由十五年或幾十年變成終身，由終身變成幾代。在十八世紀末十九世紀初終於變成了，不單是往往由赤貧農和逃亡者建立的那些莊園，而是所有的村社，包括完整地保存了蒙古時代原始傳統的那些村社和修道院村社，都變成了未經其領主批準就不能夠隨便遷移、而領主的批準是極罕見特例的這種狀態。這種不能隨便遷移的狀態，在歐洲觀察家的眼中就是赤裸裸的奴役和農奴制。但是如果沒有這樣的負擔轉嫁體制，彼得大帝恐怕不能夠順利地奪走修道院和教會系統殘餘的特權，利用尼康總主教，把東正教教會變成俄羅斯沙皇的準特務，在教會本身嚴重分裂的情況下繼續維持俄羅斯社會；不能

3 普希金（一七九九－一八三七年），俄羅斯詩人、劇作家、小說家、文學批評家和理論家、歷史學家、政論家。是俄國浪漫主義的傑出代表，俄國現實主義文學的奠基人，是十九世紀前期文學領域中最具聲望的人物之一，被尊稱為「俄國詩歌的太陽」、「俄國文學之父」，也是現代標準俄語的創始人。不僅支持十二月黨人的某些觀點，更提出了專制制度與民眾的關係問題，貴族的生活道路問題、農民問題；並在自己的作品中塑造了有高度概括意義的典型形象：「多餘人」、「金錢騎士」、「小人物」、農民運動領袖。這些問題的提出和文學形象的產生，大大促進了俄國社會思想的前進，有利於喚醒人民，有利於俄國解放運動的發展。

再把過去的各種貴族都吸收到官僚系統內部，並且用難度比過去的波蘭戰爭和瑞典戰爭大得不知道多少倍的歐洲式戰爭的巨大負擔壓在俄羅斯貴族階級的身上，同時還能夠強迫他們大幅度提高自己的教育水準和生產能力。

聖彼得堡的畸形體系逐漸被打破

關於彼得大帝末年的開支，聖彼得堡朝廷的大部分預算都是投入軍隊和官僚階級的。在軍隊當中，首都的禁衛軍又占據了特別大的比例。為它提供主要收入的，是開通波羅的海和北海航道、通過俄羅斯國家官督商辦形式建立起來的那些現代化貿易衙門。這些現代化貿易衙門在貪汙腐化盛行、技術水準雖然比原先的俄羅斯更先進、但是比起西歐來說仍然普遍落後的情況下仍然能夠大幅度盈利，關鍵就在於，它依靠過去已經運行得很好的編戶齊民制度和正在產生的農奴制度，獲得了以西歐標準來說是低人權優勢的極廉價、無限供給的勞動力，以及俄羅斯內地按照西歐標準幾乎是無限可開發的巨大市場。這兩者，使它建立起來的壟斷企業的衙門，對於俄羅斯國內來說是從無到有地建設起來的各種先進企業，能夠為它產生出大量收入。主要是犧牲了俄羅斯為數眾多的別無選擇的消費者，他們只能購買官督商辦企業所生產的那些比西歐產品更劣質、但是又通過俄羅斯帝國關稅壁壘政策能夠有效地把外國更加先進的產品排斥在外的「半洋貨」。俄羅斯帝國的財政以他們為主要犧牲品，出現了極大的豐盈。

一方面，洋務企業提供的收入非常巨大；另一方面，為了保護洋務企業而設置的高關稅使得俄羅斯海關的收入成倍增長。這樣增長起來的巨額收入支持了一個彼得堡的畸形體系，這些收入的絕大部分都用在不出彼得堡方圓二十里的這個小小區間了，而禁衛軍所獲得的收入又極大地超過了官僚體系和其他軍隊。僅僅從財政比例看，彼得大帝死後發生的一系列政變就可以解釋了。獲得最大分額的禁衛軍和禁衛軍貴族輕而易舉地廢立沙皇，廢去了沙皇的太子，讓沙皇的妻子擔任女皇，然後又在德國外戚統治的時代發動了一系列政變，最後產生了彼得大帝女兒推翻小沙皇伊凡的聖彼得堡政變。這次政變最終把彼得三世的德國媳婦凱薩琳大帝推上了聖彼得堡的宮廷。這一時期在彼得堡的帝國當中是一個極其奇特的時期，是我們可以稱之為洋務運動的主要成果畸形地集中於首都、而首都的禁衛軍和食利者階級一多半是德國人和歐洲人的特殊階段。凱薩琳大帝開創了俄羅斯帝國的啟蒙主義階段，從財政的意義上講就是把維新運動的成果從聖彼得堡推向各省。用一個受西歐新式教育的官僚貴族階級，將原先聚斂和集中在聖彼得堡的可以興利的各項目普遍推向俄羅斯全國，使得各地方也可以雨露均沾，得到歐洲文化的恩澤和新時代的技術成就。

經過凱薩琳大帝時期的改革，到保羅沙皇和亞歷山大沙皇的時代，產生了在彼得大帝時代還基本不存在、在凱薩琳大帝時代逐步由受過教育的官僚貴族階級和各省省長推向全國各省的新式莊園。這些新式莊園後來到十九世紀末期又被《奧勃洛莫夫》[4]和俄羅斯文學家嘲笑為非常落後的典範。但是我們不要忘記，是這些新式莊園對過去編戶齊民土地和舊式村社的取代，支持了凱薩琳大帝時期俄羅斯的霸業，也使得俄羅斯在整個十八世紀不至於偏離歐洲標準太遠。到凱薩琳一朝的末期，外省的貴族普遍都受過教育了。這一點在阿列克謝沙皇時代還是非常罕見的。阿列克謝沙皇時代的貴族被人描寫為，留著大鬍子，在沙皇問話的時候目瞪口呆，結結巴巴，說不出什麼好主意。而凱薩琳時期的貴族已經是以法語為母語，習慣於閱讀伏爾泰和盧梭的著作，自己的子弟在上禁衛軍學校以前至少是受過基本教育的。儘管凱薩琳大帝的統治並沒有根本上改變「俄羅斯社會的創新輸入源在俄羅斯帝國境外」這個根本性的矛盾，但是相對於彼得大帝到伊莉莎白女皇這一段時間聖彼得堡和外省形成尖銳對立、彼得堡朝廷極度孤立的這種狀態來說的話，俄羅斯帝國在凱薩琳沙皇的時代看上去已經像是一個跟法國人和德國人相比起來可以算得上具有歐洲風格的真正帝國，而不再像是一小撮宮廷冒險家和禁衛軍對愚昧臣民執行東方式專制的畸形國家了。在這方面，法國啟蒙運動的作家，像百科全書派這些人，接受凱薩琳大帝的資助，在歐洲為她做宣傳，也為改善俄羅斯帝國的公共形象發揮了很大作用。

俄羅斯帝國的外交政策在第二次烏克蘭戰爭以後，就逐步由以過去的征服者和上司波蘭為主要敵人、打破波蘭對東歐的壟斷地位、為俄羅斯國家爭取生存權，轉為聯合已經衰弱的波蘭，打擊在三十年戰爭中以犧牲波蘭為代價、自己成為北歐主要強國的瑞典。在彼得大帝時期，打擊瑞典人的政策獲得了主要成功，通向歐洲的門戶完全敞開以後，俄羅斯才真正捲入歐洲的國際政治。拿破崙戰爭和亞歷山大沙皇的勝利，使得俄羅斯正式取代舊歐洲的君主國，變成歐洲的主要平衡力量和歐洲保守勢力的最後依靠。在拿破崙勢力最強大的時候，英國人看到過去曾經作為遏制法國的主要力量的哈布斯堡王朝和普魯士人都已經不中用，一度扶持俄羅斯人來代替他們的地位。但是這段時間是很短的。在維也納會議召開以後不久，由於梅特涅的奧地利帝國成功地恢復了哈布斯堡王朝作為歐洲平衡者的地位，俄羅斯帝國的干涉又變成多餘的了。

俄羅斯的批評家往往認為，亞歷山大使俄羅斯社會做出了過大的犧牲，而得到的利益只是歐洲的舊君主國。然而，俄羅斯帝國得到的主要利益並不是狹義的國家利益，而是羅曼諾夫王朝自身的正統性和歐化的俄羅斯貴族階級在俄羅斯社會的正統性。這兩者在凱薩琳沙皇以前是完全靠不住的，在凱薩琳沙皇以後也有很多歐洲國家（尤其是驕傲的法國波旁家族）是經常不承認的。在維也納會議以後，羅曼諾夫家族反而變成了歐洲正統君主當中最堅強的正統堡壘。

4 《奧勃洛莫夫》是發表於一八五九年的長篇小説，俄國小説家岡察洛夫的代表作。小説塑造了奧勃洛莫夫這個「多餘人」的形象，善良，正直，對令人窒息的現實不滿，但他不想行動起來改變現實。今日已被公認為描繪俄國民族性格的經典作品。

由於它在歐洲充當歐洲保守秩序的憲兵隊的這個特殊作用，反過來，俄羅斯本身的貴族階級在俄羅斯社會的正統性也得到了穩固。這兩者的角色其實是相反的，因為俄羅斯的官僚貴族階級在俄羅斯社會內部是歐洲化的力量，但是他們在歐洲卻是最保守的力量。在俄羅斯境內，至少是在負責任的各階級當中，在十二月黨人以前，他們是改革力量和激進力量；而在歐洲，他們卻是保守力量。這一點本身也表現了，俄羅斯作為歐洲邊緣的社會，在世界歷史上的尷尬地位。

俄羅斯國家在彼得大帝和伊莉莎白女皇之間，基本上是宮廷和禁衛軍的國家；在凱薩琳大帝和亞歷山大一世之間，基本上是貴族階級的國家；在亞歷山大一世以後，整個十九世紀，是地主和資產階級開始分享權力的時代；十九世紀後期以後，農奴制度解散以後，則是俄羅斯基層社會解體和動盪的時代。大體上講，彼得堡時期的俄羅斯就可以分為以上的這幾個時代。從俄羅斯相對於歐洲的地位來看，十二月黨人以前的亞歷山大一世的時代，可以說是彼得堡沙皇朝廷達到的歷史高峰。

【延伸問答】

01

彼得大帝擊敗瑞典後，為何將君主稱號由凱撒改為Imperator？既然自許為第三羅馬，還有比凱撒或者Augustus更合適的帝號嗎？

彼得大帝就是要把俄羅斯的拜占庭式君主制改成歐洲式絕對君主制。這兩個詞在中文當中是沒區別的，但是它們的法理意義卻是差得很大的。他想要做跟維也納皇帝同一性質的西歐君主，而不願意做跟拜占庭皇帝同一性質的東正教專制君主。彼得大帝本人寫過一篇論君主制的論文，其中詳細闡述了君主制對俄羅斯的好處，以及他設想的未來的西歐式君主制。

02

沙俄禁衛軍和奧斯曼帝國耶尼切里禁衛軍都曾多次廢立君主，請您比較一下這兩支禁軍的階級基礎及其在各自國家憲制當中的地位？

從根本意義上來講，俄羅斯帝國和奧斯曼帝國都是站在西方和東方之間、利用西方秩序去征服東方的帝國。無論是俄羅斯的禁衛軍還是奧斯曼的禁衛軍，都是以帝國最歐洲部分的青年為基礎的。奧斯曼帝國的核心是巴爾幹，依靠巴爾幹的兵源來征服軟弱的亞洲。俄羅斯的禁衛軍往往是歐洲人和客卿。這是吃秩序差額的邊緣帝國的共同特徵。但是，俄羅斯帝國的禁衛軍基本上是總理各國事務衙門的軍事版。彼得大帝的官僚貴族的階級發源地是莫斯科的軍役貴族，軍役貴族是俄羅斯帝國的核心，而軍役貴族當中最歐化、甚至本身就是歐洲人的就是禁衛軍。禁衛軍控制軍役貴族，軍役貴族控制俄羅斯帝國本身。禁衛軍代表了俄羅斯帝國最西化的部分。但是土耳其禁衛軍並非如此。奧斯曼帝國內部最西化的部分是海軍事務衙門。這個衙門不僅管著海軍，而且還管著為海軍提供重要資源（例如造船用的木材）和重要港口的好幾個省分。這幾個省分是海軍衙門省分。海軍衙門基本上是由出身義大利、但是改信伊斯蘭教的叛教徒帕夏控制的，這個衙門才是土耳其的總理各國事務衙門。

03

遷都涅瓦河口之後，舊都莫斯科在帝國體制內處於何種地位，發揮了怎樣的政治影響力？彼得之後的幾代沙皇，是如何安撫和防範莫斯科的傳統利益集團和政治勢力的？

莫斯科是耶路撒冷的替代，代表神聖的南方，被敵基督踐踏的受難的俄羅斯大地。莫斯科的貴族並不足以形成一個可以威脅聖彼得堡的利益集團。他們就像是北洋軍興起以後的滿蒙親貴一樣，已經不具備能夠跟彼得大帝的西化新軍對抗的另一個軍事中心。它更像是明國的陪都南京，甚至陪都南京的法理地位也沒有。主要是一批退休養老的官員和發財致富想要進城的外省地主的樂園。他們的生活方式比聖彼得堡要鬆散得多，在政治上是基本上不構成一股力量的。宗教意義上，受苦受難的俄羅斯農民所渴望的南方，莫斯科的聖母院和教堂跟莫斯科的地主貴族沒有什麼直接關係。莫斯科大主教的宗教權威和修道院的權威仍然存在。

聖彼得堡是一個軍事和外交的衙門林立的地方，是充滿了德國人、法國人和瑞典人的地方。從宗教角度來講，聖彼得堡是微不足道的，莫斯科的神聖地位主要依靠宗教方面的力量來維持。俄羅斯帝國的處理宗教事務的衙門，跟莫斯科的潛在的宗教威望之間關係一直是相當緊張的。從政治上來講，彼得及其繼承者基本上沒有做過任何安撫莫斯科的事情。莫斯科對於它來說只是外省城市當中最大的一個，基本上是擠出資源來維持歐洲人的聖彼得堡的一個外省城市。從宗教和意識形態上講，莫斯科恢復其重要性，實在是在亞歷山大沙皇以後的事情，本身就是在俄羅斯進一步介入歐洲政治、俄羅斯本國的歐洲式君主制和俄羅斯東正教社會之間的緊張關係需要有一個意識形態方面的解決的時候才開始出現的。在凱薩琳大帝以前的那段時間，連這個因素都是幾乎不存在的。

04

彼得大帝的激進改革成果能夠在其身後延續下來，是否因為俄國不像奧斯曼帝國一樣存在一個強大的禁衛軍保守復辟集團？請您比較一下這兩個專制帝國的近代化改革。

俄羅斯如果有一個保守反動的中心，那麼它就是廢太子本人。彼得大帝的皇位傳給了妻子而沒有傳給兒子，本身就是兩者之間緊張關係的證明。但是廢太子在政治上是絲毫也沒有力量的。他代表俄羅斯的保守力量，卻不得不依靠彼得大帝模仿的西歐君主國的庇護。而他自己的生活方式跟奧地利帝國和西歐是格格不入的，以至於他最後寧願回到俄羅斯帝國去迎接死亡，也不願意在西歐生活下來。這本身就說明了俄羅斯保守勢力是處在怎樣一種狀態，他們是無法形成一個有形態的政治集團的。彼得以後的俄羅斯帝國，在凱薩琳大帝以前的那幾十年，就是以歐洲軍事貴族為核心的聖彼得堡貴族集團。這個貴族集團在整個俄羅斯帝國的廣闊領土和人口當中，可以說比英國人在印度還要孤立好幾十倍。但是整個帝國也沒有辦法找出任何可以在政治意義上能夠跟它對抗的集團，頂多是在意識形態、宗教和民間的潛勢力上。

土耳其的禁衛軍能夠被稱為保守，通常指的是十九世紀在銳意變法、引進拿破崙時代的歐洲軍事教官的蘇丹統治之下既得利益受到損害的土耳其禁衛軍。但是在彼得大帝那個時代，這種格局還不存在。那個時代的土耳其禁衛軍很難被稱之為是土耳其帝國的保守力量。如果說土耳其帝國有保守力量的話，它的代表很可能是伊斯蘭教法學家，特別是那些沒有辦法被君士坦丁堡的穆夫提統戰過來的民間教法學家。在土耳其蘇丹面前，君士坦丁堡的大教長通常是代表著人民的利益和保守的利益。但是在整個伊斯蘭教教法學家的宗教界，它已經算是最親政府、最親蘇丹、最激進的力量了。

05 大清的總理各國事務衙門發育坐大之後，最後取代了東亞傳承千古的官僚體系。那麼請問，彼得大帝開創的洋務機構與俄羅斯舊制的平行關係是如何演化的？

總理各國事務衙門並沒有能夠取代兵部。儘管新式軍隊完全掌握在總理各國事務衙門手裡面，但是兵部的業務還繼續存在。等於是在原有的機構之外另外產生了一個新機構，原有的機構是繼續存在的。而彼得大帝通過樞密院，是整頓了整個俄羅斯帝國的官制的。新的官僚貴族，首先由貴族子弟在彼得大帝設立的那些各種技術學校接受學習。最多的就是類似士官生學校的各種軍事技術、歐洲式兵種的學校，也有很多是技術學校或者行政學校。在短期學習以後，就獲得了加入彼得大帝的軍隊或者官僚體系（這兩者是不區分的）的資格。這個新式的、以軍役貴族為核心的官僚貴族，就是俄羅斯帝國本身。按照歐洲標準以及十九世紀自由主義的標準來看，這些很像是講武堂和滇軍那種關係的軍事學校和技術學校的品質是有問題的，是急於求成的。但是彼得大帝的少年貴族子弟多半都是由這樣的學校訓練出來的。他建立了一個完整的官僚體制，維持了彼得大帝以後的俄羅斯帝國幾百年的江山。這個作用跟總理各國事務衙門是完全沒辦法相比的。

06

假如莫斯科公國未能坐大，立陶宛公國會不會東拓開疆，在占據了一部分俄羅斯的生態位之後，再回頭與波蘭、瑞典形成一種三強博弈關係？哈布斯堡王朝能否通過調控這種三角博弈，來平衡新教世界的崛起？

立陶宛在把烏克蘭移交給波蘭以後，已經沒有這個機會了。立陶宛開拓基輔羅斯，已經控制了基輔羅斯的核心地帶，也就是烏克蘭。但是在這個肥沃的核心地帶和通向黑海的口岸都交給波蘭（這是基輔羅斯舊貴族為了跟立陶宛大公國傳統貴族抗爭而得出的結果）以後，立陶宛已經不具備在瑞典和波蘭之間相互博弈的機會，也失去了繼續吸收羅斯諸邦的傳統動力。拉齊維烏公爵企圖把立陶宛拉出來跟瑞典結盟的失敗，表明這時候的立陶宛已經失去了討價還價的能力。相對於具有成熟的歐洲化君主制度和文化、經濟、政治體制的波蘭，立陶宛的人口比波蘭要少得多，異教色彩始終存在。之所以能跟波蘭平起平坐，主要就是依靠它的邊疆性質。

立陶宛失去烏克蘭、莫斯科在東方崛起以後，立陶宛的邊疆性質不復存在，它就變成一個依附於波蘭的小邦，看樣子是遲早要被波蘭吸收掉的。這就是為什麼拉齊維烏公爵要急於把瑞典人引進來，寧願跟比波蘭人更加歐洲化的瑞典人聯盟，打通西北歐新教徒的通道，以此抵制天主教的波蘭—烏克蘭聯盟。對於哈布斯堡君主國來說，波蘭人是一個沒有用處的盟友，瑞典人是一個非常危險的敵人。瑞典人能夠動員德意志的新教各邦，而波蘭人則動員不了德意志的天主教各邦。如果立陶宛的勢力歸附到瑞典那一方面的話，對於哈布斯堡君主國來說只能說是一個更加危險的存在。但是要讓哈布斯堡君主國介入東歐的外交體系，則是過度透支它的資源了。對於它來說，控制東歐的各小邦、控制薩克森人已經是力量的極限了。在沒有辦法投入資源的情況下，哈布斯堡帝國的東歐外交假如有的話，也不會比路易十五的東歐外交執行得更順利。也就是說，它實際上是沒有能力干涉任何可能存在的三角關係的。

07

彼得大帝死後幾十年間，在君權授受之際反復發作的政爭與政變，是否折射了彼得大帝激進改革撕裂國家和社會之後衍生的不良反應？在這個過程中，為何頻繁出現女性沙皇，是為了將來女性沙皇在選擇繼承人問題上會更容易接受貴族的制約嗎？

羅曼諾夫家族的孩子當中，體弱多病的好像都是男性，女性卻往往是特別耐折騰、特別健壯的那種。從索菲婭公主的時代一直到末代沙皇尼古拉二世的血友病太子阿列克謝，情況一直是這個樣子的。這裡面不知道有沒有什麼遺傳性的因素。但是，女沙皇的執政都是有具體的利益集團的。彼得大帝去世以後，皇后的執政是聖彼得堡軍事貴族直接干涉的結果。只有這樣，他們才能夠保證他們在彼得大帝後期獲得的既得利益和國家路線不被逆轉。日耳曼系外戚的統治，基本上是維持荷爾斯泰因北德的那一個宮廷集團的利益。

伊莉莎白女皇發動的政變，是聖彼得堡軍事貴族整體對這個無功於國家的外戚集團的反動。凱薩琳則是順應了歐化俄羅斯貴族的想法。他們感到，在彼得大帝去世以後，俄羅斯當時引進的西方新文化和新技術又被十八世紀的新歐洲漸漸甩在後面。他們作為一個介於歐洲和俄羅斯社會之間的中間集團，有同時被俄羅斯社會和歐洲拋棄的危險，帝國有急劇變革的需要。當然，這些女沙皇本人能夠敏銳地駕馭政治形勢。

而且，她們的體格也是非常強健的，在軍事政變當中能夠指揮禁衛軍。按照當時作家比較粗俗的說法，彼得大帝的妻子有農婦一樣健壯的體格，在冰天雪地的長途行軍當中能夠挺得住。後來尼古拉二世的血友病太子和跟彼得曾經共同執政過的伊凡沙皇的體格可是經不住這一套的。這一點也起了非常重要的作用。帶不動兵的女沙皇是沒有辦法執政的。日耳曼系外戚的失敗有一個重要原因，就是幕後操縱這些小沙皇的王后和外戚全都是不能領兵作戰的。這樣一來，即使是他們本身的權力源頭是彼得大帝的禁衛軍，最終禁衛軍也還是擁護了能夠領兵打仗的伊莉莎白和凱薩琳。

08 彼得改革之前與之後，直到凱薩琳盛世，帝俄的財政收入來源的組成及其比例有變化嗎？

彼得大帝以前的俄羅斯是極其窮困的，跟其廣大領土一點都不相稱。彼得大帝以前和以後的俄羅斯，在財政上是兩個不同的等級。彼得大帝以前的俄羅斯，羅曼諾夫初期的幾位沙皇的收入不如一個英國大地主或者一個法國公爵。而彼得大帝以後的俄羅斯，才拿得出可以跟土耳其蘇丹和西班牙國王平起平坐的財政軍事力量。按照黎塞留時代和三十年戰爭時代的名言，錢袋子就是軍事的命脈。戰爭之所以失敗，都是因為用光了錢袋子裡面的最後一文錢，支持不住，而你的對手仍然能夠支持得住。彼得大帝以前的俄羅斯根本沒有貸款能力，比起瀕臨破產的波蘭王國還要差得多。波蘭王國還可以借高利貸，而羅曼諾夫王朝則是根本借不到任何錢的。彼得大帝以後，俄羅斯的關稅（當然主要是由客卿管理的）在西歐證券市場上的信用，超過了很多德意志小邦和奧斯曼帝國，當然也大大超過了窮途末路的波蘭王國。

09 請您比較一下伊莉莎白一世和凱薩琳二世兩位女沙皇的內政、外交路線及歷史地位。

伊莉莎白是保守派，是俄羅斯人；凱薩琳是啟蒙派，是歐洲人。她們兩人都敵視日耳曼系外戚的狹隘的宮廷政治，試圖擴大統治基礎。但是凱薩琳的宮廷是一個歐洲宮廷，伊莉莎白的宮廷則是一個俄羅斯宮廷。伊莉莎白對西歐政治始終是缺乏興趣的，只有那些跟俄羅斯有姻親關係的北歐和西歐的小君主才有一定的關係。她跟普魯士之間的鬥爭沒有國際政治上面的視野，只是出於宮廷方面的私怨。而凱薩琳發動的所有戰爭都是以帝國利益為出發點的。

10 何評價波羅的海和黑海這兩個海岸港口在俄羅斯歷史上地位的起伏？而相應的，彼得創建的波羅的海艦隊和黑海艦隊在俄羅斯的地位也是怎樣波瀾的？彼此是不是此消彼長的狀態？

彼得的帝國是依托波羅的海建立起來的，基本上跟黑海沒有關係。黑海對於波蘭—立陶宛是非常重要的，但是對於彼得大帝以前的俄羅斯和莫斯科來說的話，重要性不如裏海。彼得大帝以前的俄羅斯是依靠裏海—伏爾加河貿易路線為生的，而波蘭是依靠波羅的海—黑海路線為生的。彼得大帝以後的俄羅斯建立在波羅的海港口和北歐木材貿易的基礎之上。黑海口岸雖然幾經爭奪，在軍事上卻一點都不重要。直到俄羅斯的經濟經過亞歷山大二世的改革而突飛猛進、君士坦丁堡和黑海海峽在克里米亞戰爭結束局勢基本穩定而開放以後，到十九世紀末期，黑海海路才變成俄羅斯的經濟生命線。在這個時候，由於出口貿易的大增，俄羅斯的大部分外貿要依賴黑海海峽。但是這個因素在彼得大帝和凱薩琳大帝的時代是基本不存在的。

11 歐洲十八世紀初期正值英王威廉三世和法王路易十四的爭鬥，當時的歐洲形勢對彼得大帝的改革造成了什麼影響？

彼得大帝時期的俄羅斯是一個東歐強國，或者說是大北方的強國。也就是說，它的國際地位跟瑞典和波蘭在同一個層次上。這一點體現在當時俄羅斯帝國的財政能力上。英國、荷蘭和法國這種核心國家之間的鬥爭，它是沒有資格參加的。對於它來說，這些國家都只是先進的、比俄羅斯帝國高一層次的西歐的體現。只是後來它在改革有了一定成果以後被法蘭西君主國的傲慢刺傷了，而作風比較實際的英國人和荷蘭商人沒有給它這樣的挫折。但是即使如此，它也未能在反對法蘭西方面做出什麼重要成就，因為雙方的層級根本不對等。

12 布爾什維克要燃盡俄羅斯的膏脂去引爆世界革命，但是羅曼諾夫王朝對於俄羅斯人來說是否也像一個征服王朝？沙皇主要依賴抽取俄羅斯人的資源去籠絡和統戰周邊被征服的新族群及其貴族，是否類似滿清抽取漢地資源去籠絡內亞族群及其貴族？這個泛歐上層貴族聯盟過度消費了俄羅斯社會的自發秩序積累，這是否也是帝國注定撐不下去的原因？

羅曼諾夫王朝早期不能算征服王朝，但是彼得堡政權本身確實是寄生在俄羅斯社會之上的一個歐洲殖民階級。俄羅斯真正的東正教社會，在這個帝國當中是處於下等人地位的。但是如果沒有這個集團，單憑東正教社會的自發資源，它根本集結不起能夠比波蘭和瑞典更強大的力量，也就是說俄羅斯是不可能變成一個大國的。

13 假如羅曼諾夫王朝沒有出現彼得大帝這種強勢改革君主，或者出現得較晚，耽誤了幾十年時間，莫斯科是否就扛不住拿破崙的遠征了？是否就不會有俄羅斯帝國通過拿破崙戰爭和一八四八年革命來干預歐洲歷史的劇情了？

如果沒有彼得大帝，那就根本不會有蘇沃洛夫將軍（Alexander Suvorov），也不會有大艦隊來到土耳其的希臘屬地。這樣的俄羅斯只是跟瑞典和波蘭平起平坐的一個貧弱的國家，它的財政能力和軍事能力都不足以干涉西歐政治，因此法國人根本沒有必要去進攻俄羅斯。在這樣一種假設的歷史當中，俄羅斯是不會有提爾西特會議的，拿破崙不會認為俄羅斯帝國有資格跟他的帝國平起平坐。

14 俄羅斯第一次接受歐洲外交體系的訓練，是不是參與調停奧地利王位繼承戰爭？奧地利王位繼承戰爭對於歐洲歷史有何影響？

應該是波蘭王位繼承戰爭。俄羅斯帝國企圖通過這次戰爭把自己變成歐洲大國，但是它造成的結果卻只是把波蘭從一個歐洲小國變成歐洲體系之外的一個附庸國，而未能達到自身擠進歐洲國際體系的目的。

15

俄羅斯向西歐接觸，最大的障礙和敵人就是瑞典。理論上講，瑞典是否有一直維持東歐霸權從而徹底打斷俄羅斯對接西歐技術的可能？

瑞典人自己就是俄羅斯的主要技術輸入源之一。早在彼得大帝之前，在俄羅斯軍隊中服役的瑞典軍官就已經非常多了。他們甚至越過俄羅斯帝國，遠達到準噶爾汗國。如果瑞典人打敗了俄羅斯人（這是完全可能的），那麼今天波羅的海三國、聖彼得堡和芬蘭所在的地方將仍然是瑞典帝國的一部分。而莫斯科的沙皇在瑞典方向失敗以後，也許會把它的主力轉向波蘭和巴爾幹方向。這樣的俄羅斯帝國將永遠不會干預西歐政治，而會變成依靠瑞典資源、在波蘭和巴爾幹方向跟奧斯曼帝國競爭的一個東歐大國。

16

十七世紀羅曼諾夫王朝的朝廷，在人員配比和財政結構上受到了同時期歐洲戰爭的哪些影響？

早期羅曼諾夫王朝的主要敵人就是波蘭。由於帝國的財政始終不上軌道，只能採取臨時的方式，聘請一些瑞典的、荷蘭的和英國的軍官，以及日耳曼的砲隊，用這樣一些雜湊的部隊來抵消波蘭軍隊的品質優勢。在彼得大帝推行的國有企業和關稅改革以前，羅曼諾夫的沙皇在財政方面是極其苟且的。財政方面打不開，就非常依賴各地軍役貴族提供的廉價和免費的軍事服務。少量的日耳曼團隊和外籍軍官的要價甚高，耗盡了他們的財政資源。因此，儘管從理論上講他們經歷的戰爭時間相當長，但是這些所謂的戰爭是由極少的幾次戰役和漫長的休眠期組成的。在漫長的休眠期，俄羅斯帝國和軍隊基本上處在癱瘓和休養生息的狀態，並不能夠真正進行動員和戰爭。

17

軍役貴族本來是依附大公、幫助大公擴張權力的，可到後來尤其是伊凡四世時期反而成了大公集權的障礙和沙皇宮廷的敵人，原因或許是僭越多粥不變。那麼此前的歷任大公是否有機會剎住這一危險趨勢呢？

伊凡四世的障礙和伊凡四世集權的障礙是兩個不同概念。沙皇本人個人的古怪行為和濫權行為對所有人都有威脅，往往也會遭到軍役貴族的反對。但是軍役貴族對集權本身，例如削弱過去留下來的那些地方自治機構和地方議事會的權力，把徵稅權從他們手中奪回來，一般來說軍役貴族是始終支持的。沙皇個人的任性和暴虐是一回事，莫斯科對於原有的地方自治機構的權力和平行的修道院機構的侵奪又是另外一回事。在後一方面，沒有理由認為軍役貴族是沙皇集權的障礙。即使是在圖希諾民軍的時代，軍役貴族對恢復沙皇專制主義朝廷的支持，也是相當有效地抵制了莫斯科境內當時相當強大的親波蘭勢力的。如果不是軍役貴族對莫斯科的幾個主要衙門提供了穩定支持的話，羅曼諾夫王朝可能不能夠穩定地實現恢復莫斯科經濟和社會體制的目的。

18 俄國沙皇喜歡用特務組織，比如伊凡四世的特轄軍、彼得一世的軍團、安娜一世的秘密員警等，來對付政敵。這是不是從蒙古人統治那裡學來的？

這些都很難說是真正意義上的特務組織，不如說是沙皇本人恩寵的直轄宮廷勢力比較合適。從現代對特務組織的定義來講的話，它們沒有什麼秘密搜集情報的能力。它們的存在本身當然是宮廷勢力擴張的證據，是俄羅斯帝國專制性的證據。但是要說跟蒙古人有聯繫的話，那麼例如督軍制變成省區制這種制度意義上的傳承是找不出來的。它們本身都源於某一個沙皇個人的專權，在後任沙皇的統治當中找不到自己合適的繼承者，往往是乍生乍滅的。

19

彼得大帝與日耳曼系諸侯廣泛聯姻的政策，在他身後是否導致日耳曼外戚勢力壟斷政權，壓抑了俄羅斯傳統貴族的積極性和認同感？是否因此抵消了前朝政治改革和技術創新所釋放的紅利，為保守派貴族抬頭提供了階級土壤？

彼得大帝的戰爭和聯姻政策都把俄羅斯變成了一個大北方國家，但是這個並不是它的意圖，而是它在現實政治中所能夠達到的各種效果所產生的總和。

20

阿列克謝皇儲的流亡和暴死，是否影響了彼得大帝與親家勃蘭登堡大公的外交關係？

基本上沒有。皇太子流亡的當時，歐洲的輿論曾經對彼得大帝非常不利。但是由於皇太子本人不瞭解西歐國際形勢，拙劣的手腕以及反反覆覆的流亡和復歸，把他在西方的國際形象又破壞得差不多了。這使得彼得大帝的外交官根本就沒有費很大的力氣。

21

彼得一世改革的主旨是不是抄襲新君主國的上層建築？此時西歐的新君主國是否已經定型了？彼得創設獨立的檢察機關，是否表明俄國政體的官僚化基本完成，因此需要各級檢察官來監督克服官僚化必然帶來腐敗和效率問題？

當然是在企圖模仿西歐絕對主義國家，但是他建立的官僚體制也是不平衡的，始終處在實驗的過程當中。直到十九世紀晚期，俄羅斯帝國彼得堡政權的官僚體制才基本上有了規模。在彼得大帝時期，這個官僚體制像他營建的彼得堡新都一樣，還是一個布滿腳手架的建築。哪一方面會發展起來，哪一方面會衰微下去，他自己都沒有固定的想法。

22

俄羅斯的專制性是如何體現在經濟壟斷和對商人階級的控制上的？從伊凡雷帝開始對於封建貴族階級一波又一波的打壓和控制，為什麼沒有為商人階級帶來成長的空間？

實際上，莫斯科大公國政府對商人階級的打擊還不如聖彼得堡政府。聖彼得堡政府更加高度依賴那些洋務派辦的能賺錢的衙門和海關，對俄羅斯社會自發產生出來的商業的那點利潤並不怎麼看得上眼。所以實際上，在聖彼得堡君主制建立以後，打壓反倒是加強了。但是打壓不是政治性的，只是出於財政上的。誰能為沙皇得到更多的收入？當然是李鴻章們和海關，而不是原來的商業行會。莫斯科公國不同於基輔羅斯的其他公國，它自身的貴族力量本來就是很小的，更多地體現為衙門的力量。最初的杜馬也被看成是沙皇的衙門，而不是波蘭意義上的議會。所以，莫斯科公國和俄羅斯帝國削弱傳統貴族——用軍役貴族取代傳統貴族、再用官僚貴族取代軍役貴族的過程，受到的抵抗是很小的。而強化官僚體制和沙皇權力的主要目的是增加俄羅斯的國力，跟波蘭和歐洲競爭。因此，每一次改革都會增加財政上的需要，而財政上的需要肯定會使商人階級受到更大壓迫的。

23 彼得大帝的普遍徵兵制，是不是為了稀釋貴族對軍隊的影響？

這只是彼得大帝強化國家力量的眾多混亂努力當中的一項，跟他的其他政策有很大的矛盾，而且執行起來也是打了很大折扣的。

24 伊凡六世在被廢黜和監禁的二十年當中，不乏有人企圖解救他，請問這些人是不是來自受彼得大帝激進改革所傷害的派系，希望通過迎立伊凡六世復位掌權，來抵制和逆轉彼得大帝、凱薩琳大帝的西化路線？

這只是宮廷鬥爭的小派別而已。嚴格來說，他們和執政的派系都沒有系統的政策。他們如果執政的話，上上下下需要安插的也是自己小派系的人。當然，可能不乏有幾個或者更多的相信正統主義的理想主義者認為，被囚禁的君主才是合法君主，應該解救他。但是，還談不上支持或者反對彼得大帝整體西化政策的地步。

25 羅曼諾夫王朝早期的近衛軍是否仍有大量波雅爾舊貴族成員？這是不是彼得大帝的近衛軍叛亂的根源？

不是。近衛軍是彼得大帝的新貴。這時候的波雅爾地主已經像是昭和時代末期的所謂鄉間武士一樣，是一種古怪的、殘存的現象。如果還有的話，也被看成是非常遙遠的舊時代的遺痕，不足以發揮重大的政治作用。近衛軍肯定是歐化特權貴族的產物，他們內部的派系鬥爭都是特權小團體內部的極小派系鬥爭。羅曼諾夫王朝早期沒有像彼得大帝支持聖彼得堡君主制那樣的近衛軍團體，而是有耗費比外省貴族民兵要大得多的歐化新軍團隊。這樣的新軍團隊由例如德國人或者瑞士人擔任教練或者直接擔任將軍。彼得大帝小時候還曾經到他們那裡去玩過。他們談不上是近衛軍，性質比較接近於波蘭人當時也在大量使用的雇傭軍，也就是類似合同制的雇傭軍。

26 假如彼得大帝遷都伏爾加河流域，走南方路線和黑海路線，俄國的歷史命運會有何不同？

彼得大帝不可能遷都伏爾加河流域，這跟他的整個政治路線相反，而且也沒有任何莫斯科大公願意遷都到伏爾加河流域。這個道理就跟金人如果從北京遷到汴梁就是滅亡的開始是一樣的，滿洲人也是不可能遷都南京的。以西治東，以北治南，以森林地帶統治草原地帶，是莫斯科公國升級為俄羅斯帝國的基本戰略。

27 莫斯科在立陶宛和波蘭方向的戰爭、在伏爾加和黑海方向的戰爭、在西伯利亞和哈薩克方向的戰爭，分別是出於怎樣的戰略驅動力？三個方向的聯動，怎樣共同塑造了俄羅斯的戰略格局和政治命運？

南北兩方向的戰爭才是戰爭，東方只是拓殖而已。俄羅斯帝國在東方的要求只是收取皮毛、貢賦和稅收而已，政治上是消極的，並不鼓勵探險者小團體在西伯利亞和哈薩克草原方面進行的開拓。針對南方奧斯曼帝國的戰爭，是俄羅斯人以歐洲人自居來打擊亞洲人。在北方跟瑞典人和波蘭人的戰爭，是俄羅斯作為一個與歐洲平行的世界，跟歐洲人之間的爭奪。這兩個方向才是俄羅斯雙重性格的塑造者。從俄羅斯帝國自己的角度來講，渴望土地的農民開拓南方，最後從莫斯科以南的黑土地帶一直延伸到哈薩克的黑土地帶，是一個長期的歷史進程，但是基本上不是國家行為。國家只是在引起糾紛以後，比如說俄羅斯奴隸被中亞的奴隸販子販賣，哥薩克人跟中亞的汗國發生衝突以後，以維持秩序的方式不得不被迫進入的產物。而且，這種維持秩序對於俄羅斯國家來講經常還是無利可圖的。對於土耳其的戰爭，就是俄羅斯維持歐亞世界的關鍵所在。對西歐的交涉，則是俄羅斯輸入技術的關鍵所在。

28

俄羅斯的東正教在社會基層吸納新生的自發秩序上表現如何？俄羅斯像郭解、朱家這樣半土豪半遊俠的人物，在東正教組織能否找到自己的位置？

遊俠是戰國的地方秩序崩潰、但是力量尚未完全消失的結果，所以他們不能夠像在項羽的時代那樣組織自己的小諸侯的軍隊，但是又不像是在景武的大屠殺以後那樣完全被朝廷消滅。在莫斯科公國和俄羅斯帝國的社會當中，地方上的豪強是可以組織自己的民軍的。他們的民軍跟莫斯科政府用歐洲軍官訓練出來的軍隊相比，品質要差得多，但是數量上更多一些，約俄羅斯帝國軍隊的六成左右。在歷次對波蘭人的戰爭當中，都參加了戰鬥。在拓殖東方和南方的殖民地以及保衛本郡本縣安全的過程當中，他們就是主力。所以，他們不會變成遊俠，他們自己等於就是地方軍。

29

莫斯科的軍役貴族制度，相比於北周府兵制，除了土地不能世襲，還有什麼不同？當莫斯科公國膨脹為俄羅斯帝國，軍役貴族隨著沙皇征戰半徑的日益伸展，是否也像大唐帝國府兵一樣出現頻繁破產而引發兵制危機？

軍役貴族隨著莫斯科帝國漸漸變成聖彼得堡帝國，逐步向民兵的方向靠攏。從西歐引進的更先進技術組成的歐洲式軍隊逐步取代了他們，他們漸漸變成維持地方治安和對付亞洲人的軍隊，在帝國當中的等級和作用漸次下降了。但是由於他們是開墾農村和保衛農村、增加人口的一個重要力量，所以在帝國體制內還有一定的存在價值。最終，在彼得堡帝國的官制改革當中，文武合流，形成了彼得堡新帝國的文官制度。彼得堡新帝國的文官制度給文職官員也保留了將軍頭銜，可以說是他們留下的一點遺產。

30 沙俄征服金帳系的諸汗國之後，是否強迫或者鼓勵其貴族與平民改宗東正教？在大俄羅斯主義的框架下，對於堅持伊斯蘭教的人口和團體，沙皇是如何實施統戰和治理的？

對貴族是有鼓勵的。出身韃靼人或者東方人、由於皈依東正教而變成沙皇朝廷重臣的人多得是，像納博科夫家族就屬於這種情況。有東方血統，在莫斯科和彼得堡時期的俄國貴族當中仍然是非常常見的事情，並不像是在西方或者種族之見非常清楚的英美系國家那樣被人認為是大驚小怪的事情。這就是為什麼普希金按照美國標準也可以算是黑人、但是並不妨礙他在官場仕進的原因。但是，平民基本上沒有這方面的現象。東正教的傳教熱情是不高的。而開明的沙皇，像凱薩琳之類的，實際上是鼓勵按照「國家普遍資助有利於統治的民間團體」的原則，經常資助伊斯蘭教教士推廣伊斯蘭教教育的。

31 假如俄軍在波爾塔瓦戰敗，是否會導致大北方戰爭[5]向瑞典傾斜？假如耗費巨大的外戰失利，保守派貴族是否有可能擁立阿列克謝皇子繼位，中止彼得大帝折騰俄國傳統社會的激進改革？

波爾塔瓦戰役跟納爾瓦戰役不一樣。納爾瓦戰役只是瑞典人收復了波羅的海沿岸的失地。它的主力還是在歐洲方向，要跟波蘭人、薩克森人和中歐列強爭奪勝負。俄國野蠻人對它來說只是一個擾亂因素，要盡可能排斥，不用費太多精力。但是波爾塔瓦戰役的時代，瑞典人已經搞定了波蘭。現在卡爾十二世國王的下一步就是要建立一個瑞典—波蘭聯合王國（這個聯合王國早在西吉斯蒙德國王的時代就已經實現過好幾次了），把俄國人趕出烏克蘭。他這時也得到

5 大北方戰爭，又稱北方大戰，是俄羅斯帝國與瑞典王國在一七〇〇年至一七二一年之間爆發的戰爭，主因是為了奪取波羅的海出海口。戰爭的結果是俄國全面擊潰瑞典，從此稱霸波羅的海，並終結了瑞典作為歐洲列強的時代。

了烏克蘭蓋特曼政權的合作。如果彼得大帝在這一次失敗的話，那麼瑞典人幫助波蘭收復了波蘭人過去從俄國人手裡面失去的烏克蘭，重建了曾經主導東歐的瑞典—波蘭聯合王國，這個聯合王國使衰弱的波蘭王國重新輸入了瑞典人的活力，會把俄羅斯重新隔離在亞洲，這就意味著彼得大帝的整體性失敗。

32

十七世紀初波蘭還在蹂躪大混亂時期的俄羅斯，僅僅幾十年後，面對十七世紀中葉瘡痍初復的俄國，波蘭就頻頻喪師失地。這是因為波蘭式的貴族政體已不適應大爭之世的新君主國博弈，還是因為波蘭居於四戰之地，無法將軍事和外交資源集中投送到東線？

波蘭社會資源的損耗，主要就是由於瑞典戰爭，也就是波蘭人稱之為大洪水的那場戰爭。

對於波蘭人來說的話，烏克蘭東線殖民地雖然廣袤，但是並不是它財富最集中的地方。財富最集中的地方是布滿了德意志人和猶太人城市的本土。而這些本土在瑞典戰爭以後受到蹂躪，始終沒有恢復過來。最精英的波蘭文人學士和波蘭文藝復興，從此就永遠結束了。以後的衰落則主要是由於大貴族黨派相互鬥爭的結果。這些鬥爭在中世紀早期的法蘭西王國和英格蘭王國是非常常見的，但是在新君主國和絕對君主制興起以後則漸漸消失了。波蘭的政治形勢跟中世紀早期的歐洲大國其實是沒有什麼不同的，但是在絕對君主制上升的時代，這種缺乏集中資源的能力、而且大貴族黨派很容易跟強大的外國君主結盟的形勢最終導致了波蘭的瓦解。

33 彼得大帝以集權之勢打造聖彼得堡，這座新都市不是以漸進演化、而是以拔地而起的方式嵌入波羅的海，對於北歐沿岸自古以來的貿易形勢和財富格局有何影響？

聖彼得堡不是一個貿易港，而是海軍和官僚的城市。它沒有什麼貿易額，在貿易方面的作用是遠不如里加的。英國人和瑞典人所需要的波羅的海木材貿易，主要是通過里加的德國商人進行的。

34 瑞典在十七世紀初莫斯科大混亂中獲取了諾夫哥羅德，為何又歸還給了新生的羅曼諾夫王朝？是否因為諾夫哥羅德的自由傳統和自治結構在伊凡四世暴政時期已被摧毀殆盡，已經不能為瑞典帶來財富，而是一個需要輸入秩序和財富的累贅？

當時瑞典人和莫斯科人是一種準聯盟的關係。雖然不是真正的盟國，但是它們都把波蘭當作自己的假想敵，希望從波蘭那裡得到好處。瑞典人一度希望能夠恢復波蘭和瑞典的聯盟，實際上就是新教的瑞典征服天主教的波蘭。而莫斯科則是希望，從它自己的角度來講是收復、從歐洲封建主義的角度來講是侵占波蘭—立陶宛聯合王國東部包含大量東正教人口的地區。所以，波蘭當時不斷面臨著雙方的進攻。從瑞典人的角度講，諾夫哥羅德有自治權，瑞典人只是行使單方面的保護。而且，它是一個鞭長莫及的地方，離莫斯科和波蘭很近，離瑞典很遠。對瑞典來說，波羅的海沿岸和大波蘭才是它的利益所在，深入內地對它並無好處。如果這個地方落到莫斯科人手裡面，能夠給波蘭人造成極大的威脅。就像是，荊州落在劉備手裡面會對曹操造成很大的威脅，從而間接有利於東吳。

五、沙堆上的高塔和沒有憲法的國家

在東正教社會的沙堆上建立高塔

彼得開創的西歐君主制可以分為三個時期。第一個時期是從彼得大帝到凱薩琳大帝，俄國自由派作家克柳切夫斯基把這個時期稱為由木匠沙皇開始、由作家女皇結束的時期。這一時期，俄羅斯帝國的基本法是彼得在他的君主制論文中提出的西歐絕對君主制原則和與這個君主制原則不甚吻合的繼承法。第二個時期是從凱薩琳大帝在其《聖諭》（Nakaz）中提出新憲法體制，直到亞歷山大三世基本完成其改革計畫為止。第三個時期是模仿立憲君主制的時期，由亞歷山大三世的保守主義改革開始，到我們都熟悉的尼古拉沙皇的國家杜馬和立憲君主制結束。

這三個時期的共同特點就是，沒有哪一個時期真正產生出了無論是成文的憲法還是不成文、但可以實施的憲法體制。俄羅斯帝國的上層，包括沙皇在內的所有精英，一直在殫精竭慮地企圖建立俄羅斯帝國的基本結構。但是由於他們所統治的俄羅斯帝國的多元性和複雜性，以及作為這個帝國主體的東正教社會跟上層階級設想的憲法觀念的不一致，他們始終是在沙堆上建立自己的高塔，沒有一個人獲得完全的成功。西歐作家經常不甚精確地把俄羅斯帝國稱之為是一個沒有憲法的國家，但是沒有憲法並不等於沒有制度。這些制度確實沒有歐洲標準上的具有契約性質的憲法為基礎，但是它們卻並非沒有一些至少是相當於聖德太子的《十七條憲法》[1]那種類似精神性指引的文件。

彼得大帝的西化改革及其不甚穩定的王位繼承法

對於彼得堡帝國的第一個時期，最核心的、具有精神指導性質的文件當然就是彼得大帝的論文。這些文件，我們只能把它們稱之為是論文，而不能稱之為是憲法或者基本法。彼得大帝論絕對君主制的優越性，是他參照著西歐經驗和自己施政的必要性制定的。從理論上講，他主要是向他的臣民表示，舊式的、東正教拜占庭意味的那種大家長式的專制君主體制和專制君主頭銜是不符合人民福利的，西歐的絕對君主制才是最進步的、能夠引導俄羅斯進步的體制。參政院是這個體制的核心。由於彼得是一個很活躍的人，參政院行使了多種職能。包括在沙皇本人在外地活動或在前線的時候，代理沙皇，發揮集體攝政王制度的功能。同時，參政院也是最高的司法機構和最高的官吏審核機構。彼得大帝的地方行政制度是草率的，是根據過去的軍區制延伸而來的。他的財政制度是以海關和國有企業為基礎的財政制度，把過去彼得以前的各位

1 《十七條憲法》是公元六〇四年日本推古天皇時，相傳是由聖德太子制定的十七條條文。主要是包括對官僚和貴族的道德規範和一些佛教及法家的思想，為迄今所知，日本法制史上第一部成文法典，但並非現代法律意義上的憲法。

沙皇的時代的財政收入增加了一個數量級。財政收入是一件很重要的事情。大體上來講，彼得大帝以前的莫斯科諸沙皇，他們的正常收入是幾十萬盧布；彼得和彼得以後的各位沙皇，他們正常的收入是幾百萬盧布；凱薩琳大帝以後的彼得堡朝廷，正常的收入是幾千萬盧布。這個數量級，本身就是俄國進入歐洲的標誌。

彼得能夠在財政方面打開出路，是依靠最初由外國專家管理的洋務派企業。這個跟他的幼年經歷是有關係的。彼得在他放任自流的幼年，就是索菲婭公主執政的那幾年，是經常跑到莫斯科附近的外國軍官僑居地的。而且他在召集他的小夥伴做模擬戰爭遊戲的時候，是請了他父皇留下來的蘇格蘭軍官做他的顧問的。所以，儘管歷史學家往往戲劇性地描繪彼得在西歐當木匠、微服化名到歐洲去學習技術的經歷，但是對彼得本人來說，這種事情不是什麼新鮮的事情。他在成年以前，在沒有邁出國門以前，在莫斯科早已經幹過類似的事情了。莫斯科的僑民是由彼得以前的幾位沙皇請來的外國技術人員和外國軍官組成的，彼得小時候跟他們打交道的機會好像比跟純粹俄羅斯人打交道的機會還要多。他在莫斯科附近最初學習軍事知識的那幾個軍團，除了總司令是俄國貴族以外，上尉以上的軍官全都是客卿，也就是說是由蘇格蘭、荷蘭、德國、瑞典的軍官擔任的。地道的俄羅斯人只有上尉以下的低級軍官和普通士兵。這個結構其實已經具備了彼得以後莫斯科帝國的基本形勢。沙皇和他的大臣算是俄羅斯人，底層民眾、小軍官和小地主一般是俄羅斯人，中級技術人員和中高級軍官基本上是客卿。

作為作家，彼得大帝的頭腦不是很清楚。而作為現實政治家，他又經常為了眼前的需要而犧牲長遠的原則。因此，他在絕對君主制的論文中設想的宏偉結構被他自己設置的王位繼承法破壞了。這也是彼得以後禁衛軍不斷發生政變的關鍵原因。西歐絕對君主制有一個基本原則就是正統性，它背靠羅馬天主教會和源遠流長的封建主義原則。基督教式的神聖婚姻和這樣的神聖婚姻產生出來的長子繼承制，是王國穩定的根本要素。然而彼得大帝為了自己的方便，特別是經過皇太子阿列克謝的背叛以後，他已經感受到，在推動俄國改革的鬥爭當中，連自己的兒子都會被舊勢力爭取過去，所以在王位繼承法當中賦予了在位君主指定繼承人的無限權力，從而自根本上破壞了絕對君主制原則。如果路易十四可以隨便指定他的私生子當繼承人而排除皇孫的話，那麼法國君主制早就完蛋了，羅馬教會也不可能在路易十六倒台以後在長達一百年的時間內繼續為正統君主申辯了。所以，彼得一死，繼承權應該歸他的女兒、歸他的非親生兒子的男性繼承人、還是歸他的妻子，就變成一個無法解決的問題。理論上，按照彼得的繼承法，他應該親自指定繼承人，但是他又犯了疾病，死得極其突然。結果就是，他取消了西歐君主制正統的王位繼承權，然後自己又沒有指定繼承人，把指定繼承人的實際權力交給了飛揚跋扈的禁衛軍，使得彼得大帝去世以後的聖彼得堡宮廷呈現出濃厚的馬穆魯克色彩。凱薩琳女皇登基以前，繼承權始終是不穩定的，這跟彼得本人的君主制的內在弱點有深刻的關係。

軍隊擴大、財政緊張與農民的負擔

伊莉莎白女皇的政權使俄羅斯帝國的上層稍微穩定了一下，但是中下層的管理仍然是混亂的。彼得大帝設計的國有企業體制，一方面用洋務企業大大增加了朝廷的收入，同時在技術上使朝廷相對於民間本來就有的優勢更加擴大了。但是跟很多歷史學家的說法不同，這個優勢是原來就存在的。例如在彼得大帝登基以前，實際上羅曼諾夫初期的那幾位很少受人重視的沙皇已經使俄羅斯的軍隊包括兩個系統了，就是歐洲編制的正規軍和俄羅斯編制的混亂軍隊。當然，大概占俄羅斯軍隊總數一半的正規軍才是戰鬥力的根本。編制混亂的俄羅斯本土部隊被公認為是缺乏戰鬥力的，只有外國客卿指揮的正規編制軍隊才是俄羅斯能夠抵抗波蘭和瑞典的關鍵所在。彼得大帝雖然在戰爭當中取得了更大的成就，但是在他去世的時候，兩者之間的比例還沒有發生明顯變化。也就是說，俄羅斯軍隊儘管擴大了，但是在彼得去世的時候，歐洲編制的正規軍仍然只占俄羅斯帝國軍隊總數的一半多一點。這一點主要是因為財政上跟不上。如果彼得大帝做得到的話，他當然是很高興讓所有軍隊都歐洲化的，可以大大提高戰鬥力。但是錢跟不上。儘管帝國的收入已經增加了一個數量級，但還是跟不上增加速度更快的軍事和外交需要。這個矛盾貫穿了彼得堡帝國存在的全部時間。

財政方面的困難，是彼得以後的各位沙皇（包括伊莉莎白女皇和凱薩琳女皇）放任農奴制從由戶籍制度衍生出來的非正式財政制度漸漸變成正式制度的重要原因。在帝國財政永遠緊張的情況之下，把原先按照舊莫斯科時代依附於國家、而跟貴族地主沒有關係的國家農民及其土地賞賜給全城，或者利用這些土地和農民作為政府開支的基礎，是一個合理的臨時救濟方法。而由於戰爭需要，大量的軍事需要由地方官員攤派到各地去，使得原先本來是象徵性的、微不足道的、像鄉鄰的社區義務一樣奴役色彩並不很強的各種義務，在彼得變法以後就變得越來越沉重和難以忍受，被稱為是赤裸裸的奴役了。在這個過程當中，後來被稱為農奴的人口日益增加，最後在伊莉莎白一朝漸漸超過了俄國居民的半數。

但是直到這個時候，法律上和正式意義上的農奴制仍然是不存在的。被稱為農奴的那些居民只是處在極其不利的條件之下。他們事實上是得罪不起他們的地主貴族的，實際上是處在依附狀態的。但是，所謂的農奴的法理身分到底是怎樣，是各地的習慣法有所不同的。俄羅斯帝國混亂的法典對各種各樣不同的居民有各種各樣的處理，而且隨著時間的推移，沙皇和參政院發布的各種新法令跟舊法令發生衝突，實際上是並沒有多少規範性的。也就是說，這時候的農奴制其實是一個文學上的名詞，指的是處境最為悲慘、最需要依附於人的那一部分農民。但是具體的邊界，到底哪些地方的村社可以算是農奴，哪些地方的農民不能算是農奴，其實是沒有一個一致的看法的，也沒有一個標準的法律定義。唯一可以肯定的就是，隨著帝國介入歐洲交涉的日益增加，所有農民的負擔都越來越重。當然，貴族的負擔也越來越重，主要是因為大規模的歐洲戰爭跟過去在俄羅斯邊境附近的戰爭不一樣，需要更大的開支和更重的負擔，負責承擔了全部軍役義務的貴族本身也感到非常痛苦。在彼得大帝以前，俄羅斯軍隊不會像在伊莉莎白女皇朝代那樣進入柏林，去跟名將腓特烈二世死拼。更不會在蘇沃洛夫的指揮之下進入瑞士，在亞歷山大沙皇的指揮之下到奧斯特里茨去跟拿破崙作戰。

在這種緊張的狀態之下，農奴制不知不覺地形成了。帝國在列強競爭的巨大壓力之下瘋狂地企圖追上法國人、德國人和英國人的步伐。而他的帝國內部，其他勢力強大、資源多少不等的各階級經常是追不上帝國的步伐的。比較強大的階級，例如貴族官僚階級（特別是洋務派官僚階級）和禁衛軍階級，追得非常緊，差不多能追上沙皇的步伐；而比較軟弱的階級，特別是最軟弱的、依附於人的農民，越來越追不上。在遊戲開始的時候，大家都離起跑線不算太遠。在遊戲快要結束的時候，比如說歐洲人已經跑出一百米，沙皇至少可以追到七、八十米，而可憐的農民就才跑到二、三十米。開始的時候他們之間的差距可能只有三、五米的差距，結束的時候彼此之間的差距就變成七、八十米的差距了。這種差距現象，才是凱薩琳時代農奴制最終凝固的根本原因。它跟俄羅斯帝國上層（包括女皇本人）原先想要達到的目的是非常不一致的。這種適得其反的現象，也是俄羅斯帝國、乃至於今天的俄羅斯非常常見的現象。它反映的是精英階級和自身所處環境的不適應。

凱薩琳與俄羅斯上層的法蘭西崇拜

彼得三世年輕的時候是荷爾斯泰因公爵，本來是準備繼承瑞典王位的，最後被伊莉莎白女皇選為自己的繼承人。這個也是宮廷不穩定的一個原因。女皇到底選誰做自己的繼承人，是她個人可以說了算的。但是在法國或者普魯士王國，這是不可能的。當彼得三世來到彼得堡的時候，他個人的感情已經定型了。直截了當地說，彼得三世是一個德國人。儘管他身上流著俄國君主的血，但是他從小是在荷爾斯泰因長大的，他最崇拜的是普魯士的腓特烈二世國王。因此，他一上台就結束了俄羅斯和奧地利對普魯士的戰爭，使得普魯士國王絕處逢生。他對俄羅斯的內政毫不關心，卻要求俄羅斯用它的全部國力去支援荷爾斯泰因和丹麥的邊界戰爭。他雖然已經當上了沙皇，但是在心理上還自以為自己是荷爾斯泰因公爵。龐大的俄羅斯帝國，他沒有印象。他只是覺得，我荷爾斯泰因公爵長期跟丹麥國王爭論都爭不出結果來，現在我發了一筆橫財，俄羅斯帝國雄兵數十萬，可以利用俄羅斯帝國來打擊丹麥國王。但是丹麥不是波蘭，對俄羅斯的發展並沒有任何妨礙。利用俄羅斯的國力去為小小的荷爾斯泰因公國服務，去從事跟俄羅斯的國家利益毫不相干的活動，自然而然地得罪了俄羅斯帝國的所有階級。人民覺得自己的負擔毫無必要地加重了，貴族則覺得強大的俄國卻變成了中歐小國的附庸。於是他們團結起來，支持凱薩琳推翻了彼得三世。

凱薩琳在其受到丈夫忽視的青年時代，是一個狂熱的讀書人。她年輕的時候讀到孟德斯鳩的《羅馬盛衰原因論》，頓時拍案而起，說了一句，我真沒有想到世界上還會有這樣好的書。後來她得知她崇拜的作家狄德羅（Denis Diderot）還在人世的時候，就想方設法想要把法國啟蒙作家接到俄國來，主持她自己企圖設置、但是俄國卻沒有足夠人才的彼得堡科學院。俄羅斯帝國的上層階級（包括貴族）的法國風向，跟凱薩琳本人的以身作則很有關係。凱薩琳本人就是一個狂熱的寫作愛好者，喜歡讀書的人一般來說都喜歡寫作，看的書多了以後就忍不住要自己寫一寫，這是很正常的事情，所以她身後留下了一百二十多卷著作。儘管根據現代歷史學家的考證，實際上俄國貴族階級普遍請法語家庭教師這種現象是在伊莉莎白女皇一朝就已經開始的，但是伊莉莎白女皇並不是一個讀書人。她臨死的時候留下了兩大箱絲襪、一百多箱鞋子和一個還沒有完工的冬宮臥室。她得知自己快要一病不起的時候，最後的願望就是讓建築師趕緊加快臥室的建設，其他部分先不要管。這樣，在我去世以前，至少能夠住進我的漂亮臥室裡面。可以看出，女皇本人的性格是那種從小就知道自己很漂亮的漂亮女人的性格。照凱薩琳的回憶，她的宮廷一天到晚要舉行放煙花或者各種宴會和酒會之類的活動。但是書籍這個東西並不在伊莉莎白女皇關心的範圍之內，她臨死的時候絲毫也沒有關心她有多少書。而這時，凱薩琳已經是宮廷裡最大的讀書人，在自己的書房裡面積累了歐洲最重要作家的書籍，其中最核心的部分是法國啟蒙作家的書籍。

凱薩琳大帝穿著加冕禮服

丹麥藝術家維吉留斯．埃里克森（Vigilius Eriksen，1722-1782年）繪於1778-1779年

凱薩琳大帝（1729-1796年），沙皇彼得三世之妻，俄羅斯帝國沙皇（1762-1796年在位）。跟隨彼得大帝的步伐，繼續以西歐模式對俄羅斯進行現代化革新，俄羅斯帝國在其治下達到歷史頂峰，成為歐洲列強之一。但國家及地主的需求卻也越來越依賴於農奴，最終，凱薩琳以法律的形式確立了農奴制。

凱薩琳開創了俄羅斯上層階級「生活在別處」的典範。他們一方面嚮往歐洲（主要是法國）思想、痛恨專制主義，高呼上帝賜予人類的自由是多麼美好的財富；另一方面卻生活在俄羅斯、是大地主、無法捨棄自己的階級地位帶來的各種好處。而凱薩琳就是這種人物形象的代表。

凱薩琳本人可以說是開創了後來在世界文學史上我們都非常熟悉的那種俄羅斯上層階級「生活在別處」的典範。他們從小在大腦裡面都裝著歐洲思想，主要是法國思想，卻生活在俄羅斯的環境當中，同時並不能夠捨棄自己的階級地位給他們帶來的那些法國啟蒙思想家最憎恨的、被認為是專制餘孽的各種好處。自己是大地主，熱愛自由思想，寫出來的文章都是痛恨專制主義，高呼上帝賜予給人類的自由是多麼美好的財富。這種現象出現在俄羅斯的大地主和巴西之類的大莊園主身上，最早的和最完善的人格結構也就是凱薩琳本人。當然，凱薩琳本人也是一個精明強幹的馬基雅維利主義者。她是現實主義者，知道她能夠推進到哪一步。所以，她的統治就造成了令俄羅斯自由主義者非常尷尬的現象：首先，她本人是俄羅斯西歐派的最大保護人，也是俄羅斯自由思想和俄羅斯自由主義的啟蒙者；但是，正是她而不是別人，以法律的形式將農奴制固定下來。農奴制是此後的一百年俄國自由主義者痛心疾首、認為是俄國落後和俄國在西歐先進人士當中蒙受恥辱的主要原因，是他們主要的攻擊對象。而農奴制不是由以前那些愚昧的沙皇和只關心漂亮衣服的伊莉莎白女皇搞出來的，恰好就是由既是真誠的自由主義者、又是精明強幹的政治家的凱薩琳搞出來的。所以，俄國自由主義知識分子往往對亞歷山大一世還願意說好話，對凱薩琳就充滿了矛盾。其實對俄國自由主義者和西歐派來說的話，凱薩琳是比亞歷山大更重要的人物。

凱薩琳在其年輕時代，應該說不見得有把握自己真正能夠登基稱王的。她研究那些法國作家的書，也只是出於個人愛好，排遣在宮廷當中無所事事的太多時間，因為她畢竟不像伊莉莎白女皇那樣喜歡跳舞。但是上帝賜予了她登上俄羅斯皇座的機會，她終於可以大展宏圖了。這時，她像一個年紀還輕、具有理想主義色彩的政治家一樣，頒布了她的《聖諭》。後來她本人承認，她就像克雷洛夫寓言中的烏鴉一樣，並不是原創的思想家。這個寓言裡面的烏鴉為了給自己造鳥巢，為了使自己顯得很漂亮，向百鳥借羽毛。所有的鳥都同情它，把自己最漂亮的羽毛借給它。因此，烏鴉身上插滿了從別的鳥身上借來的羽毛，顯得非常漂亮。它就得意洋洋地說：「百鳥之王除了我還能是誰？我比所有的鳥都漂亮，比孔雀還要漂亮很多。」於是，其他的鳥都非常生氣，要求烏鴉把借來的羽毛還給它們。結果，烏鴉被剝掉了借來的羽毛以後，又變成黑不溜秋、很不起眼的烏鴉了。女皇當然是為了謙虛，但是實際上，她的《聖諭》中所提出的國家體制，可以說正是她在年輕時代無比崇拜的法國自由主義者的鼻祖（也是全世界自由主義者的鼻祖）孟德斯鳩的著作的俄文通俗版本。所以她後來自己說，自己沒有原創性的思想，她作為作家的羽毛都是借來的，這也應該是符合事實的。

凱薩琳的《聖諭》要求俄國廢除原先她自己在彼得大帝時期目睹過的、仍然存在的各種落後現象，例如肉刑。我們要注意，在絕對君主制的法國，儘管法國也是歐洲先進文明圈的一環，這時候實際上各方面的社會風尚已經相當文明了，但是中世紀遺留下來的肉刑在法律上並沒有完全廢除。例如，在伏爾泰他們非常關心的卡拉斯（Jean Calas）案件當中，受害的新教徒就是在肉刑的逼迫之下被迫認罪，才造成冤案的。儘管這時候實際上真正遭到肉刑迫害的人就像是真正被關進巴士底獄的人一樣非常之少，法國革命者解放巴士底獄的時候發現這裡面其實只有幾個人，遠遠沒有傳說中間「陰森恐怖的巴士底獄使所有熱愛自由的人心驚膽戰」那樣可怕，真正這些肉刑和刑罰可怕的時間早已經過去了，但是它們確實還存在著殘餘。而凱薩琳卻打算在野蠻的俄羅斯，憑她的一紙聖諭，完全廢除肉刑，實現啟蒙主義者設想的那種先進國家。這種做法自然而然使當時還在世的伏爾泰和狄德羅等人感動得不得了。以至於凱薩琳在波蘭以恢復東正教徒的宗教自由為藉口瓜分波蘭的時候，這些法國作家一邊倒地表示支持凱薩琳大帝鎮壓波蘭。

《聖諭》的基本精神就是要建立凱薩琳一輩子最崇拜的偶像——法蘭西式的君主國。這個君主國雖然不是後來意義上的立憲君主國，但是已經具有跟彼得大帝的絕對君主制不同的很多特徵。它是一個具有共治性質的君主國，要有法國的三個等級。凱薩琳迷信法國到什麼程度呢，以至於她後來跟一位法國貴婦人通信的時候還要說，我答應過您要在俄國建立起法國式的第三等級，但是很抱歉，我發現這個工作的困難程度超過了我原來的設想，我還要繼續努力。

上行下效，在凱薩琳的統治之下出現了很多法國迷式的貴族。其中有一位叫尼基塔・葉爾米洛維奇・斯特魯依斯基的貴族，是凱薩琳的狂熱崇拜者。我們要注意，他像凱薩琳本人一樣，不是按照現實中存在的例如路易十五的法國絕對君主制，而是按照伏爾泰和盧梭他們企圖改革法國絕對君主制建立的那種啟蒙主義國家的理性法典而制定法典的。由於他自己就是一個大莊園主，他就把法國作家只在紙上寫出來的理性法典，後來被我們大家都熟悉的托克維爾好好嘲笑過一通的那種寫在紙上的適用於全人類的理性法典，不會因為區區一座庇里牛斯山就使得山北的正義和山南的正義所有不同的那種適用於全世界、基於上帝平等地賜予全世界所有人類的普遍理性所建立的理性法典，在他自己的莊園上實施。

這些理性法典是法蘭西的各位國王不敢或不願意實施的，而且歷史上在法國革命以前也沒有實施過。而他卻把這些東西拿來實施，因為他在自己的莊園上是廣大農奴獨一無二的老爺。於是就產生了跟凱薩琳一樣矛盾的現象：號稱最先進、最理性的制度能夠實施，恰好是因為莊園主貴族老爺大人在他的農奴面前擁有絕對權力。如果是德國的封建主對權力比較多的德國市民，是沒有辦法推行這樣徹底的改革的。農奴們不明白自己的老爺在幹什麼，只知道他又學了一些法國來的新花樣。但是他們不得不馴服地按照老爺的意思，像法國理想主義者設想的那樣，根據理性法典設立理性法庭。舊俄羅斯的法典和本地的習慣法在他的莊園裡停止實施。所有的農奴都組織起來，像法國啟蒙思想家推崇的理性法典那樣主持理性法庭，用理性法庭來處理莊園裡面的各種事務。

他這個莊園能不能夠在他本人死後維持下去，是很成問題的。到底在多大程度上跟廣大農奴組成農奴劇團來取悅莊園主老爺的活動有區別，都是不好說的。但是這個實驗在女皇去世的時候就結束了。斯特羅加諾夫本人聽到女皇去世的消息，就像是後來高爾基聽到列寧去世的消息一樣，放聲痛哭，覺得自己在世界上最大的恩人和保護人去世了，自己活著也沒啥意思了，不久他就去世了。於是，法國思想家在法國未能實現的理性統治在俄羅斯的版本，也就此煙消雲散了。

大多數凱薩琳時代的貴族沒有走得這麼遠，但是一般來說，就像是普希金的詩《葉甫蓋尼・奧涅金》[2]所描繪的那樣，如果不給自己的女兒或者少爺請一個會講法語的家庭教師的話，那真是沒面子做人。你的女兒連法語都不會講的話，在社交場所必然會顯得像一個笨蛋，被其他的少爺們和小姐們嘲笑，那是肯定混不出去或者嫁不到好人家的。如果是男孩子的話，不會講法語或者是跳舞的姿勢不夠優美，跟巴黎舞蹈教師教得不一樣，即使你在前線立下了很大的功勞，在以前彼得大帝時代可以升官發財，在現在也是不行的。當時最流行的參考書就是一本號稱沙皇陛下欽定的青年貴族禮儀教科書，這部教科書就是教你怎樣講社交法語，怎樣優雅地跳舞，怎樣像法國貴族一樣對女孩子彬彬有禮。當然，絕不是對農奴的女兒。農奴的女兒不懂得歐洲禮儀，不會講法語，但是對於身分比她高的少爺懷著一廂情願的單相思感情，這個主題也變成了後來俄羅斯文學的一個重要母題。

搞到最後，像普希金的詩歌中所描繪的那樣，大家把俄羅斯本身的語言視為方言而不予學習，只有保姆才會說。小姐和少爺可能聽得懂，但是自己卻不會說，至少是不會寫。所以，葉甫蓋尼・奧涅金的情人想要給奧涅金寫信的時候，她就只能用法語寫信，因為她根本不會俄語。托爾斯泰就描繪說是，拿破崙大軍逼近莫斯科的時候，俄國貴族忽然想起來自己應該愛國，但是又狼狽地想起他們其實不會寫俄語。於是又出了比請法語教師更高的價格，趕緊請了一批俄語教師，好讓他們自己——至少是他們的孩子還會寫俄語。但是在凱薩琳所在的時期，這個必要性是根本沒有的。她等於說是培養出了幾代人，包括她的孫子亞歷山大沙皇那種以法語為母語的俄羅斯貴族。

模仿法蘭西的巨大代價

凱薩琳本人的憲法體制就如前所述，是建立具有三個等級的、像法國一樣的俄羅斯帝國。但是這個俄羅斯帝國當中其實沒有像法蘭西王國那樣的封建貴族，在當時已經只剩下彼得大帝培養出來的官僚貴族了。即使如此，在她建立三個等級的王國的努力當中，這個官僚貴族階級仍然是她最能拿得出手的東西。官僚貴族雖然不是封建貴族，但是畢竟還可以算是貴族。畢竟

2 《葉甫根尼・奧涅金》，普希金的詩體小說，是俄國詩人普希金的韻文小說，全景式地展示了當時俄國社會的全貌，堪稱「俄國生活的百科全書」。

凱薩琳還可以做彼得大帝曾經做過、而她可以加倍做的事情，就像她對狄德羅所做的那樣。她年輕的時候就是法國作家（包括狄德羅）的粉絲。後來她當上了女皇，聽說狄德羅在經濟上遇上了困難，想要變賣他的全部藏書，她頓時表示說，我也是作家，我知道藏書對作家是多麼重要，把作家和他的藏書分離開來是一件極其殘酷的事情。於是，她派她的大臣到法國去，用重金全部買下了狄德羅的藏書，以免使它們分散。然後買下了藏書以後，又用重金聘請狄德羅做皇家圖書館的管理員。也就是說她出了兩筆錢，一筆錢買狄德羅的書，然後把狄德羅的書還給狄德羅，還要給狄德羅按月按年支付圖書管理員的工資。唯一的條件就是，等狄德羅死後，不再需要這些書以後，再把這些書送到俄國來，交給買主凱薩琳。這樣的交易當然是非常照顧狄德羅本人的，狄德羅本人也對女皇感恩戴德。在當時還沒有宣傳部門的年代裡，他作為著名作家和歐洲輿論場的大V，替俄國沙皇說了無數的好話。凱薩琳雖然是一個很精明強幹的馬基雅維利主義者，但是她對狄德羅的做法倒真有可能主要是出於年輕時代、心靈還純潔的那個時代的感情，而不是為了撈取宣傳方面的好處，雖然宣傳方面的好處她實際上是得到了。

從凱薩琳在俄羅斯帝國推行的改革來看的話，她對法國的執迷不完全是出於物質利益，她就是真心覺得法國的制度非常先進。她一方面企圖把貴族變成法國式的貴族等級，教士變成法國式的教士等級，但是在把俄國商人變成法國式的第三等級這方面，就遇到了無法克服的困難。彼得大帝建立的國有企業對增加國庫收入有很大的用處，她本人又利用歐洲金融財政之類的發展，開始在俄羅斯帝國推行紙幣政策和貸款政策，這兩者都極大地增加了帝國的收入。只是歐洲列強推行這一類政策背後有一個強大的資產階級和市民社會，有不斷蓬勃發展的經濟作為基礎，而俄國沒有這樣的資產階級，俄國經濟也要落後得多。所以，她用這種方法大大增加了政府的收入和債務以後，這些收入和債務最後都改頭換面，通過食鹽專賣和各種國家壟斷公司的方式，轉嫁到了俄羅斯內地的廣大消費者身上。而轉嫁到消費者身上的結果是，由於最主要的消費者往往是鄉村和小城市的地主，他們的開支極大增加了以後，他們不可避免要去壓榨他們的農民，想法設法從農民身上增加收入。如果實在沒有收入可以增加，至少要尋找藉口使他們多勞動一些。我們要注意，法蘭西王國的三個等級當中也是不包括農民的。因此最後，建立三個等級所造成的絕大部分壓力都壓在了農民頭上。

而帝國政府的精明強幹的女皇本人意識到，她不可能真正為了保護農民的利益而去觸犯作為帝國基礎的貴族和地主。而且，為了進一步地推行她的偉大理想，她還需要一批受過現代歐洲新教育的貴族跟她合作。因此，在帝國財政無法開展的情況之下，她只有像以前的幾位沙皇一樣，犧牲農民的利益來討好貴族地主。而且還要進一步，把這些人的非正式的、默許的、零星的做法以法律的形式固定下來。之所以如此，正是因為她是西歐的崇拜者，因此她也是一位立法狂。她要求把俄羅斯帝國混亂的法典整理起來，使之有規範。而在這些法典當中，就最終正式承認了地主有對農奴的處理權，地主在出賣土地的時候有權把農奴作為土地的一部分出賣。我們要注意，這種把農奴和土地一起出賣的事情早在凱薩琳當政以前就有了，但是只是一個模糊的習慣。朝廷關心的只是地主能不能夠提供足夠的兵源和稅收，並不關心他們是怎樣搞到這些東西的。而凱薩琳的政府要制定歐化的法典，要使土地財產權明確和清晰起來。

在地廣人稀的俄羅斯，土地本身不一定很值錢。如果沒有勞動力的話，土地很可能賣不出去。沒有勞動力的土地很容易重新退化成為雜草和森林的地帶，有勞動力的土地才能賣得出去。勞動力數字的高低，能夠很大程度上影響土地的價格本身。因此，出賣土地的地主們要向買主提供的最重要資訊就是，我這塊土地為什麼能夠賣出八百盧布或者八千盧布。主要因素就是，你看，我這上面有多少個精壯的男勞動力。如果我只賣地，而勞動力卻跑到別的地方去了，那麼我差不多就是在騙你了，把以前值錢、但是以後不可能值錢的土地塞給了你。因此，土地和勞動力同時轉移，是符合當時的經濟和社會狀態的。但是在受過西歐啟蒙思想的新派人士看來，農奴像牛一樣被賣了出去，這難道不是奴役的最好證明嗎？凱薩琳的政府把這樣的條款正式地納入了俄羅斯帝國的條款，所以凱薩琳一朝才是俄國農奴制真正確立的朝代。彼得和他以後的朝代，由於朝廷開支的增長，製造了農奴制固定化和正規化的必要條件。精明而現實的凱薩琳把已經造成的既成事實以法典的形式固定下來了。到了她的孫子亞歷山大一世所在的時代，就變成她親手創造出來的俄國自由派貴族痛心疾首、必須要除掉的一個毒瘤了。

凱薩琳留給俄羅斯的主要的自由主義遺產是地方制度。彼得大帝很可能也有改革俄國地方制度的用心，但是他一生倉促，率領他的相當孤立、人數並不很多的洋務派改革集團在帝國東西南北跑上跑下，今天做這個，明天做那個，做的工作都很不系統。在地方制度方面，他基本上是把過去的軍區制和督軍直截了當地改成了省區制和省長，留下的成績是非常粗糙的。凱薩琳決心按照法國方式來改革省制，按照經濟、地域、人口和文化各方面合理的指標重新改組省界，把原來的十幾個軍區改成五十個省區，最後消除了彼得大帝時代把軍役貴族轉化為官僚貴族、把軍區轉化為省區的最後一點殘餘。凱薩琳以後的省區大體上可以視為行政單位而非軍事單位了。同時，她按照法國的管理體制來管理地方，把彼得大帝以後基本上被打散的地方自治機構恢復起來。最重要的一項是在司法方面，因為司法是政治不太重要的方面，並不直接威脅到女皇本人的政權。她把地方法院交給貴族選舉產生，使它不再受沙皇的完全控制。同時，讓各等級貴族選舉出監督省政的委員會，在中央政府任命的省長之外設置至少是享有一定諮詢權力的貴族委員會。貴族委員會的議員可以選舉自己的貴族長，貴族長可以主持簡單的仲裁法庭。可以說，後來在亞歷山大二世時期的改革，例如英國式的陪審制和地方自治局（Zemstvo），在凱薩琳二世的地方制度改革當中已經初見端倪。或者不如說，後者根本就是前者在制度上的進一步延伸。但是由於農奴制的緣故，俄國自由主義者和親歐派一般都不肯原諒凱薩琳，所以很少願意提到她在這方面的功績。我們要注意，理論上的制度和現實上的制度是不一樣的。理想主義者在紙上設計而在現實中沒有實行過的制度是很難實施的。如果沒有現實中已經有的類似制度作為可以依託的基礎的話，亞歷山大二世的改革可能是不會成功的。

凱薩琳在歐洲引起的印象，一方面是，法國啟蒙思想家在法國本身和西歐都不能完全實現的改革，在俄羅斯似乎有一部分是被女皇完全實現了，因此得到了很大的名譽；一方面是，她在歐洲政壇上對土耳其和波蘭的軍事行動擴大了俄羅斯帝國的版圖。她從波羅的海派出的艦隊一路繞過直布羅陀海峽，繞過義大利半島，來到希臘，援助希臘東正教徒的起義，殲滅了土耳其艦隊，一度威震歐洲。但是從俄羅斯帝國內部，她本人和她的海軍司令奧爾洛夫都承認，這支俄國艦隊也就是能打土耳其艦隊，如果跟歐洲列強的艦隊相遇的話，勢必全軍覆沒。但是在輿論方面，由於她只打土耳其和波蘭的緣故，她在外交上獲得了極大勝利。俄羅斯帝國在她統治的時期顯得空前強大，但是這個強大有一定的紙老虎性質，需要有一個像凱薩琳本人這樣精明強幹的人來控制它的外交。如果落到蠢人保羅或者理想主義者亞歷山大一世手裡面，那麼紙老虎是很可能會露出原形的。後來這兩件事情在她死後就都發生了。

保羅一世確立了俄羅斯皇位繼承法

凱薩琳去世以後，保羅登基。保羅年輕的時候跟女皇一直不和，很害怕女皇像以前的幾位沙皇一樣罷黜他的皇位，直接讓皇孫亞歷山大登基。當時彼得大帝的繼承法還沒有取消，女皇實際上是可以任意指定繼承人的。可以跳過他，本身是沒有問題的。而亞歷山大雖然年輕，但卻是一個聰明好學的少年。女皇在他身邊部署了一系列法國教師。所以，年輕的亞歷山大其實是一個「十二月黨人」。儘管當時還沒有十二月黨人，但是他是從他的講法語的瑞士老師那裡學到了一整套啟蒙主義的觀念。而他又不像凱薩琳那樣是一個精明的、決不放棄自身利益的、瓊·克勞馥類型的人，而是那種感情豐沛、為了實現理想社會而甘願犧牲自己利益的人物。他把這種啟蒙主義的感情和基督教的精神結合起來，變成了那種只要能夠實現臣民的自由和幸福、即使是犧牲沙皇本人的利益和朝廷的傳統權利都無所謂的角色。保羅夾在聰明的讀書人亞歷山大和聰明的作家凱薩琳之間，而本人像彼得三世一樣，雖然在軍事方面有一定的才幹，但是對於文人的筆桿子方面卻從來都拿不起來，深刻地感到自己受到歧視，隨時都有完蛋的危險。好不容易女皇沒有廢除他，他在登基以後就開始推行破壞性的工作。一方面破壞女皇的外交政策，另一方面企圖廢除女皇時代貴族已經得到的分享地方政權的權力。

他留下的遺產只有一樣是比較有利於帝國的，就是王位繼承法。這當然是出於他自身的利益。他很害怕自己被廢除，於是就接受法國大使的建議，頒布了西歐式的王位繼承法，規定王位的正統繼承順序。這個繼承順序跟歐洲國家的繼承順序大同小異。首先是父子相傳，長子優先繼承。在長子沒有後裔的情況之下，優先由他的弟弟繼承。如果凱薩琳在世時期頒布了這樣的繼承法，他就不用這麼擔心了。這是他給俄羅斯帝國留下的唯一正面遺產。在其他方面，他的做法是為了擴張他自己的個人權力，把前任女皇留下的那些礙手礙腳的地方自治機關踢開，重新恢復俄羅斯帝國的東方專制特點。這就嚴重地違反了凱薩琳培養的三個等級當中唯一成功的那個等級——就是貴族等級的利益。儘管他們並不像是歐洲貴族那樣上半身和下半身全都是貴族，他們的下半身是東方的農奴制，但是上半身是講法語的巴黎紳士。他們很高興跟凱薩琳大帝本人一樣「生活在別處」，在聖彼得堡的宮廷和各省的議事廳中把自己表現得跟法國貴族沒有區別，同時一面享受農奴制給自己帶來的、法國貴族享受不到的利益。而保羅卻想要把他們打回凱薩琳女皇以前的那種狀態，完全依附於省長。他們對此是感到無法忍受的，於是他們發動政變，擁戴亞歷山大沙皇登基。

亞歷山大一世把西化路線推行到底

亞歷山大沙皇是凱薩琳精心培養的，是用思想最先進、水準最高的現代化法國教師培養出來的人才。在他們看來，這樣一個人才才能夠真正繼承凱薩琳大帝的路線，把俄羅斯帝國的西歐化路線推行到底。亞歷山大本人當然也是不負眾望，他是凱薩琳改革的完成者。他企圖為俄羅斯帝國制定一部憲法。他在當政之前就建立了相當於秦王府十八學士這樣的班底，其中包括很多波蘭貴族和法國貴族。這些人都把希望寄託在未來的沙皇身上。在他當政以後，又發掘了拿破崙都佩服的人才：斯佩蘭斯基（Mikhail Speransky），來主持他的改革事業。

亞歷山大的改革方案大體上來說就是這個樣子的：建立歐洲化的、三權分立的立憲君主制，為俄羅斯帝國制定一部正式憲法，把彼得大帝建立起來的、擁有攝政權和行政權的參政院改成最高法院和監察機構。參政院的成員一部分由貴族選舉產生，一部分由沙皇指定。以後就像英國上議院一樣，充當俄羅斯帝國的最高法院。同時還保留一部分監察權，保留彼得大帝給它設置的登記法令的各種權力。另一方面，他把過去從舊莫斯科時代留下來的各種亂七八糟的衙門，什麼喀山衙門、阿斯特拉罕衙門，彼得大帝和凱薩琳大帝都沒有整頓完畢的各衙門，合併成為八個歐洲式的大部，外交部和國防部這樣的大部。然後把這些大部的部長大臣們合併起來，組成一個大臣會議，沙皇像奧蘭治親王一樣主持大臣會議。大臣會議是俄羅斯帝國的最高行政機關，所有的行政權力全部歸於大臣會議。然後把凱薩琳已經建立起來的只有諮詢權力的那些地方自治機關完善起來，從各縣到各省分別選舉出自己的貴族會議和等級會議。貴族會議和等級會議跟內政大臣派出的省長和特派員處於分庭抗禮的地位，彼此都是直屬於沙皇的。最後，最關鍵的是元老院。元老院要行使過去由參政院和沙皇分享的立法職能。也像參政院一樣，有一部分成員要由沙皇指定，另一部分成員以間接選舉的方式由全國貴族選舉產生。元老院行使過去大貴族會議和國家杜馬的權力。至高無上的沙皇，基督在塵世間的代理人，作為人民崇拜和愛戴的象徵，立於三權之上。這就是亞歷山大和斯佩蘭斯基為俄羅斯帝國設置的宏偉的改革方案。在這個改革方案之下，俄羅斯帝國由彼得大帝開啟、凱薩琳大帝完善的偉大改革事業似乎可以大功告成，俄羅斯就要變成全世界最文明、最高貴的民族了。

波羅的海各省與芬蘭的自由歸功於亞歷山大

對於農奴制，亞歷山大首先在條件最好的地方，就是從瑞典王國割讓給俄羅斯、但仍然根據自己的習慣法統治的今天的愛沙尼亞和拉脫維亞，當時稱為利夫蘭（Livland）、庫爾蘭（Courland）和英格里亞（Ingria），推行贖買制的農奴制度。這些地方的地主一般是德國人和瑞典人，農民一般是愛沙尼亞和拉脫維亞的土著。傳統上，貴族地主和他們的附庸之間的關係是跨世代的，一代一代永遠都是這樣的。貴族是不能解雇他的農奴的，但是農奴也不能擺脫對貴族的依附關係。亞歷山大的改革是由國家發行國庫券的方式出錢給地主，改變原先雙方共同所有的方式。封建主義的土地所有制是多重所有制，而不是羅馬法那樣的單一所有制。亞歷山大和他周圍的顧問認為，根據拿破崙法典和法國改革家的精神，這種制度是不利於現代化和經濟發展的，需要給土地搞出明確的產權來。因此，原有的共同享有的產權一分為二，貴族地主擁有一半土地，農民擁有另一半土地。農民完全獲得自由，可以租種自己的土地，也可以只種自己的土地，也可以把土地出賣了，自己去打工或者幹別的，像拿破崙法典規定下的法國公民一樣自由。地主無緣無故地損失了一半土地，這筆損失由國家用國庫券和其他形式來補償。由於農民是地主所受損失的主要受益者，這幾個省的地方政府可以以消費稅或者其他方式向農民徵稅來彌補損失。

在獲得自由以前，農民的地位相當於是養子或者家僕一樣。一家的代表人就是那個一家之主的男人，沒有說是他的妻子、兒女和僕人要享有投票權的。即使在法國大革命的時候，革命者也仍然認為僕人沒有資格單獨投票。他如果單獨投票的話，那就等於是蘇聯在聯合國有三票，蘇聯一票，白俄羅斯一票，烏克蘭一票。請問為什麼德克薩斯不能跟美國同樣投票呢？白俄羅斯和烏克蘭投出來的票肯定跟蘇聯是一樣的。貴族家裡面的僕人投出來的票肯定跟老爺是一樣的，這等於是不正當地增加了貴族的投票權，所以有貴族家長的一票就夠了。解放以後就不再是這樣了，農民主持自己的農民協會，選舉自己的等級代表。貴族地主主持自己的貴族協會，選舉自己的貴族長。雙方選舉的代表，在利夫蘭和英格里亞各省的省議會裡各自組成自己的院。這些各等級代表共同組成省議會，監督省長。

這樣一來，波羅的海各省除去還要受沙皇的宗主權監督以外，就變得很像是英國式的自治領了。同時，由於他們是懂德語和歐洲語言的，對於外交關係在國家利益中占非常重要地位的俄羅斯帝國來說，是帝國不可缺少的人才，因此他們幾乎占據了俄羅斯外交官的八、九成。如果失去了俄羅斯帝國，僅僅當一個小小的愛沙尼亞的外交官，他們在巴黎和倫敦是沒人理睬的。如果保留俄羅斯帝國，他們作為聖彼得堡的外交官到巴黎和倫敦去，那就是大人物。因此，只要俄羅斯帝國還存在、他們的自治權仍然存在的話，波羅的海各省是沒有很強的動機要享有獨立的。波羅的海各國的獨立，是布爾什維克奪取政權的結果。其實如果布爾什維克不奪取政權的話，即使是芬蘭大公國，也可能是只會滿足於爭取更多的自治權，而並不想要真正動搖沙皇作為立憲君主的名義權力。同時，根據維也納會議，亞歷山大在波蘭建立了立憲制的波蘭王國，在波蘭頒布了一部憲法，派自己的弟弟康斯坦丁代表他進駐華沙，在波蘭實行英國式的立憲君主制。這樣，在俄羅斯帝國內部，至少就有了兩個符合歐洲標準的立憲君主制國家，就是波羅的海各省和維也納會議規定的會議波蘭王國。波羅的海各省沒有王國的稱號，而波蘭王國的國王由沙皇本人兼任。

波羅的海各省的農奴根據上述的條件，已經獲得解放，因此它變成了一個芬蘭式的、貴族和農民都在議會中有自己代表的立憲制國家。而波蘭的農奴並未解放，要到一八六〇年代以後才解放，所以波蘭的議會像過去並不依附於俄羅斯的獨立的波蘭第一共和國一樣，是由地主階級包辦的，農奴沒有什麼投票權。而至少在波蘭東部的烏克蘭各省，農奴往往是烏克蘭人或者羅塞尼亞東正教徒，地主貴族往往是天主教徒。所以凱薩琳在打擊波蘭地主貴族的時候，最現成的手段就是伏爾泰他們最喜歡的宗教自由，把被壓迫的東正教徒解放出來。但是她的做法只是淺嘗輒止，只是嚇唬一下那些企圖要鬧獨立的波蘭貴族。只要你們不鬧獨立，或者在俄國軍隊把獨立派鎮壓下去以後，凱薩琳是根本不願意讓農奴騎在自己的主人頭上的。當然，她本人其實也是出身日耳曼人的。她可不會認為東正教的俄羅斯人是她的同胞，而天主教的波蘭人是她的敵人，要保護同胞來反對敵人。她要維護的是貴族地主淩駕於農奴之上的權力，無論這個貴族是信什麼教、講什麼語，反正他都要比農奴高貴一點。

亞歷山大王朝在波蘭的改革維持到一八六〇年，由於波蘭獨立戰爭的失敗而垮台了。在波羅的海和芬蘭大公國推行的立憲君主制度，則一直維持到布爾什維克革命。這個長達百年的穩定性，是今天的波羅的海國家和芬蘭完全有資格作為歐洲國家而存在的基礎。芬蘭和波羅的海國家的自由制度，最大的功臣就是亞歷山大沙皇。這些地方本來就是瑞典人統治下的，他們有歐洲化的基礎，但是亞歷山大沙皇如果在農奴制改革或者在地方議會改革的時候懷著彼得三世或者保羅一世那種搞破壞的心理的話，因為他老人家畢竟還是沙皇，他手下畢竟還有幾十萬雄兵，或者按照尼古拉沙皇對待波蘭的那種態度來對待這些國家，那麼他們的社會必然會受到相當大的損害。這些損害沒有發生，我們必須說，這些都是亞歷山大一世的功勞。而亞歷山大一世以後的沙皇，例如尼古拉沙皇，對波蘭和自由思想都有一點看不順眼。但是他們作為亞歷山大本人的臣民和曾經效忠過亞歷山大的親王，也跟俄羅斯各階級人民一樣，把亞歷山大沙皇作為偉大的沙皇看待。第一個進軍巴黎，第一個建立神聖同盟，第一個把俄羅斯推到歐洲列強的仲裁者的地位，使俄羅斯君主位居歐洲各國君主、神聖羅馬皇帝產生的奧地利皇帝、虔信基督的法蘭西國王之上。這樣一筆偉大的遺產，是任何珍惜自身正統地位的沙皇所不敢動的。由於芬蘭大公國和波羅的海各國的憲政改革是偉大的亞歷山大沙皇的遺產，以後的沙皇無論自己在政治上採取什麼立場，都不敢動。動了這方面的遺產，就說明他不尊重亞歷山大沙皇。所以我們就能夠理解，為什麼獨立以後的芬蘭總統仍然在自己的家裡面掛著沙皇的像。他們沒有忘記沙皇過去給他們的封建性的恩惠。而芬蘭和波羅的海各國的獨立，如果給予公正的歷史評價的話，亞歷山大一世沙皇是居功至偉的。

但是在俄羅斯腹地各省，亞歷山大的改革推行得就沒有這麼順利了。斯佩蘭斯基本人很快就被阿拉克切耶夫（Aleksey Arakcheyev）取代了。布爾什維克的歷史學家和很多自由派的歷史學家認為，斯佩蘭斯基的失寵和阿拉克切耶夫的得寵是亞歷山大本人從自由主義者轉向反動派的一個標誌。但是實際上並非如此。斯佩蘭斯基並沒有被罷官，而是被派到地方上去擔任總督，推行他本人企圖在全國執行的那種行政立法改革去了。由於俄羅斯地方的行政機器向來很薄弱，俄羅斯貴族階級人才甚少，即使在大量引進客卿以後，推行現代化的管理體制仍然缺人，所以不是說在紙上畫出藍圖就到處都可以執行的。讓斯佩蘭斯基在他的轄區裡推行改革，建立幾個模範省，然後再在全國推行，才是亞歷山大的計畫。而阿拉克切耶夫之所以得寵，有一部分原因是因為，他是一位有經驗的農奴制改革家。亞歷山大沙皇不僅準備建立立憲君主制，而且還準備解決他祖母留下的農奴制問題，把他在波羅的海國家推行農奴制改革的經驗推行到全俄來。但是這裡面的問題就是，波羅的海國家本來就比較富裕，而且人口也比較少，有自己獨立的貨幣和財政體系；而在俄羅斯帝國推行這樣的改革，經費是很成問題的，為此而發行的國庫券會讓國家破產的，所以只能實驗性地分區推行。

在亞歷山大一世去世的時候，他只解放了俄羅斯帝國百分之三的農奴。而在這個解放農奴的過程當中，阿拉克切耶夫大臣作為一個有經驗的行政家，是他最重要的助手。我們很難認為解放農奴的一個重要推手會是不折不扣的反動派，也很難認為在地方總督府幹得很漂亮的一個行政官員是純粹的帝國體制反對者。實際上從亞歷山大本人的角度來講，斯佩蘭斯基和阿拉克切耶夫都是幹練的行政官，而且他們兩人的私人關係也談不上是死對頭。他們是亞歷山大的左膀右臂，只是被亞歷山大交付了各方面不同的工作而已。而亞歷山大的改革並沒有完成。他跟凱薩琳一樣，他的工作在參政院和司法方面完成得比較徹底，在比較基層的縣和幾個比較好的模範省完成得比較徹底；在中央一級，在建立中央立法機構這方面，是完成得最差的；在行政整頓、建立大臣會議這方面，也還算是差強人意。立法機構的無法完成，主要不是由於沙皇本人轉向反動造成的，而是由於俄國貴族階級缺乏人才。而凱薩琳大帝都沒有造成的三個等級（照我們現在的話說就是沒有一個資產階級社會或者市民社會），也是亞歷山大沙皇沒有辦法憑空製造出來的。但是他的做法為後來亞歷山大二世的地方自治局是做了很多準備工作的。

亞歷山大一世本人為了培養民間組織，據說他本人就參加了共濟會。這只是一個傳說，因為共濟會的章程是保密的，所以大家並不能夠真正驗證。但是，他像是凱薩琳大帝鼓勵法語家庭教師那樣鼓勵民間結社，這是一點兒都沒有問題的。據說，在當時建立政治性的會社，建立改革會社，就像是成立股分公司一樣的容易。而且，後來發動十二月黨人政變的北方協會（Northern Society），就是在亞歷山大本人的鼓勵之下建立起來的。而他們的活動，直到政變當天，是莫斯科總督本人非常清楚的。但是莫斯科總督根本沒有打算取締他們，因為他知道，他們所做的事情就是亞歷山大本人所做的事情。而且他也沒有想到，這些人居然會敢於反對亞歷山大的遺囑。

十二月黨人事件與尼古拉的保守轉向

亞歷山大去世以後，本來第一繼承人是康斯坦丁，但是康斯坦丁在波蘭娶了波蘭姑娘做自己的妻子，一心想要做一個歐洲人，對於俄國政府沒有興趣，他不肯接受皇位，要讓位給尼古拉，並且自己帶頭對三弟尼古拉宣誓效忠。而聖彼得堡的尼古拉不知道這件事情，他也不想要當沙皇。他認為，大哥亞歷山大去世以後，當然是二哥康斯坦丁當沙皇了。於是他本人表示要帶頭維護亞歷山大的君主制，率領自己身邊的貴族和軍官向亞歷山大宣誓效忠。結果就出現了波蘭的俄羅斯貴族（包括康斯坦丁本人）向尼古拉效忠、而彼得堡的貴族卻在尼古拉本人的率領下向康斯坦丁效忠的矛盾局面。

當時的通信還很不方便，所以雙方的交涉和解釋花了很長時間。最後大家才同意讓康斯坦丁退位，讓尼古拉登基。於是在這個中間階段，激進的改革派就決定以康斯坦丁的名義發動政變。他們對康斯坦丁親自率領過的幾個團的兵營舉行煽動活動說，尼古拉是叛徒，王位本來是康斯坦丁的，他篡奪了康斯坦丁的王位，你們可要為康斯坦丁大公出頭啊。最初尼古拉並不知道這件事情，等到被改革者煽動的士兵來到廣場的時候，尼古拉才明白過來發生了什麼事情，派了一位跟康斯坦丁和尼古拉很熟悉的老將軍來到廣場上。這位老將軍撕下胸口的衣服，表示自己沒有帶武器，而且撕下胸口的衣服就是讓你們隨便殺的意思。他信誓旦旦地向士兵們說：「我是康斯坦丁大公本人的忠僕，我親眼看見他簽署了放棄皇位、效忠於尼古拉的文件。你們憑著良心說，你們相信我這個白髮蒼蒼的老軍人會背叛我的恩人康斯坦丁嗎？請你們一定要相信我。」但是士兵們在煽動家的指使之下拒絕相信他，於是雙方就終於打起來了，發生了我們大家都知道的事情，十二月黨人被鎮壓了。

十二月黨人的革命，實際上是亞歷山大本人所製造出來的那些會社其中的極端分子失控的產物。照亞歷山大本人的設想，俄羅斯幅員廣大，民智未開，要實現他的立憲君主制的理想，首先就要有托克維爾所說的那種中間團體和民間團體的存在，要不然軟弱的市民階級是沒有辦法承擔義務的。彼得堡、莫斯科和各省都要有文學社諸如此類的結社來傳播西歐的先進思想。

等到人民習慣於西歐的先進思想以後，他設想的立憲君主制和各等級的選舉制度才能夠完全實現。在他看來，這些人基本上就是他自己在青年時代的化身，是改革俄羅斯帝國必要的民間組織。不但不應該取締，而且還是應該鼓勵的。

十二月黨人的政變改變了這一切。尼古拉發現，亞歷山大一心想要鼓勵的這些中間階級居然做了反賊，而凱薩琳和亞歷山大都不是很重視的最底層的、最受壓迫的東正教農民反而赤膽忠心地保衛沙皇。於是他轉向保守主義，從保守主義思想家那裡取經，提出了大俄羅斯君主專制的三位一體理論，就是俄羅斯君主國、東正教和俄羅斯人民的三位一體。俄羅斯帝國君主作為全體人民的代表，而不是像西歐君主那樣只代表貴族和資產階級的利益，比西歐立憲君主制更加先進而高明。

但是我們要注意，所謂的尼古拉的反動只是意識形態方面的反動。在真正起具體作用的國家機構的改革方面，他只是放慢了步伐。例如，十二月黨人本來是準備以康斯坦丁的名義推翻尼古拉，然後得勝以後推舉亞歷山大的改革家斯佩蘭斯基充當他們政變成功以後的政府總理。而尼古拉調查以後卻認為，斯佩蘭斯基當時正在地方上擔任總督，完全沒有參與陰謀，而且他也是先皇亞歷山大的忠臣，所以他繼續提拔斯佩蘭斯基，任命他做俄羅斯帝國法典的總編輯官。實際上，斯佩蘭斯基的改革在尼古拉一朝仍然在悄無聲息地進行。如果沒有這方面的積累的話，亞歷山大二世的改革也是不可能成功的。歷史在它的基層往往是連續性的，表面上的斷

解放農奴

俄羅斯藝術家鮑里斯·庫斯妥迪耶夫（Boris Kustodiev，1878-1927年）繪於1907年，描繪了1861年農奴們聆聽農奴解放宣言。

1861年亞歷山大二世發布二一九法令（農奴解放宣言），使超過二千三百萬的農奴獲得自由。農奴被授予自由公民的所有權利，包括無需獲得許可就可結婚的權利、擁有財產的權利和擁有自己事業的權利，並規定農民可以向地主購買土地。

沙皇亞歷山大二世開創了俄國歷史上最偉大的改革時期，他不但廢除了農奴制，也打造出實施立憲制的基礎。讓農民、貴族地主、商人各自選舉自己的代表，各等級代表形成一個完整的縣自治局。經過幾十年的實踐，再由縣市自治局產生最高級的機構——即國家杜馬。

裂往往是出現在上層。

尼古拉去世以後，厭倦了尼古拉長期保守主義和消極統治的俄國貴族們，尤其是在克里米亞戰爭失敗以後，把尼古拉的保守主義造成的戰爭失敗跟凱薩琳和亞歷山大的開明政策給俄羅斯帝國帶來的巨大光榮進行對比，改革派又一次占了上風。這種論證就像是，在日俄戰爭結束以後有些人理直氣壯地宣稱：「俄國之所以失敗，是因為俄國是一個專制國家；日本之所以勝利，是因為明治維新開創了日本的憲政。憲政優於專制。俄羅斯沒有憲法，所以輸了；日本有憲法，所以贏了。」這個論證是一點兒都靠不住的。亞歷山大二世時期的改革派所論證的那一套，「亞歷山大一世能夠威震巴黎，是因為他是偉大的啟蒙者；尼古拉搞保守主義，結果使得英法聯軍打進了克里米亞」，同樣也是一點兒都靠不住的。戰爭的勝負取決於很多因素，特別是俄國國內政策所不能控制的國際因素。但是這樣的說辭在當時的公共輿論界畢竟是很有吸引力的。

農奴制的廢除、地方自治局與國家杜馬的設立

亞歷山大二世開創了俄國歷史上最偉大的大改革時期。眾所周知，他廢除了農奴制，從社會的最基層實現了亞歷山大一世在波羅的海國家所實現的那種立憲制基礎。我們要明白為什麼

廢除農奴制是立憲制的基礎。立憲制的基礎在哪裡?就是各縣和各鄉的人民要選舉出自己的代表,跟中央派來的行政官分庭抗禮,這是關鍵。人民怎樣投票呢?通過各等級團體投票。貴族早已享有投票權。自凱薩琳大帝以來,貴族長是可以制約縣長和省長的。但是貴族只是當地居民中最有文化、最有錢有勢的少數。如果大多數居民仍然是無權無勢的、可憐的、連遷移自由都沒有的、可以隨土地被拍賣的農奴的話,那麼立憲制度的根基就是不穩定的。尤其是,貴族的收入如果是來自於農奴的勞動的話,他就有利益維持農奴制,這就使得立憲制度永遠不可能站得住腳了。所以,首先要解放農奴,讓農奴組成自己的村社。

村社本身是一個政治單位。村社的管理機構是由村民選舉出來的村民長老組成的。村民自身構成等級。像愛沙尼亞的農民一樣,他們可以選舉自己的代表。貴族地主選舉自己的代表,商人選舉自己的代表。各等級代表彙集起來,這樣才能夠形成一個完整的縣自治局。縣自治局和省自治局的根基打牢了,經過幾十年的實踐以後,把相應的法律制度都已經完善了以後,再由縣市自治局產生最高級的機構——亞歷山大一世和斯佩蘭斯基曾經設置過的元老院,就是國家杜馬。國家杜馬的設立,使亞歷山大一世設想的立憲君主制最終得以功德圓滿。俄羅斯沙皇在王位繼承法和立法議會的雙重輔弼之下,將會變得跟英國國王沒有任何區別。從此,羅曼諾夫王朝江山永固,俄羅斯帝國強大而文明。這是亞歷山大二世改革的精髓。我們要注意,亞歷山大二世改革在思想上來講沒有任何創新之處,他所做的全都是亞歷山大一世和斯佩蘭斯基所設想過的。但是就實際上的法律和制度來講，亞歷山大二世時期的俄羅斯是進步最快的。

另一方面的遺產就是陪審制。陪審制其實也是凱薩琳和亞歷山大一世已經開始的，但是在亞歷山大二世時期的俄羅斯變成了真正正式的制度，最終變成了摧毀沙皇制度的一個重要因素。陪審團和法典是啟蒙思想家的主要據點，由人民選舉產生的陪審團負責執行啟蒙思想家編纂的法典。而這些法典是很少有死刑的，陪審團也根本不願意判死刑。號稱專制的俄羅斯帝國在伊莉莎白女皇統治時期，她在上任的時候就發誓說，「如果上帝恩典，讓我奪得了皇位，那麼在有生之年我不殺一人」，而她說到做到。亞歷山大二世以後的俄羅斯陪審團很少願意按照政府的旨意判處政治犯死刑的，卻經常使政治犯無罪釋放，使得員警和憲兵處在極不安全的地位。

亞歷山大二世被民意黨人（Narodnaya Volya）刺殺這件事情，跟亞歷山大一世去世以後十二月黨人發動政變是非常相似的。刺殺案件和政變的發動者，都是前任沙皇殫精竭慮施恩、為了拓展立憲制度而在民間培養出來的那些團體當中的極端分子。他們採取行動的結果是導致繼任的沙皇採取延緩和推遲改革的措施，而延緩和推遲改革則被後來產生了立憲民主黨的那個激進自由派和布爾什維克的史學家稱之為保守或者反動。但是從制度建設的角度來講，我們必須說，尼古拉二世沙皇和亞歷山大三世沙皇恰好就是亞歷山大一世沙皇和亞歷山大二世沙皇的政策最可靠的執行者。正如斯佩蘭斯基並沒有被所謂保守派的新任沙皇罷黜、而是繼續從事他的奠基工作一樣，亞歷山大二世的自由派大臣，包括後來我們大家更加熟悉的、寫出《洛麗塔》這部著名小說的納博科夫家族，繼續在亞歷山大三世一朝推行司法改革和地方自治建設。後來二月革命產生出來的俄羅斯共和國，自由派的主力就是以李沃夫公爵（Georgy Lvov）為代表的地方自治派。這些工作雖然是由亞歷山大二世開創的，但是得以落實和鞏固主要是依靠亞歷山大三世。

從凱薩琳和保羅以來的歷史來看，俄羅斯沙皇基本上像是美國政黨選舉一樣，有它的鐘擺性。一個激進派的沙皇上台以後，接下來會出現激進主義的失控，然後就會有一個保守派的沙皇上台。亞歷山大三世沙皇去世以後，時鐘再度擺向改革派一邊。最為吊詭的是，保守派在執行激進派的改革方面，實際上是比激進派做得更多的。但是無論如何，在上層階級看來，亞歷山大三世的去世是俄羅斯再一次由保守穩健轉向激進變法的一個有利時機。軟弱的、我們都熟悉的尼古拉二世，主持了亞歷山大三世的巨大工程的最後部分，就是國家杜馬的選舉。第一次世界大戰爆發時期的俄羅斯帝國已經有完全獨立的司法機構，以及在法律上並不像英國議會那樣有權、但是在事實上經常能夠借助政治形勢劫持沙皇、往往能夠做出比英國議會更大膽舉動的國家杜馬。在國家杜馬的下面，是各級的地方自治局。地方自治局能夠控制的資源，經過俄羅斯帝國末期幾十年的經營，早已大大超出由凱薩琳大帝整頓以後建立的那個省級行政機關。

一九〇六年聖彼得堡塔夫利宮（Tauride Palace）的第一屆國家杜馬會議廳

俄羅斯帝國後期開始推行地方自治後，「杜馬」成為具諮議及立法功能的俄國議會，而由沙皇尼古拉二世於1906年創建的帝國杜馬為首個憲定杜馬。1906年，第一屆帝國杜馬在聖彼得堡舉行，帝國杜馬共召開4次，於1917年俄國革命中被推翻。

沙皇亞歷山大一世所設想的立憲君主制，包括了王位繼承法和立法議會，在這個框架下，俄羅斯沙皇就與西歐君主沒有分別了，是俄羅斯模仿西歐的體現。亞歷山大二世廢除了農奴制、設立了國家杜馬，奠定了俄羅斯帝國的立憲基礎。亞歷山大三世繼續推行司法改革和地方自治建設。到了尼古拉二世，主導了歷任沙皇巨大工程的最後部分——國家杜馬的選舉。

古老的東正教社會瓜熟蒂落了嗎？

在第一次世界大戰爆發以後，大部分俄羅斯男人都到了前線。在資源需要後方供給的時候，凱薩琳大帝留下的俄羅斯政府證明自己是完全不勝任的。由民間團體、紅十字會和地方自治局共同組織的俄羅斯前線軍人後勤組織，整個規模超過了俄羅斯帝國政府的幾百倍，資源也超過了幾百倍。阿列克謝耶夫將軍之所以在沙皇倒台以後不能勤王，是因為他的後勤方面的資助操在兩個組織手中：一個是右翼自由派，主要是從凱薩琳大帝就企圖培養、到第一次世界大戰以前終於有一點規模的工業企業家，他們組織了軍事工業委員會（War Industry Committees），用他們的工業企業生產戰爭物資；另一個就是李沃夫和地方自治局所主辦的俄羅斯軍人後勤組織（All-Russian Zemstvo Union）。這兩個組織為俄羅斯的前線軍隊，也就是俄羅斯的大部分男人，提供了絕大部分的彈藥和糧草。前線軍人的命運是掌握在彈藥和糧草手裡面的。沒有地方自治局，他們就沒有糧草；沒有軍事工業委員會，他們就沒有彈藥。而軍事工業委員會是十月黨人的機構，後勤委員會是地方自治局的機構，它們都不在沙皇及其行政機關的控制之下。沙皇理論上講因為戰爭的原因親自主持國政，也就是說親自兼任了總理大臣和總司令的職位。但是實際上，在他背後的這兩個機構已經具備了第一次世界大戰以後的現代國家和福利國家的全部職能，而俄羅斯帝國的小小政府已經完全在這兩個巨大機構的掌握之下了。

這時，古老的羅曼諾夫王朝和它的帝國已經像是一個成熟透了的果子。無論戰爭的結果如何，前線士兵復員之日，就是沙皇及其政府下台之時。我們從英國第一次世界大戰以後和美國第二次世界大戰以後的情況就可以看出，在全民戰爭爆發以後，手中拿到了槍桿子和選舉權的前線士兵回到家裡面以後，是決不肯放棄自己已經得到的權力和利益的，憲法體制一定會為他們的需要而大改。在英美，是大眾民主和全面福利國家取代了十九世紀的資產階級民主和小政府。一個重要的特徵就是，公務員人數上升了幾百倍。原先為前線士兵服務的各種後勤機構，在所有男人都是前線士兵的情況下，變成福利國家和大眾民主對所有公民提供一條龍服務的全面的福利型國家。福利型國家跟自由主義的守夜人政府是截然不同的，人數和經營範圍都有了上百倍的增長。而這樣一個二十世紀意義上的現代國家，已經在地方自治局和軍事工業委員會的主辦之下醞釀成熟。

如果沒有布爾什維克的政變，第一次世界大戰結束以後的俄羅斯政權不可避免要落到他們的手裡。而布爾什維克奪取政權的結果是，殺掉了軍事工業委員會的資本家，把軍事工業委員會變成了我們都熟悉的國家計委。把後勤委員會的地方自治派、自由主義者以及工會的社會民主黨和社會革命黨領導人殺掉，把農村村社自治集團的社會革命黨的領導人殺掉（因為社會革命黨的主要基礎在農村，不像社會民主黨的主要基礎是城市工人）。把這些人殺掉以後，全都派上布爾什維克的黨務官員。把這些地方自治性機構的上層抓到自己手裡面，變成由黨控制的專制機構以後，布爾什維克就成功地把全社會抓在手裡面了。布爾什維克和列寧主義的極權國家，是自由主義國家在轉化為大眾民主過程中的一次病態的逆轉。但是即使是沒有布爾什維克專政的話，我們可以想像，尼古拉二世沙皇的政府也不可能在第一次世界大戰結束、軍人完全復員以後維持下來，李沃夫和羅將柯（Mikhail Rodzianko）肯定會從它手裡面奪取大部分權力。

【延伸問答】

01 俄羅斯文明是否在十二月黨人起義之前的亞歷山大盛世達到了自己的天花板？十二月黨人革命算不算是自由主義新文明企圖提升俄羅斯文明峰值的一次夭折的秩序輸出？十二月黨人起義若成功，是否會實行君主立憲，提前解放農奴？

「文明」這個詞怎麼定義呢？如果是以經濟繁榮和藝術思想的多元化為標誌來衡量的話，那麼亞歷山大沙皇的時代顯然是不如第一次世界大戰前夜的。也就是說，斯托雷平[3]時代才是俄羅斯帝國經濟和文化的最高峰。但是你要是說俄羅斯君主國融入歐洲的最高峰的話，那顯然就是在維也納會議時期。十二月黨人是沒有任何成功可能性的。他們的基本盤比康斯坦丁大公要小得多，更不要說比亞歷山大本人。亞歷山大一世本人即使再活三十年，也頂多把波羅的海各省的改革在俄羅斯的其他各省稍微推廣一下。但是這個其他各省仍然會是俄羅斯帝國的少數，還遠遠達不到亞歷山大二世改革能夠執行的那種程度。這些主要是由於社會本身的發展層次造成的，不是執政君主本身的意志所能達到的。而就當時的情況來看，他們即使在聖彼得堡成功，波蘭的康斯坦丁大公根本不認他們，必然會帶兵跟俄羅斯的其他力量一起勤王，聖彼得堡的政權仍然是會迅速被顛覆的。

02

假如路易十五願意屈尊迎娶彼得之女伊莉莎白為皇后，那麼法俄聯盟是否會給俄羅斯帶來新的技術輸液管，排擠掉英國和北歐的管道？法國王室和政界在俄羅斯的影響力是否會最終超過德意志諸侯和客卿對俄羅斯的影響力？法國是否會通過支持俄羅斯吞併波蘭來鉗制哈布斯堡？

當時的俄國還沒有這樣的國際地位。在法國名士和宮廷的眼中，俄羅斯只是跟丹麥、普魯士和波蘭並列的一個所謂的大北方強國，沒有資格跟身為歐洲核心、環顧四方除了西班牙公主以外誰都配不上法蘭西王子的法國人聯姻。所以這樣的談判只是俄國宮廷對歐洲核心還不夠瞭解的產物，一開始就是不可能成功的。

3 斯托雷平（一八六二—一九一一年），俄羅斯帝國政治家，曾任內務大臣、帝國大臣會議主席（即首相），任內以鎮壓革命勢力和土地改革著稱。

03

一些歷史學家認為拿破崙由勝轉衰的關鍵就是遠征俄國，從結果上看這確實是吃力不討好。是什麼更重要的原因促使拿破崙做這個決定的？鑒於英俄貿易量很小，拿破崙如果不執念於俄國方向，而是集中國力經營好俄國之外的大陸體系，能否迫使英國屈服？

問題在於，拿破崙遠征的目的就是為了鞏固大陸體系。如果俄國人背棄大陸體系、跟英國人做買賣的話，那麼在俄國保護下的丹麥和北歐國家必然也會同樣這樣做，然後普魯士人和奧地利人也會跟著學樣。結果就是，拿破崙的大陸體系不用經過戰爭就從內部解體了。大陸體系最大的漏洞就是俄羅斯，因為俄羅斯在拿破崙的軍事力量能夠控制的範圍之外，而丹麥人和普魯士人都可以用軍力來制服。所以從拿破崙的角度來講，他必須堵上這個漏洞，才能夠戰勝英國。否則的話，他既然不能在軍事上登陸英國，又不能阻止中歐和東歐國家變成英國的市場和經濟殖民地，那麼他的勝利就是水中撈月。但是從長遠看來，拿破崙肯定會失敗的，因為大陸體系是違反經濟規律的。它等於是後世蘇聯和經互會（Comecon）體制的一個不完整的前身。所以，俄羅斯人或者丹麥人願意走私英國貨品，本身是符合經濟規律的，誰讓英國貨便宜呢。英國是工業化國家，而法國不是工業化國家。即使他們在外交上願意跟拿破崙合作，經濟上這些國家都沒有能力強迫它的臣民不去做有利可圖的生意。

04 由於蘇聯的出現，能說各位亞歷山大和尼古拉沙皇殫精竭慮的改革全泡湯了嗎？

從俄羅斯君主國的角度來講，從彼得大帝和凱薩琳殫精竭慮想要把俄羅斯君主制馴化為歐洲君主制的角度來講，當然是完全落空了。從俄羅斯自由黨人長期追求立憲君主制的努力來看，也是重新被打回原點了。事實上，這個題目就是納博科夫他們那些流亡到西方的俄羅斯自由派流亡者一天到晚討論唉歎的事情。

05 俄羅斯帝國是否像奧斯曼帝國那樣，海軍的地位急劇突出，甚至超過了禁衛軍本身？

顯然沒有。海軍的消耗太大，而俄羅斯自身的官僚機構又沒有技術創新力，所以海軍的興衰是取決於沙皇個人的關注的。凱薩琳當政以後就痛心地發現，由於伊莉莎白和彼得三世並不重視海軍，彼得大帝苦心經營的海軍已經被官僚機構從內部蛀空了，實際上根本無法作戰。她派到土耳其的艦隊，是她自己派她的幾位寵臣臨時引進、重新草率組成的艦隊。俄羅斯海軍不像英國海軍或者法國海軍那樣，始終存在，不斷在發展，每一個世代都會產生出一些新技術。而是某一個關心的沙皇勵精圖治一下下，然後在不關心的沙皇的統治下又漸漸被官僚機構蛀空，經常是白手重建。可以說，俄羅斯海軍儘管經常在財政開支和技術上居於非常重要的前衛地位，但是在俄羅斯政治中心當中的地位卻是非常邊緣的，經常是被犧牲的。

06 若不是法國大革命把俄羅斯推入了正統維護者的角色光環，俄羅斯是否會提前進行農奴制改革？如果提前三十年解放農奴，俄羅斯是否可以利用人力資本吸收歐洲的資本和技術進行工業化革命，贏得一個轉型升級的時間？

並不是法國大革命製造了俄羅斯的農奴制，法國大革命只是強化了俄羅斯的正統君主制形象。正統君主制理論是一個上層建築，跟農奴制沒有關係。農奴制產生的主要原因是因為，落後的俄羅斯社會支持不了一個西歐君主制的上層，因此必須對社會底層實行更大的掠奪。這個邏輯其實跟蘇聯實行計畫經濟和集體農莊的邏輯是相似的。俄羅斯如果願意做一個小國的話，實行農奴制的必要性並不是很大。如果非要做一個大國或者強國的話，無論執政的沙皇多麼希望歐化，他們都無法避免對底層人民進行更大的汲取。

07 莫斯科的傳統既然是不畜群公子，為何在成長為帝國的過程中能夠避免「三家分晉」式的卿大夫政變？而且，羅曼諾夫王朝三百多年廣土眾民，何以在歐洲和亞洲部分都能避免軍閥割據？沙皇用來開拓東方的哥薩克人，為什麼沒有形成節度使制度？

圖希諾政權顯然就是一個可能把俄羅斯分割成為幾個小王國的政權。如果沒有羅曼諾夫王朝，圖希諾政權、卡盧加政權和莫斯科政權是有可能導致莫斯科公國遺產的分裂的。當然，在聖彼得堡君主制建立以後，聖彼得堡的君主和他的洋務派大臣作為歐洲文明輸入東方的主要通道，是能夠對俄羅斯帝國其他各地享有巨大的技術優勢的。

08 沙皇倡議和維護的神聖同盟，是不是後來國際聯盟、聯合國這類國際組織的起源？假如沙皇沒有選擇這種共用戰後新秩序的大國協調機制，而是挾勝利之威、造爭霸之勢，對歐洲局勢會有何影響？是否會促成一種類似二十世紀冷戰的態勢？法國是否會被英國重新扶植起來？

亞歷山大的俄羅斯是沒有可能長駐西歐的。法國雖然暫時被列強打敗了，但它的基本盤實力還在，仍然比俄羅斯可能部署在西歐的任何力量都更強大一些。所以，俄羅斯制霸西歐的可能性是根本不存在的。沒有奧地利人的支持，它也不能夠在維也納會議上發揮太大的作用。

09

沙俄管理貴族體系的機構是什麼？凱薩琳廢除貴族為國服役的制度，卻不解除農奴為貴族服役的義務，這種犧牲農奴來贖買貴族的政策有何後果？是否在王權之下、村社之上釋放出了一個由貴族參與的公民社會和公共空間？是否在推動貴族經濟文化繁榮的同時，也加速了基層村社共同體的衰敗和萎縮？

彼得堡君主國的貴族是門第貴族。它像南北朝時期的士族一樣，其資格主要依靠為沙皇擔任文武百官。因此，它與其說是貴族，不如說是有爵位的官僚。凱薩琳和亞歷山大的地方自治改革，通過地方貴族會議這樣的形式，才使得這些貴族多多少少有了一些獨立於君主的聲勢，但是比起西歐貴族來說差得還是很遠。

10 俄羅斯境內自治的貴族世襲領地和教會世襲領地，與武斷的軍區制度應該是此消彼長的關係。請問消長的節點是出現在什麼時代，使得沙皇可以不在乎貴族領地和教會領地的反抗而恣意推廣督軍和軍區制？

不是這樣。軍區制並不是貴族領地的替代，而是淩駕於包括貴族領地城市和舊有的管理體系之上的一個大機構。貴族領地往往是分散在一縣或者幾縣的小領地，而軍區往往是橫跨數十縣的、大面積的、像西歐的一個王國一樣龐大的地方。軍區在戰爭時期是可以對貴族領地和其他傳統管理形式進行武斷徵用的。

11 彼得大帝之前的貴族杜馬是否替代了全羅斯縉紳會議的功能，把參政權的範圍從全國大小各級貴族收縮到少數大貴族？而彼得大帝設立樞密院來架空貴族杜馬，是否就等於用行政內閣直接替代了議會？凱薩琳一世設立的「最高樞密院」，跟彼得大帝的樞密院又有何不同？

儘管今天的杜馬是議會，但是彼得大帝以前的杜馬卻不是議會，而是沙皇信任的若干貴族建立的辦事機構，性質更接近於衙門。樞密院不是用來架空杜馬的，它承擔的大部分職責是西歐君主制有、而俄羅斯傳統君主制所沒有的。它本身就是新的君主國的重心所在。

12 俄羅斯元老院保留了多少羅馬元老院的功能？還是僅僅充當了一個政協式的優撫貴族的機構？

元老院只是一個諮詢機構，並沒有什麼統治和決策的能力。

13 凱薩琳大帝為貴族、城市市民、國有農民等各階級都設置了獨立的管轄法院，且保留了彼得大帝為僧侶階級設立的教會法院，亞歷山大一世又增設了管轄商人糾紛的商業法院，是否表明俄國已經逐漸有了各等級共治的色彩？

各等級共治的意思是，要有類似英國議會式的代表機構。俄羅斯帝國還達不到這樣的標準。

14 羅曼諾夫王朝前期常有外戚用事的現象，這跟戰國秦漢時代外戚執政是否異曲同工？是不是因為這兩者都沒有西歐式的封建貴族、或者至少是沒有西周式的宗法貴族來填補政治生態位的緣故？

俄羅斯帝國的外戚是禁衛軍的主管者，他們是以彼得堡貴族集團的代表身分統治俄羅斯各省的，是俄羅斯帝國內部的歐洲勢力。

15 農奴制的擴張和深化，是否在政治和地理兩個層面都侵蝕了哥薩克的生存空間？是否把哥薩克自由民越來越擠壓到南方和東方的邊鄙之地以及統戰政策的邊緣？

哥薩克的發展跟俄羅斯帝國的擴張有關。他們是俄羅斯帝國在邊界地區擴張的急先鋒，在邊界地區不斷建立起新的開拓團。但是這跟農奴制的演化基本上沒有關係，他們是兩個不同的平行社會。

16

農奴制是否波及到了被征服的伊斯蘭教人口？東正教徒是否有可能為了逃避農奴制而投奔俄國境內的穆斯林，皈依到伊斯蘭的教團？

俄羅斯帝國的伊斯蘭教團體是臣服於沙皇的習慣法團體，他們是沒有理由來接受逃亡者的。例如，喀山和阿斯特拉罕的穆斯林是根據投降條約來保存他們原有的宗教信仰的，他們的地位跟拜占庭滅亡以後奧斯曼帝國境內的東正教人口非常相似。

17

農奴制是怎樣曲折投影到上層憲制的？是否就表現為沙皇與聖主教公會、與高級軍役貴族的聯合專制？東正教會是否也有自己的農奴莊園？

東正教會當然也是有自己的莊園的。這些莊園產生的時間比農奴制形成的時間要早得多，因此不能夠簡單地稱之為農奴制。當然，西歐人士和自由派人士用文學手法把它們統統描繪為農奴制也是可以的，但是這樣的分析沒有什麼真實的價值。

18 十八、十九世紀的貴族莊園，對於帝俄時代的文學藝術和思想文化有過多少推動作用？與宮廷的趣味有沒有方向性的歧異？

十九世紀早期的俄羅斯文學家多半是貴族子弟，也多半是有莊園或者很容易獲得莊園的。但是外省的莊園一般是莫斯科和聖彼得堡的嘲笑對象，莫斯科貴族一般又是聖彼得堡貴族的嘲笑對象。像《奧勃洛莫夫》（Oblomov）那部小說中描繪的懶洋洋的外省莊園，在十九世紀末期還是非常普遍的。

19 十九世紀的俄羅斯和奧地利都是多族群拼合的正統君主國，它們二者的維穩外交路線和大革命後已經公民化的法國的激進外交路線是怎樣博弈的？「憲制與外交相互鎖定」的規律在這個時代是否表現得格外強烈？

奧地利帝國不是多族群的拼合，而是各種封建領地的嵌合。這兩者是不一樣的。族群觀念對於奧地利帝國的憲法來說是不存在的。奧地利是正統君主國而俄羅斯不是。東方三君主國以正統性自居的神話，是維也納會議的發明，是針對拿破崙製造出來的，是奧地利人和英國人共同把俄羅斯帝國拉入歐洲平衡體系的產物。而聖彼得堡的王朝需要這個發明，是因為它必須把自己的王朝改造成為歐洲式的正統王朝，褪去其東方色彩。為此即使是犧牲俄羅斯的資源來為歐洲外交體系服務，也在所不惜。在此之前的俄羅斯君主國，例如在彼得的太子阿列克謝逃亡奧地利期間的俄羅斯君主國，是不會被奧地利人或歐洲各君主國認為是正統的。反俄和反對神聖同盟、親法和反對正統君主國的鬥爭，在德語世界表現得非常清楚，也就是在馬克思和海涅的那個時代。

20 普魯士農奴制與俄羅斯農奴制有何異同？是否都是兩個後進國家為了積極參與歐洲國際體系競爭而強化內部汲取力的權宜之計？兩國的農奴制改革對於各自的國力和國運的影響，哪個更成功？

嚴格來說，普魯士和俄羅斯的農奴制都是文學詞彙。學術意義上的狹義的農奴，封建意義上的serf，以法蘭西為中心的西歐農奴，在這兩個國家都是不存在的。在西歐封建制度——也就是說依附莊園法庭和領主的serf在西歐國家已經漸漸消失的同時，普魯士人在開拓易北河東岸的莊園的過程中才形成容克地主經濟。容克地主經濟的農奴不符合封建農奴的定義。它跟領地的關係不明顯，而是產生於普魯士專制國家吸引人口和固定人口的國家政策。

俄羅斯的農奴制，在普魯士的農奴制存在和西歐的農奴制解體的時代，其實基本上還不存在。它是彼得大帝諸繼承人為了強化俄羅斯帝國權力而建立一個歐洲式貴族階級、以及建立具有強大稅收財政能力的國家機器這兩個相互矛盾的政策製造的產物。換句話說，所謂的俄羅斯農奴制其實不是舊制度的殘餘，而是聖彼得堡西歐化大帝國把過重的負擔強加於俄羅斯社會，在沙皇及其啟蒙派大臣並不情願、但是不得不睜一眼閉一眼接受的情況下自動形成的。西歐農奴的特點是，它是封建式的、多單位的，是依附於封建領地而不是依附於國家的。而普魯士和俄羅斯的農奴制其實都是國家政策的產物。

21 伊凡三世之後的三百年，圍繞著俄羅斯擴張而此起彼伏的戰爭，對於從波羅的海到黑海自古以來的貿易路線是否有影響？

莫斯科公國初期的經濟體系仍然是金帳汗國殖民時期的體系，也就是說它非常依賴從伏爾加河到伊朗的商路，因此莫斯科公國的東方風格有一部分跟這個商路是有關係的。金帳汗國在全盛時期，跟伊朗的伊兒汗國不斷發生鬥爭，爭奪高加索山地區，也是在爭奪這條商路的控制權。伊凡雷帝對喀山和阿斯特拉罕的征服，本身是這場鬥爭的繼續。但是，聖彼得堡宮廷爭奪波羅的海出海口的結果，是使整個俄羅斯內地在亞歷山大一世沙皇時期變成英國商人的殖民地，使得東方路線變得相對不重要了。

22 斯拉夫派與西方派的對立交鋒，主要是彼得大帝改革還是衛國戰爭刺激出來的？從出現第一位歐洲式的百科全書學者羅蒙諾索夫，到白銀時代產生真正的俄國思想家，斯拉夫派和西歐派的鬥爭脈絡是怎樣的？

嚴格說來，斯拉夫派在十二月黨人以前是不存在的。羅蒙諾索夫和當時的西歐派雖然對俄國社會的愚昧保守風格非常看不順眼，但他們並沒有真正的對手。斯拉夫派產生出自己獨特的思想家，是十二月黨人以後斯拉夫本土派思想水準提高的產物。也就是說，斯拉夫派和西歐派的鬥爭主要是一個十九世紀現象。在這以前，後來產生斯拉夫派的俄羅斯本土社會是沒有夠格的思想家的。

23 凱薩琳和武則天都是從沒落低階貴族嫁入皇家，這種階級出身是否影響了她們的政治路線和執政風格？請您比較一下異代兩女皇。

她們都有解放政權的衝動，這跟她們在原先的統治集團內部沒有根基是有密切關係的。彼得三世實際上是想要恢復伊莉莎白女皇以前日耳曼系外戚執政、小沙皇用事那個時期的彼得堡貴族軍人的統治。凱薩琳在那個集團當中並沒有根基。她試圖解放整個帝國，運用西歐的開明文化推動官僚制度的現代化，使得外省的貴族和地主能夠有更廣泛的仕進途徑，形成一個可以跟彼得大帝在世時相差無幾的更廣泛的政權基礎。在這個更廣泛的政權基礎當中，日耳曼系的軍事貴族的力量跟受過法國文化和西歐文化薰陶出來的這個新貴族階級相比，只占一小部分，不再能夠左右整個政權。而武則天企圖解放關東寒人和科舉儒生，同時運用佛教的勢力來整合民間力量，使得長孫無忌和關隴貴族在唐太宗時代幾乎已經實現的那種重新壟斷政權的企圖歸於無效。從這個失敗的集團的角度來講，武則天等於是一個更加狡猾而精明的捲土重來的楊廣。

24 彼得三世的負面形象，是不是凱薩琳政變之後的歷史發明？真實的彼得三世在政治上是何等角色？如果他繼續執政，會把俄羅斯帶向何方？

彼得三世就是荷爾斯泰因公爵，他作為一個德國公爵是稱職的，但是他並不愛俄羅斯。俄羅斯給他幼年的經歷留下的都是痛苦，他也不喜歡強勢的沙皇伊莉莎白和伊莉莎白為他挑選的妻子。他在俄羅斯帝國的短期執政，是使俄羅斯帝國的利益服從於他在德國的公爵領地的利益。所以，俄羅斯社會沒有理由認為他是一個值得平反的英主。凱薩琳的政權當然要做一些歪曲歷史的工作來論證自身政變的合法性，但是彼得三世在自己畢竟還是已經在位的沙皇的情況之下，在面對凱薩琳及其軍官的進攻的時候表現得如此之軟弱和低能，也說明他自身的政治能力實在不是很強。

他如果在俄羅斯能夠長期執政而不遭到強烈反對的話，實際上就會把俄羅斯帝國帶回到伊莉莎白時代以前那個宮廷外戚集團當權的時代。彼得本人的心在德國，他願意信任和放縱的小夥伴恐怕都是從荷爾斯泰因、瑞典和北德各邦來的那些小貴族。這些人會把他的宮廷變成分利集團，開闢一個相當黯淡無光的時代。然後在他死以後，俄羅斯帝國還是會面臨俄羅斯和歐洲落差拉大、因此必須進一步進行改革的需求。只是這個假定的角色可能不是由凱薩琳來扮演。假定凱薩琳也是一個軟弱的人，滿足於跟彼得分居，在伊莉莎白死後得到更多的金錢和珠寶，然後就這麼沒有政治立場和政治訴求地過一輩子，那麼這種各個宮廷分利集團籠罩的彼得三世朝代是很可能會成為現實的。

25 在羅曼諾夫王朝，對於軍事和外交事務，俄羅斯貴族主要是以寵臣的個人身分參與一下，還是可以在其中發揮憲法性功能？

羅曼諾夫王朝在費奧多爾沙皇以後就基本上沒有真正意義上的憲法了。歐洲式的憲法有一點意義，是在亞歷山大二世以後的事情。在中間這個階段，包括俄羅斯在外交上相當輝煌的彼得、凱薩琳和亞歷山大時代，俄羅斯沒有真正意義上的憲法。貴族是依靠個人的恩寵而贏得大臣的地位的。而他們也不像是英國和法國這樣的西歐大國，作為大臣，有自己穩定的地位和進退可以憑藉的禮法。

26 沙皇治下什麼時候開始有編戶齊民直轄區？凱薩琳大帝的地方行政改革是不是編戶齊民制度的泛化和深化？

恰好相反。凱薩琳大帝的省區改革是一個企圖建立貴族自治制度和司法制度的初步嘗試。這些嘗試是後來亞歷山大二世時期地方自治局的基礎。

27

克里米亞戰爭是不是一個歷史節點，標誌著貴族協調外交與禮儀性戰爭已不能適應國際角逐的升級，弱勢者有必要訴諸越來越深入的社會動員和更突破性的戰爭技術？

顯然不是。克里米亞戰爭是維也納會議以後已經進入歐洲國際體系的俄羅斯帝國進一步歐洲化的一個關鍵因素，是從凱薩琳大帝和亞歷山大一世以來模仿歐洲的俄羅斯貴族階級企圖像西歐君主立憲國一樣擴大自己的政治影響的一個動員令。

28

十九世紀俄國貴族階層標配的法國家庭教師，主要是來自法國的哪個階層？他們對於俄羅斯貴族社會規範，是否有潛移默化的腐蝕作用？

法國大革命以前，主要就來自於羅蘭夫人所在的那個階級。他們像是英國作家簡・奧斯丁的小說《愛瑪》裡面渾身都是心機的簡．費爾法克斯小姐一樣，往往出身於沒落貴族、小貴族的親戚以及錢不多的資產階級人士和知識分子。離貴族階級很近，但是並不能夠真正算貴族階級。對於他們來說，憑藉法蘭西的文化資產，在法國以外的各君主國充當法蘭西文化的使徒，往往可以得到比市場接近於飽和的法國本土更好的待遇。他們是把啟蒙思想傳播到歐洲和俄羅斯的一個主力。法國大革命以後，大量的像夏多布里昂那樣失去了財產、但是原有的身分和教養並沒有消失的流亡貴族子弟加入了他們的行列。

29

立陶宛農民的女兒瑪爾塔，依次成為俄國元帥舍列梅捷夫、元帥緬什科夫、沙皇彼得一世的情婦，最後登位成為凱薩琳一世，實現劇烈且特殊的階級躍升。您如何評價當時俄羅斯甚至全歐洲的情婦上位之路？這條道路又經歷了怎樣的興衰？

這其實是彼得堡新君主制尚未穩定的特殊現象。同樣的情況如果是在法國或者德國的話，這個情婦就會有一種跟她的貴族丈夫和貴婦、王后或者公爵夫人截然不同的另類生活。她們生下的私生子會得到父親的一定照顧，但是她自己永遠不可能在貴族社會獲得正式的身分。正因為彼得大帝是承前啟後的人物，所以舊規範和新規範都管不了他，才會出現這樣既不符合傳統莫斯科東正教社會的規範、又不符合彼得竭力模仿的歐洲君主國的行為規範的特殊現象。

30 您如何評價從彼得大帝改革到亞歷山大二世改革之間一百多年俄羅斯的經濟轉型和技術進步？亞歷山大二世改革之後，社會矛盾似乎並未緩和，反而日趨複雜，是否由於外部競爭加劇而白白消耗了改革釋放的利好？

俄羅斯在這一時期基本上沒有什麼技術進步，主要依靠歐洲的技術引進。歐洲的技術引進，包括凱薩琳大帝非常喜歡的科學農作法，壓倒了假定原先曾經存在、但也肯定是稀稀落落的俄羅斯本土的技術進步。俄羅斯的經濟分裂為，洋務運動的各個衙門依靠歐洲引進技術形成的官商，以及很大程度上依靠分裂派教徒、猶太人和伊斯蘭教徒的民間經濟。後一方面是真正的自由經濟，但是由於技術落後，儘管影響的人口範圍更廣，很難跟官辦的經濟相競爭。十九世紀末和二十世紀初，俄羅斯本土的工程師和人文知識分子才算是真正逐漸形成體系。大體上來講差不多就是契訶夫那個時代。在這個時代才出現俄羅斯音樂家、文人、數學家、物理學家和科技人員，出現了一小批就天花板來說能夠跟歐洲水準相競爭、但是就地板來說仍然遠不如歐洲的群體。然後這個群體在布爾什維克革命以後受到了嚴重的摧殘。

31 假如形勢迫使莫斯科轉向東方，回歸金帳汗國的歷史母體，則俄國自由化集團能否把聖彼得堡及其周邊區域割裂出來作為一個邦國投入西方成為衛星國？如此一來是否也將永久堵死俄羅斯回歸西方的路徑？

聖彼得堡如果獨立的話，莫斯科就肯定會變成亞洲國家。但是由於聖彼得堡集團至少是跟莫斯科集團平起平坐，他們經常是有機會拿下整個俄羅斯的，所以除非他們在政治上遭到徹底的失敗，目前還看不出他們有什麼跡象會走出這樣一步。

32 亞歷山大一世為備戰拿破崙而實施的軍事動員和戰時經濟，對俄國社會有何影響？

亞歷山大沒有搞什麼戰時經濟，他只是徵召了一些貴族、派到歐洲去跟拿破崙作戰而已。俄羅斯帝國當時的體制也是不可能實行戰時經濟的。

33 可否說，羅曼諾夫王朝在文化上是法蘭西的殖民地，在政治上是德意志的殖民地？法國和德國各自對俄羅斯的精神氣質和帝國命運有何影響？

這話完全不對。俄羅斯帝國的法語貴族是凱薩琳大帝以後引進法蘭西宮廷文化的結果，它跟十二月黨人以後引進啟蒙文化的那個俄羅斯貴族知識分子和後來繼承它的平民知識分子團體，在政治上是經常對立的兩個集團。十九世紀的俄羅斯帝國，專業人員和技術人員經常是德國人的學徒，而文學知識分子經常是法國人的學徒。但是，這一點並不能夠涵蓋彼得大帝以後的大部分歷史。凱薩琳大帝以前，俄羅斯皇室經常被認為是德國皇室的一個分支。但是隨著俄羅斯帝國和歐洲的交涉的深入，法語在宮廷語言和外交語言上的優勢還是日益顯示出來了。兩者應對的是不同時代的不同階層，而不是簡單地說存在著誰誰是政治方面的主要影響、誰誰是文化方面的主要影響。例如，在十月政變以後史達林時代初期的俄羅斯高等教育當中，法語和德語是主要的外語，而英語算不上，兩者是並列的。

34 俄羅斯平原處在東西方遊牧民族往來遷徙和貿易的坦途上，那麼俄語是不是一種克里奧爾語？崇尚歐洲文化的貴族的俄語與村社農民的俄語在近代是怎麼統一起來的？

現在的俄語主要是十九世紀以後成長起來的，大部分詞彙都是十九世紀、羅蒙諾索夫以後才產生出來的。可以說，俄語是在凱薩琳大帝時期、俄羅斯啟蒙運動以後逐步產生出來的。它是一種歐洲邊緣文化的產物。崇尚歐洲文化的俄羅斯貴族根本就是講法語的。是十九世紀中葉的俄羅斯文學家，發揚光大了由羅蒙諾索夫這樣的啟蒙主義者發明的俄語。隨著他們的文學創作的逐步展開，俄語才獲得世界性的聲譽。村社農民說的根本就是方言，而且跟十九世紀中葉以後的俄語甚少共同之處。

35 俄國的拜占庭史研究與歐洲的拜占庭史研究，在研究風格和課題方向上有何異同？能否映照出拜占庭學在歐洲與俄國各自語境中不同的政治意義？

俄國的拜占庭史是把拜占庭作為俄羅斯的母國、把俄羅斯作為拜占庭的繼承國來研究的，時刻都沒有忘記拜占庭在西方和穆斯林夾縫當中最終滅亡的命運，時刻都害怕同樣在西方和穆斯林夾縫當中的俄羅斯跟拜占庭一樣滅亡。俄羅斯在東西方的特殊處境，使他們把拜占庭當作自己人。而西方的拜占庭研究則是把拜占庭當作東方人，跟阿拉伯人和穆斯林差不多。一般都是懷有薩義德所說的那種東方主義的態度。

36

中古時期英國農民也是有司法傳統的，也有獨立的權力。為什麼俄羅斯農民反而大批成為農奴了呢？除了人為制度因素，有什麼土地屬性或產業屬性的因素嗎？

俄羅斯的問題就是封建制度發育不完全。西歐的封建制度是有幾百年的積累的，經歷了羅馬法和日耳曼習慣法的碰撞。而基輔羅斯即使是在多國體系的時代，自身的法律基礎都要薄弱得多。莫斯科時代的農民就是完全依賴於皇權和軍役貴族的勞動者了。在這個時代，重新積累遊戲規則的機會已經被編戶齊民制度和軍區制度破壞得差不多了。如果基輔羅斯能夠多得到幾百年的機會的話，也許會更好一些。但是它所在的歷史和地緣環境是不容許它這麼做的。

六、帝國晚期內部的各民族發明

最歐化、最矛盾的波羅的海各省

凱薩琳大帝對貝卡里亞[1]和孟德斯鳩的崇拜，亞歷山大一世對立憲君主制的崇拜，給俄羅斯帝國增加了一些歐洲式立憲君主制的元素。但是，俄羅斯作為正統君主制的形象，主要還是源於維也納會議造成的外交形勢。奧地利人和普魯士人製造的東方三君主國，使得羅曼諾夫王朝搖身一變，變成了歐洲正統君主制的堡壘。但是這樣一來，這些歐洲化的君主制的元素跟俄羅斯社會的其他部分並不協調。也使得俄羅斯帝國雖然徒享專制主義的名義，但是對社會本身並沒有真正的鎮壓力量。特別是亞歷山大改革以後，司法權已經完全不在政府的手裡面。這樣一個帝國極其依賴其臣民的自願服從。因此從理論上和實踐上講，它都必須像歐洲立憲君主制一樣產生自己的國體。然而它自身的複雜程度比起奧地利帝國來說還要大得多。有些地方是純粹的征服，有些地方是藩屬國，有些地方可以依靠封建式的效忠。帝國各組成單位的自動演化，在開明刑法和地方自治的保護之下，最終變成了一場民族發明學的競賽。由尼古拉沙皇和烏瓦羅夫設計的、依靠斯拉夫東正教徒和家長制君主制的傳統忠誠構建的大俄羅斯主義，從反面促成了民族發明學。這意味著，占俄羅斯帝國人口一半、而且從經濟上講是俄羅斯帝國更先進的那一部分人，不在大俄羅斯主義體系的發明範圍之內。

隨著立憲君主制改革的深入和地方自治的推行，更加歐化的部分推行地方自治的成績必然是更好。日耳曼貴族統治的波羅的海地區，根據一七二一年的《尼斯塔德條約[2]》（Treaty of Nystad），自古以來就是享有外交權的地區。儘管從級別上來講，庫爾蘭和利夫蘭只能算是行省，但是這些地方的貴族有他們自己的等級會議。這些等級會議像巴伐利亞人在德意志第二帝國一樣，有自己的外交權力。他們對俄羅斯帝國的效忠，主要是由於他們是俄羅斯帝國內部最歐化的人。在彼得堡君主制的體系當中，他們實際上占有燕雲十六州的世家大族在遼國和金國所占的那種地位。他們不用跟吳越士大夫競爭，卻可以獨占比宋國更加強大的一個帝國的官場。如果波羅的海貴族變成瑞典的一部分或者德國的一部分的話，那麼他們在歐洲式的君主國內部是沒有競爭優勢的。但是在俄羅斯帝國內部，他們卻是沒有對手的。是這個利害關係，而不是任何法理約束，使他們比俄羅斯帝國的大多數臣民更加堅定地擁護俄羅斯君主制。在十九世紀上半葉，俄羅斯帝國的外交官基本上是從他們當中產生出來的。

但是，局勢的演化很快就使他們陷入自相矛盾的境地。亞歷山大一世熱衷於啟蒙運動，在

1 貝卡里亞（一七三八—一七九四年），義大利法學家、哲學家、政治家。以作品《論犯罪與刑罰》聞名，在此書中他深刻批評刑求、酷刑與死刑，成為現代刑法學的奠基之作。

2 《尼斯塔德和約》，是俄國打贏了歷時二十年的大北方戰爭後，與瑞典於一七二一年在小鎮尼斯塔德簽訂的不平等和平條約，和約有二十四項條款及一項單獨附約。根據和約，瑞典須將俄國於大北方戰爭中除芬蘭外在波羅的海所佔領的土地全部割讓給俄國；俄國則從芬蘭撤軍，將芬蘭歸還瑞典，永不侵占。但俄國在一八〇九年毀約，占領了芬蘭。

歐化最深、經濟條件最好的波羅的海各省開始推行反封建措施。公平地說，亞歷山大一世的反封建措施是今天愛沙尼亞和拉脫維亞能夠變成北歐國家、跟俄羅斯內地截然不同的關鍵所在。但是這樣一來，實際上是削弱了日耳曼系貴族跟愛沙尼亞和拉脫維亞農民之間的階級壁壘，使得他們變成更加依靠聖彼得堡、而在本地卻受到新興地主資產階級挑戰的一個團體。像鋼和泰[3]（Alexander von Staël-Holstein）這樣的波羅的海貴族，他是波羅的海貴族當中的另類。由於熱衷於學術，最後跑到北京大學做了學者。但是他的大多數階級兄弟在聖彼得堡的官場會比在本地過得更好。尤其是在廢封建以後，他們在本地受到眾多由原先農民出身的愛沙尼亞和拉脫維亞地主和資產階級的競爭，漸漸對他們就沒有什麼優勢，而在聖彼得堡的官場卻是獨占鰲頭。因此，他們漸漸地喪失了對本鄉本土的統治權。本土地主和資產階級的興起，又在十九世紀末產生了強有力的勞工階級，使得波羅的海各省的政體處在自相矛盾的狀態。

在法理上講，等級議會所產生出來的統治階級基本上是日耳曼系的，他們比俄羅斯人和東正教徒更加忠於俄羅斯帝國。但是在大俄羅斯主義意識形態的壓力之下，他們的德語文化和優於俄羅斯本土的教育體制面臨著俄羅斯化的重大壓力，很有可能成為十九世紀末期泛斯拉夫主義興起和大俄羅斯化愈演愈烈時候的主要犧牲品。這就是說，大俄羅斯帝國為了加強自身統一所採取的措施，反而會傷害傳統上最支持大俄羅斯君主國的力量。原先是由富農產生的、被亞歷山大一世的改革所解放、漸漸變成本土資產階級核心的這個階級，從赫爾德那裡學到了民族發明學的道理，開始像發明波希米亞語言和丹麥語言一樣發明拉脫維亞語和愛沙尼亞語。亞歷山大一世的廢封建改革，亞歷山大二世的地方自治改革，亞歷山大三世的司法改革和行政改革，使得新興的資產階級逐步掌握了波羅的海各省和芬蘭大公國的重要權力。而工業的進步，又給他們增加了一個強有力的歐洲式的社會民主黨勢力。資產階級的民族發明家和工人階級的社會民主黨反對波羅的海日耳曼系貴族前封建領主的積極性，都比他們反對大俄羅斯帝國的積極性要高，因為他們彼此之間是同生態位競爭的關係。

然而，大俄羅斯帝國在十九世紀末期的政策卻傾向於，一方面在首都繼續重用這些日耳曼系的貴族，一方面在他們的家鄉削弱他們自身的統治權。隨著泛日耳曼主義和泛斯拉夫主義的興起，以及俄羅斯本土教育程度的增加和知識分子的爆炸，到十九世紀末，波羅的海的日耳曼貴族在聖彼得堡官場的權力遭到了嚴重的削弱，自身又同時受到本土愛沙尼亞和拉脫維亞民族發明家與帝國層面的大俄羅斯主義的兩面夾擊，開始向隔壁普魯士境內的泛日耳曼主義和普魯士威廉街外交部的東方主義者尋求支持。於是，在凱薩琳時代和亞歷山大一世時代作為俄羅斯帝國歐化派最核心支柱的波羅的海德語居民，在第一次世界大戰前夜就變成了本地和俄羅斯帝

3 鋼和泰（一八七七—一九三七年），波羅的海德意志人，俄國男爵，漢學家、梵語學者。後寓居中國燕京，任教於北京大學，著名學者陳寅恪與胡適都曾跟從鋼和泰學習梵文。

國內部的不穩定力量。在接下來的政治變局當中，由於他們自身喪失了在地性和土豪性，變成了波羅的海民族發明的最大犧牲者。他們獲得的德國支持，恰好變成了他們最終失敗的主要原因。

愛沙尼亞與拉脫維亞的民族發明

德國軍隊在一九一六年的勝利，幾乎完全控制了波羅的海各省。威廉街的民族發明家開始得到機會。他們的計畫是，把庫爾蘭、利夫蘭和立陶宛從俄羅斯帝國獨立出來。立陶宛由於天主教勢力根深蒂固，而且在美國有勢力強大的僑民團體，所以儘管立陶宛也有相當多的德語居民，但是普魯士外交部和德國總參謀部都傾向於為了帝國的總體利益而犧牲這些日耳曼人的利益。但是，利夫蘭和庫爾蘭的德語居民仍然在法理上講控制著等級議會的相當大一部分，因此他們計畫把這兩個公國交給日耳曼系的貴族。照他們在一九一八年的《布列斯特—立陶夫斯克條約》[4]（Treaty of Brest-Litovsk）前夜設計的計畫，東北歐是德意志帝國抵抗奧地利—波蘭—羅馬教皇的天主教聯盟的重點。

這個又涉及到波蘭問題。德奧兩國的政策是支持俄屬波蘭獲得獨立，恢復維也納會議規定的小波蘭王國，而這個小波蘭王國主要是天主教徒，因此最初的計畫是由一個奧地利親王擔任這個波蘭王國的國王，或者把奧匈二元君主國改成奧地利—匈牙利—波蘭三元君主國。但是，打敗俄軍起主要作用的是普魯士軍官團，他們感到這樣擴大天主教徒的勢力是非常不妙的。尤其是，奧地利人、巴伐利亞人和羅馬教廷又有傳統的聯盟關係，他們對天主教大國法蘭西始終沒有惡感，在西線又沒有利益。如果容許他們在德意志帝國內部和德意志帝國的中歐聯盟內部結成事實上的聯盟，那麼等於是俾斯麥苦心製造的文化鬥爭（Kulturkampf）完全白搞了。天主教中央黨人、巴伐利亞人、羅馬教廷的特權，再加上德意志帝國必須收買的哈布斯堡帝國的力量，再加上天主教波蘭人，即使是德國打贏了第一次世界大戰，這個聯盟也足以跟失敗的法蘭西結成聯盟，顛覆普魯士人獲得的勝利，甚至在德意志第二帝國內部將普魯士君主國貶到巴伐利亞、羅馬教廷和天主教聯盟制約之下的少數派地位。

在中央黨和社會民主黨結成聯盟、向普魯士當局和帝國政府施加壓力、使貝特曼．霍爾維格政府為了贏得戰爭而同意在普魯士王國實施普選制的情況之下，這種危險就顯得更加明顯了。鑒於巴伐利亞和天主教各邦以及奧地利帝國並沒有實行普選制的想法，而首相卻為了中

4 《布列斯特—立陶夫斯克條約》，指一戰期間蘇維埃政權與同盟國在布列斯特-立陶夫斯克簽訂的和約。根據條約內容，俄國將割讓大片東歐土地及賠償巨額賠款給德國，由於新生的蘇維埃政權急於退出一戰，在來回談判多次後，最終於一九一八年三月簽約。但同年十一月德國即戰敗投降，一九二二年，新成立的蘇維埃政權與一戰後成立的德意志威瑪共和國簽署了《拉帕洛條約》，兩國藉此宣布放棄在布列斯特—立陶夫斯克條約及一戰後向對方提出的領土和金錢之要求。

央黨人（也就是天主教徒）和社會民主黨的機會主義聯盟而願意犧牲第二帝國的中流砥柱普魯士，這個危險使得舊普魯士的保守派和帝國主義派都感到震動。作為補償，他們看到，日耳曼貴族仍然享有相當大勢力的東北歐（今天的愛沙尼亞和拉脫維亞）是一支可以抵制波蘭天主教徒的力量，必須加以扶持。因此，他們設計出來的波羅的海各國的憲法是一個比亞歷山大一世的憲法更加退步、或者說更加再封建化的憲法。將亞歷山大一世開始、在亞歷山大二世和亞歷山大三世時代已經授予資產階級和人民的選舉權大大縮減了，而把亞歷山大三世以前在《尼斯塔德條約》時期業已存在的等級議會當中屬於貴族那一部分的名額大大增加了。

從外交和法統的角度來講，《尼斯塔德條約》確實容許波羅的海各省有自己的外交權。只要這個外交權掌握在等級議會手裡面，這些日耳曼系貴族就有權利退出俄羅斯帝國，跟德國和普魯士簽署單獨的條約。按照德國人跟這些日耳曼系貴族達成的協議，這兩個公國可以產生出自己的大公，這些大公或者由普魯士國王兼任，或者由德意志第二帝國境內的新教貴族和親王擔任，然後在軍事上跟普魯士結成聯盟，因此實際上會變成普魯士在中歐系統的一個重要盟友。雖然法理上講在第二帝國境外，是第二帝國的友邦而不是第二帝國的一部分，但卻是比第二帝國內部的黑森、巴登和巴伐利亞更靠得住的盟友。但是，這樣做會使得愛沙尼亞和拉脫維亞內部的階級矛盾緊張。沒有任何一個階級或者政治集團樂於看到自己已經到手的政治權力和統治權力重新被人壓縮，尤其是在他們自己已經羽翼豐滿以後。在德國軍隊完全控制了波羅的海地區、沒有任何敵對的軍事力量能夠向他們挑戰的情況之下，他們的反應不能落實在愛沙尼亞和拉脫維亞本國，卻落到了俄羅斯帝國的頭上。因此，愛沙尼亞和拉脫維亞的社會民主黨在沒有被德國軍隊占領的俄羅斯帝國境內轉而支持左派。而愛沙尼亞和拉脫維亞的資產階級在德語系貴族壓縮了他們的政治權力的情況之下，轉而向協約國——尤其是向英國海軍求援。

由於今天的國際媒體所宣揚的愛沙尼亞和拉脫維亞歷史其實是在一九九〇年蘇聯解體的獨立運動當中由愛沙尼亞和拉脫維亞民族發明家向西方世界精心製作和包裝的歷史，所以他們把愛沙尼亞和拉脫維亞說成自古以來就是西方的一部分，忽視了愛沙尼亞和拉脫維亞社會民主黨在布爾什維克奪權當中發揮的特殊作用。拉脫維亞兵團之所以支持布爾什維克發動政變，最根本的原因就是，德國人扶持的愛沙尼亞和拉脫維亞政府完全剝奪了他們在本國的選舉權，使得他們在本國政壇受到壓力和失敗的情況之下轉而對任何極端左派和支持普選權的政治團體抱有極大的同情心。布爾什維克在俄羅斯本土推行的土改政策，在他們眼裡面幾乎就是對本國封建地主反攻倒算的一個遙遠的報復。結果在大俄羅斯主義者控制的俄羅斯軍隊還搖擺不定的時候，由拉脫維亞人主持的少數步兵團變成了列寧和托洛茨基最可依賴的革命力量，在克格勃建立初期也是捷爾任斯基和史達林最靠得住的肅反力量。

當然，隨著史達林權力的鞏固和蘇聯自身的再次大俄羅斯化，這些人也就變成了主要的犧牲品。革命初期最可靠的、構成契卡和肅反幹部核心的拉脫維亞人，在史達林權力鞏固以後基本上全都被打成了反革命分子而消滅了。他們的命運其實跟日耳曼系貴族在德國和俄羅斯帝國方面的命運是非常相似的。他們在各自發揮政治影響力的團體內部都是精英階級，是工作能力最強、文化素質最高的精英。但是他們卻是一個被割斷了自身土豪聯繫的精英階級，因此他們在世界歷史上發揮的作用就像是飛到半空中的煙花閃耀那樣，自身的來源已經不復存在。最後的閃耀等於是消耗掉了他們原有的能量，然後就在世界歷史上消失了。

今天歷史給我們留下的愛沙尼亞和拉脫維亞的印象，其實是一九一六年和一九一八年被德國占領軍排斥的、被亞歷山大沙皇解放的愛沙尼亞和拉脫維亞資產階級和社會民主黨的後裔塑造的。今天這兩國的政治當中右派的資產階級政黨和左派的社會民主派政黨，正是當時被排斥的這兩派力量留下來的遺產。這兩派力量在一九一六年和一九一八年的政治選擇當中其實是更親俄反德的，但是他們的政治後裔由於反對蘇聯的緣故，也由於二十世紀末期和二十一世紀的德國不再對他們構成威脅的緣故，卻把自己塑造成為蘇聯的死敵。其實在當時，十九世紀末二十世紀初，他們經常是覺得俄羅斯人比德意志人對他們更加友好。德意志貴族構成他們在本國政壇上的直接競爭對手；而遙遠的俄羅斯人，尤其是俄羅斯的傾向於反封建的左派，反而構成他們的跨國盟友。這個形象，特別是他們在蘇聯建立和克格勃肅反當中發揮的特殊作用，是今天他們的歷史發明家諱莫如深的。

立陶宛的民族發明

立陶宛的形勢跟它們不同。立陶宛天主教徒和天主教神職人員擁有較高的文化素養。儘管他們在俄羅斯帝國一側，但是出版業更發達、文化更發達的普魯士人是他們的鄰居。大量的書籍不斷從德國方面輸入到立陶宛，使得立陶宛人的文化素質比起俄羅斯帝國內地要更高一些。而他們始終不在大俄羅斯的發明範圍之內。立陶宛的民族發明家和塔里巴（Lietuvos Taryba）（也就是民族委員會）的權力一直是非常鞏固的。我們要注意，立陶宛的所謂日耳曼人和新教徒其實是一回事，他們在血統上講跟立陶宛天主教徒沒有什麼差別。在拉齊維烏公爵的那個時代——也就是宗教改革在立陶宛還有相當大勢力的那個時代皈依了路德教的人，在後來天主教重新取得勝利以後就被發明成為普魯士人或者日耳曼人了。他們非常依靠德語國家的出版業，就更強化了這個發明。但是實際上，他們的起源跟其他天主教立陶宛人的差別不是民族或者血統的，而是宗教改革的信仰選擇。他們在立陶宛的民族發明當中也起到了特殊作用，因為立陶宛的出版業非常依賴他們。但是他們在立陶宛的鄉村卻是沒有根的，因此他們的出版業革命和安德森所謂的印刷資本主義主要是凸顯了把天主教會作為立陶宛民族的特點，跟路德教的德國和東正教的俄國截然不同，強化了立陶宛自身的民族特徵，等於是起到了為他人做嫁衣裳的結果。

而跟愛沙尼亞和拉脫維亞的情況不一樣，德國人（即使是總參謀部和外交部）一開始就認為，立陶宛的統治者只能是羅馬天主教徒。這一點跟立陶宛人捲入了十九世紀後期的大移民有關係。南北戰爭以後的美國收納了大批量的東歐移民，據說瑞典青壯年的一半都跑到了美國。薇拉·凱瑟在她的小說《啊！拓荒者！》和《我的安東妮亞》中所描繪的那些地區，今天的居民大多數是北歐人的後代。美國的瑞典人可能比瑞典本國的瑞典人還要多出好幾倍。就是在這一時期，立陶宛人和波蘭人大量移居到美國，因此在美國形成了強有力的立陶宛社區，是同盟國和協約國都感到非常有必要爭取的政治力量。因此德國人一開始就認定，在本土和海外都有強大勢力的立陶宛民族委員會將是未來的立陶宛王國的統治者。立陶宛的日耳曼系居民主要是城市知識分子，並非鄉村的有根土豪，不可能跟他們競爭，一開始就被德國的外交官犧牲了。德國外交家只能希望立陶宛獨立以後跟德國結成軍事聯盟。如果可能的話，像後來的芬蘭一樣，讓某一個德國親王，最好就是普魯士國王本人，擔任它的君主。以這種方式，將立陶宛的外交利益跟普魯士聯繫在一起，同時也加強普魯士人在德意志帝國內部抵抗天主教和社會民主黨聯盟的實力。

第二帝國的統治者是俾斯麥所開創的那個普魯士集團。這個集團有兩個敵人，一是南方的天主教勢力。這個天主教勢力是俾斯麥不願意德奧統一的根本原因。如果把奧地利人跟正統性極強的奧地利天主教徒、羅馬教會的寵兒都加進來的話，那麼普魯士人在德意志第二帝國內部本來就岌岌可危的優勢地位就要完全不存在了。第二個在野的勢力就是十九世紀後期逐漸興起的社會民主黨。這兩者如果聯合起來，普魯士人在德意志第二帝國當中的優勢地位就要不復存在。然而在貝特曼·霍爾維格首相的支持之下，這兩個集團竟然真的聯合起來了。貝特曼·霍爾維格內閣的倒台，根本上就是普魯士保守勢力反攻的結果。他們看到，貝特曼·霍爾維格政府為了第一次世界大戰的需要，企圖擴大統治基礎，把俾斯麥時代處於在野地位的天主教徒和社會民主黨拉進來，並且通過修改選舉制度來討好他們，使得他們今後可能會在德國國會當中取得永久性的優勢。這樣一來，等於是俾斯麥和毛奇的戰爭完全白打了。因此，他們必須在一切為時太晚以前推翻貝特曼·霍爾維格的內閣。

立陶宛民族發明的主要問題不在於立陶宛天主教知識分子和地主資產階級對本國社會的統治，而在於立陶宛的民族發明範圍要不要包括羅塞尼亞，或者說是今天的白俄羅斯和烏克蘭的一部分。如果包括這一部分的話，那麼立陶宛境內將會像後來畢蘇斯基的波蘭一樣，包括有相當大一部分的東正教徒。德國人出於外交方面的利益，希望扶持一個強大的立陶宛，因此傾向於認為，可以把今天屬於白俄羅斯的大部分領土畫歸未來的立陶宛王國。作為補償，立陶宛應該把沿海地區——就是希特勒後來吞併的梅梅爾（Memel）和通向波羅的海的海岸走廊交給德國。這樣，普魯士到波羅的海兩公國之間的道路就會暢通無阻。立陶宛犧牲了自己的沿海地帶，作為補償，德國人願意把廣大的東正教徒的內地畫給他們，作為立陶宛的一部分。這樣一個民族發明學設想，激起了羅塞尼亞人和東正教徒的不滿，使他們不得不投向左派，產生了一九一八年的白俄羅斯人民共和國（Belarusian People's Republic）。

白俄羅斯的民族發明

白俄羅斯作為一個發明，其實是立陶宛上層階級和東正教下層階級跟他們的德國保護人相互博弈的結果。我們可以設想，假定俄羅斯帝國的白俄羅斯各省不是劃歸立陶宛貴族，德國占領軍又沒有把今天的白俄羅斯劃給未來的立陶宛國，那麼今天的白俄羅斯民族可能是不會存在的。今天的白俄羅斯民族是階級鬥爭的產物，是十九世紀末期立陶宛天主教徒開始重申自己的地位、以及第一次世界大戰時期他們在德國人（主要是普魯士人）的支持下企圖建立大立陶宛的結果。被凱薩琳和亞歷山大一世的俄羅斯忽視的、在立陶宛貴族地主統治之下的東正教農民，本來是沒有民族身分的。但是在立陶宛人企圖以民族身分獲得德國支持、從俄羅斯帝國獨立出來的過程當中，他們發現自己如果沒有一個民族身分，階級的劣勢將會固定化和永久化。因此，他們把階級鬥爭民族化了。白俄羅斯人民共和國是一個左派的共和國，是社會革命黨如果打敗了布爾什維克有可能建立起來的那種農民共和國。它直接針對的就是立陶宛和波蘭的天主教地主，這些人在俄羅斯帝國時期就是他們經濟上和社會上的優等階級，現在在德國占領軍的支持之下準備把他們的階級優勢通過民族發明的方式永久性地固定下來。因此，地主資產階級的民族發明引起了農民和無產階級的民族發明，產生了白俄羅斯人民共和國。

白俄羅斯人民共和國像拉脫維亞的社會民主黨一樣，一開始就是激烈反對德國和波蘭──立陶宛的，但是並不積極反對俄國。這也是為什麼後來布爾什維克獲得勝利以後，雖然推翻了白俄羅斯人民共和國，把它的主要支持者都作為民主小清新而趕到了巴黎和倫敦，卻願意維持白俄羅斯加盟共和國的建制。而與此同時，所謂的東南歐聯盟、韃靼斯坦共和國之類的建制卻沒有留下來。這裡面跟十九世紀末期俄羅斯帝國內部的階級鬥爭形勢是很有關係的。布爾什維克本來是左派的一個小團體，依靠德國的機會主義奪權成功以後，它正確地認識到，在除了彼得堡和莫斯科兩京以外的其他地區，它其實都是處於劣勢的。在舊波蘭勢力統治的西部，像白俄羅斯人民共和國和烏克蘭人民共和國這樣的力量是既聯合又鬥爭的，而不能一棒子都打死。如果一棒子打死的話，等於是便宜了當地的保守勢力和地主資產階級勢力。因此，一面消滅白俄羅斯和烏克蘭的民主社會主義者，把他們的權力和群眾基礎收編到布爾什維克麾下，一面維持這些民主社會主義者發明的民族，使這些民族抵抗更加強大、更加可怕的立陶宛天主教會和波蘭地主的統治，是合理的統戰策略。

烏克蘭的民族發明

烏克蘭各省跟波蘭不同，它們在政治上講不屬於會議波蘭，也就是維也納會議規定的那個由俄羅斯沙皇兼任、由拿破崙的華沙大公國稍加修改而繼承下來的波蘭王國的國王形成的立憲君主國體制，而是俄羅斯帝國經過凱薩琳改革以後形成的各省。但是這些省分跟大俄羅斯各省的情況不一樣，它在社會上的統治者通常是天主教的波蘭貴族。因此，在亞歷山大二世推行土地改革、解放農奴的時期，大俄羅斯主義者和左派的政治目的奇妙地統一起來，兩者都傾向於削弱波蘭貴族在當地的權力。而波蘭貴族跟波羅的海的日耳曼系貴族不一樣，日耳曼系貴族非常忠於俄羅斯帝國，而波蘭貴族則是俄羅斯帝國極其靠不住的臣民，是經常發動叛亂的。因此，俄羅斯帝國各階級的力量，包括大俄羅斯主義者的俄羅斯自由主義者和立憲民主黨，都傾向於削弱波蘭貴族的勢力。但是，為了削弱波蘭貴族的勢力，就會從反向增強烏克蘭的左派勢力。

烏克蘭跟波羅的海地區和芬蘭不一樣，主要是一個農業地區。烏克蘭的工業企業和工商業企業基本上是英國企業和德國企業，本土的資產階級是極少極少的。因此，如果你想削弱烏克蘭九省的波蘭貴族地主勢力，指望東正教農民像波羅的海的農民那樣產生出自己的富農和資產階級，是不大靠譜的。除非你容許左派勢力以小農勢力為核心，反對土地改革形成的新興富農勢力，形成一個強大的左派聯盟，才能夠對抗波蘭貴族地主原有的勢力。然而，這樣一個左派的烏克蘭，本身對俄羅斯帝國的君主制、俄羅斯帝國內部的地主和以十月黨人為代表的新興資產階級也是一個潛在的威脅。這意味著南俄九省將會變成俄羅斯帝國內部的永久性粉紅色選區，對於俄羅斯帝國的自由主義者和保守主義者來說將會留下缺憾。但是即使如此，也比讓烏克蘭作為波蘭系貴族地主議員的選區、構成俄羅斯帝國的分裂力量要好一些。無論如何，烏克蘭各省要麼是變成大波蘭或者大立陶宛的一部分，變成俄羅斯帝國解體的重要推手，要麼就會變成反對聖彼得堡帝國主義和自由主義的粉紅色勢力，變成社會民主黨和社會革命黨的主要支柱，兩者必居其一。而亞歷山大三世時期的聖彼得堡精英階級寧願選擇後者。

這樣造成的社會後果就是，跟北方的芬蘭和愛沙尼亞的情況不一樣，烏克蘭的資產階級是英國人和德國人，在本土社會沒有根。買辦階級是既受到俄羅斯帝國主義者痛恨、又受到烏克蘭民粹主義者痛恨的猶太人，這些猶太人和俄屬烏克蘭本土的民族發明家基本上是左派勢力，他們有推動土地改革的強烈衝動。他們的理論依據主要來自於奧地利帝國所屬的加利西亞，而加利西亞的烏克蘭民族發明家基本上也是左派。他們發明烏克蘭民族的主要邏輯之一就是，奧屬波蘭的波蘭貴族跟德屬和俄屬波蘭的波蘭貴族不一樣，是奧地利帝國的良好盟友。奧地利帝國容許波蘭貴族地主繼續統治加利西亞的東正教徒。因此，這些東正教徒（奧地利帝國通常把他們稱為羅塞尼亞人）也希望通過民族發明的方式實行階級鬥爭。既然波蘭貴族地主要把自己發明成為波蘭民族，那麼波蘭貴族地主統治之下的農民也就要把自己發明成為烏克蘭民族。他們在維也納推行的這個烏克蘭民族，以上述的歪打正著的方式傳入俄羅斯帝國本土，變成了烏克蘭社會民主黨的意識形態。後來的烏克蘭民族基本上是烏克蘭社會民主黨的產物。

列寧、孟什維克和德國社會民主黨人在第一次世界大戰前夜都曾經跟烏克蘭民族主義者進行過多次論戰。列寧的邏輯是認為，烏克蘭民族發明本身沒有什麼問題，但是建立烏克蘭民族國家則是荒謬的。烏克蘭民族和左派發明的所有民族一樣，都應該建立一個共產主義大聯邦。而奧地利社會民主黨則希望把哈布斯堡帝國改造成一個美國式的聯邦國家，他們並不認為烏克蘭人有發明民族的必要性。兩相比較之下，其實列寧和布爾什維克比德國社會民主黨和俄國社會民主黨的其他派別對烏克蘭民族發明更友好，儘管他們對第一代烏克蘭民族主義者也是口誅筆伐的。這也是為什麼後來烏克蘭加盟共和國能夠在蘇聯的建制之內存在的重要原因。當時鄧尼金和白軍是堅決否認烏克蘭有權自治的，認為烏克蘭不過就是南俄九省。克倫斯基以及聖彼得堡的溫和自由派和溫和社會民主派形成的聯盟，只認為烏克蘭的核心地區可以自治，也同樣跟今天的普丁一樣，並不覺得烏克蘭是一個有別於大羅斯的民族。如果克倫斯基政府和溫和社會民主派在俄羅斯長期執政，那麼在烏克蘭自治區執政的同樣是溫和社會主義者能不能把民族發明的事業推進到底，應該是很值得懷疑的。但是由於布爾什維克奪取了聖彼得堡的權力，對烏克蘭實行了咄咄逼人的軍事兼併政策，才使得溫和社會主義者控制的拉達（Rada）政權很不情願地向階級敵人德國人求助。這樣一來，也就導致了烏克蘭人民共和國的顛覆。

溫和派社會主義者建立的烏克蘭人民共和國

烏克蘭人民共和國是一個溫和派社會主義者和民主小清新建立起來的國家，因此它的所有綱領都是自相矛盾的。在亞歷山大三世統治時期，他們是在野黨。自由主義者統治的地方自治局和南俄的各派社會主義勢力處在僵持狀態。社會主義者已經擁有了選票的絕大多數，按說是可以推翻地方自治局的統治的。但是他們卻推翻不了財產權，以及如果不跟擁有資產的資產階級合作，他們就沒有辦法實行有效的地方治理這個事實。因此，南俄的地方自治局經常是在少數派資產階級政黨手裡面的。這些少數派資產階級政黨既害怕失勢的波蘭右派地主，又害怕正在得勢、但是完全沒有治國能力的左派民主小清新和烏克蘭民族發明家，使得南俄的政治治理經常處在混亂狀態。這就是為什麼一九〇五年布爾什維克恐怖分子可以在奧德薩街頭大肆搶劫、卻沒有人管的原因。在北方的芬蘭和愛沙尼亞，這種情況簡直是不可能的。南俄除了克里米亞以外（克里米亞在當時是不屬於烏克蘭的），在十九世紀末的政治治理是格外糟糕的。左派的烏克蘭民族發明家對此要負相當大的責任。他們以及他們在選民團當中擁有的優勢，破壞了開明自由派推行資產階級改革的所有努力，而他們自己又提不出一個像樣的綱領。他們醉心於民族發明學，對社會經濟和地方自治卻是無所建樹的。克倫斯基政府推行的普選制，摧毀了資產階級集團在南俄的統治，將南俄的地方自治機構交給了社會民主黨系列的烏克蘭民族發明家。於是，他們無視克倫斯基的反對，不是在南俄五省、而是在南俄九省成立了自己的烏克蘭人民共和國。

烏克蘭人民共和國從綱領上來講應該是一個左派的國家。它的主要綱領就是，推行土地改革，實行耕者有其田。這樣就對支持他們上台的大多數選民有所交待。但是這樣做必然要違反現行刑法和民法的大多數條款，造成嚴重的社會和經濟危機。而民主小清新的教條的另外一部分就是，堅決反對布爾什維克和他們的暴力土改，堅決要在維護所有人的自由民主人權的情況之下實現社會主義。這樣就構成了同時被保守派和列寧同志瘋狂嘲笑的自相矛盾。你們要通過民主方式「和平長入社會主義」，然而如果堅持民主主義的話，社會主義就根本實現不了。依靠純粹的民主選舉，有可能產生出一個多數的社會主義政府，然而這個社會主義政府如果不採取沒收財產、破壞民法和刑法的手段是根本實現不了土地改革的。實現不了土地改革，就意味著你背叛了你在競選時期對支持你的選民所做出的承諾，他們會把你們當成是不負責任的騙子，在下一次選舉當中反對你們或者不再出來投票，因此資產階級集團的復辟是不可避免的。事情走到這一步，你們要麼再前進一步，乾脆就推翻關於民主和人權的所有教條，直截了當地搞無產階級專政，像列寧同志所主張的那樣；要麼就像是後來西歐社會民主黨所做的那樣，實行一個頭部是社會民主黨、但是實際上是資產階級改良主義的政府，或者是因為沒有統治能力而迅速下台。

但是，烏克蘭的形勢跟西歐不同，烏克蘭民族沒有西歐社會民主黨那種早已發明出來、得到國際條約保護、得到英法各大國承認的國際邊界，烏克蘭國家的生存本身還處在很成問題的狀態。德國人對烏克蘭獨立實行機會主義和待價而沽的策略。魯登道夫和外交部的德國貴族都一點也不喜歡烏克蘭人民共和國的左派綱領，但是他們也同樣不喜歡無論是以鄧尼金志願軍的名義、以高爾察克和立憲會議的名義、還是以列寧和布爾什維克的名義重建的大俄羅斯帝國。因此，他們還是願意在獨立的烏克蘭政府在外交上願意給德國和中歐列強提供若干協助的情況之下，跟烏克蘭人民共和國進行談判。雙方的談判進行得很不順利，因為民主小清新的特點就是講原則而不講實際。他們在自己的國內跟波蘭地主階級、蓋特曼地主階級、哥薩克軍事階級和英國德國資本家的談判，與他們在外交上跟德國進行的談判都是一樣的，他們是一群說「不」的遊戲專家。無論對方提出什麼樣的條件，他們都認為這是違反他們的原則的。

他們所要的原則是什麼呢？是所有開明進步人士捐棄前嫌、進入一個自由民主平等博愛偉大美好的共和國。這樣的理想聽起來非常美好，但是實際上必然要損失社會上原有的強勢集團的利益。地主階級會表示說，我們波蘭人，我們哥薩克人，我們蓋特曼大統領和軍事貴族地主階級，一點也不高興為了自由民主平等博愛的緣故，跟我們過去的佃農分享財產。德國人也不高興說是，手頭沒有一支像樣的軍隊，只有基輔那幾千名所謂的烏克蘭國軍，實際戰鬥力比民團還不如，卻理直氣壯地背誦著威爾遜總統的教條，要求德意志帝國跟他們平起平坐，而且還要求德國人把德國在烏克蘭的企業慷慨地捐獻給烏克蘭政府，幫助他們渡過財政危機，卻不收取任何補償。但是，只要不付諸武力，烏克蘭人民共和國將會很樂意像是他們對付克倫斯基政府一樣，用滔滔不絕的關於各種政治哲學方面的高論來代替具體的外交談判。

這樣的談判就好像是，兩個商人，一個賣貨一個買貨，第一個商人說，「一百塊錢賣不賣」，而他的對手不是說「我只肯出五十塊錢」，而是說，「你竟然跟我談錢？這樣太不民主太不自由太不博愛了。你難道不知道現在是威爾遜總統的時代，人類已經進入一個自由民主平等博愛的新世紀了嗎？你還按照舊世紀的那一套斤斤計較的市儈作風來跟我們談判，我們真的感到很失望。我們來跟你談判的時候，是本著建設新社會的美好願望來的，沒想到竟然遇上你這樣的人，我們真的很傷心。」德國人說，「八十塊錢幹不幹？」對方又回答說：「我們以前跟德國工人和社會民主黨聯歡的時候，在柏林啤酒館一起喝酒的時候，那個感情是多麼的美好呀，維也納咖啡館的滋味又是多麼的好呀。今天我們來到德國，本來是指望重溫當年的美好情誼的，根本不是來跟你們搞這些亂七八糟的經濟交易的。你看，我們的條約文本是這樣寫的，你的就是我的，我的就是你的，大家不分彼此，我們相互承認，相互合作，一起過上未來的美好日子。至於你所說的那些烏克蘭鐵路應該怎麼安排的事情，那都是小事啦，那是專業人員的小事，我們這些偉大的政治家和人民解放者對這些事情是既不瞭解也不想過問的。」

可以說，克倫斯基和他的政府是烏克蘭人民共和國在各方面的兄弟。克倫斯基政府對付這一套談判方式，就是用更加熱情洋溢的浪漫主義文學修辭跟他們進行電報戰。而包含著很多德國軍人和德國企業家的德國代表團碰上這樣的談判對手，簡直要活活氣死。他們向德皇和外交部寫的報告說，烏克蘭代表團是一群沐猴而冠的小人，他們來到我們的談判桌上，根本不是為了解決任何問題，只是為了發洩自己的自戀狂人的表演欲望而已。這樣的談判如果多維持幾個月的話，德國恐怕會向烏克蘭宣戰的。但是布爾什維克及時替他們解決了這個問題。列寧和托洛茨基在哈爾科夫（Kharkiv）建立了一個傀儡政府，這個傀儡政府叫做烏克蘭蘇維埃社會主義共和國。這個烏克蘭蘇維埃社會主義共和國像芬蘭紅軍一樣，在布爾什維克軍隊的保護之下一路殺進了基輔。烏克蘭人民共和國的拉達政府（拉達就是議會的意思，跟俄羅斯的國家杜馬是一個意思，杜馬就是俄國的議會，拉達就是烏克蘭的議會）手上只有幾千軍隊，而這幾千軍隊幾乎沒有槍。論實力，還不如奧德薩的地主民團來得強大。他們狼狽不堪地逃出基輔，逃到德軍防線一邊。

托洛茨基得意洋洋地告訴德國人說：「你們沒有必要再跟烏克蘭拉達談判了，烏克蘭代表團在我們當今這個世界上擁有的領土也就是他們在外交談判中間擁有的那一間會議室而已，烏克蘭沒有一寸領土是屬於他們的。你們不必跟他們談判了，直接跟我們布爾什維克談判就行了。」這時德國人才醒悟過來，無論烏克蘭人民共和國有一百萬個不靠譜，留著他們總比讓布爾什維克吞併了烏克蘭要好一些。於是，這個被托洛茨基形容為「在全世界的領土只有一間會議室」的烏克蘭拉達政權，就迅速地跟德國人達成了協定。我們可以想像，按照烏克蘭人民共和國政權過去的談判作風，如果他們除了那間會議室以外、在基輔或者烏克蘭的任何地方還有實際管轄權的話，他們是不會乖乖地跟德國人簽署協定的。

烏克蘭人民共和國的滅亡

德國和烏克蘭簽署條約以後，德國和奧地利承認了烏克蘭的獨立。同時，德國財團發行了幾十億馬克的公債作為東方的經濟開支，支持烏克蘭搖搖欲墜的經濟。烏克蘭人民共和國在自己存在的幾年當中，其財政觀念是等於零的。它之所以沒有辦法給它的幾千名士兵提供給養和武器，是因為它根本收不上任何稅來。本國的資產階級和地主在達成憲法協定之前是不願意交稅的。構成選民團大多數、支持了烏克蘭人民共和國的農民和無產階級，自己又根本沒有錢來交稅。德國人給他們的這筆貸款，是日後烏克蘭人民共和國能夠存在的唯一經濟資源。實際上，烏克蘭人民共和國百分之九十以上的開支是由德國貸款支付的。據說是非常富饒的烏克蘭本土，卻完全征不到稅。德國人為了支付這筆貸款，德國財團發現，本國銀行家的錢是不夠的，必須在德國社會各階級廣泛地發行特別公債，才能夠把這筆錢湊足。這筆錢用來恢復烏克蘭的鐵路系統，購買烏克蘭的糧食，同時對烏克蘭的工業實行大規模投資。這樣一個投資計畫如果能夠實現的話，不僅可以恢復烏克蘭的經濟，而且還會把整個東歐和東南歐都變成德國的經濟殖民地。

接下來，這個條約的簽訂使得德國—烏克蘭聯盟對布爾什維克俄國的戰爭變得不可避免了。布爾什維克一到烏克蘭，就推行了烏克蘭人民共和國聲稱要通過民主方式實現、然而實際上卻根本不可能通過民主方式實現的土地改革和沒收資產階級財產的政策。這使得烏克蘭人民共和國已經賣給德國的糧食、原材料、物資和接受德國投資的工礦企業遭到破壞。因此，德國軍隊為了維持德國投資者的財產和利益起見，也必須開進烏克蘭。於是，德國和烏克蘭聯軍（實際上唯一能戰鬥的部分就是德國軍隊）長驅直入烏克蘭，把布爾什維克趕了出去。烏克蘭人民共和國和拉達在德國軍隊的羽翼之下回到了基輔，但是他們跟所有民主小清新一樣，並沒有認清楚自己只是德國附庸國的事實。他們認為，他們已經回到了自己的首都，又可以像一個獨立主權國家一樣自由行事了。而他們在俄羅斯帝國末期形成的工作習慣無非就是推行各種抗議運動。不能統治，但是擅長於通過社會運動對統治者進行討價還價。他們回到基輔以後的政策，實際上等於是干擾了依靠德國貸款而重新恢復經濟生活的地主和資產階級，使這些人對他們感到極其憤怒。然而他們仍然擁有議會多數，因此沒有辦法通過民主方式推翻。德國資本家和德國軍人也感到，這個人民共和國存在的目的就是為了干擾烏克蘭的鐵路運輸，干擾烏克蘭地主和資產階級向德國供貨，使得大家都沒有辦法發財。於是，陰謀集團開始在拉達附近醞釀起來。蓋特曼（也就是舊的烏克蘭時代的軍官）和奧德薩的烏克蘭地主協會達成協議，準備用軍事政變的方式推翻烏克蘭民主政權。這場軍事政變的結果是產生了君主制的烏克蘭國（Ukrainian State／Hetmanate）。這個新的國家是得到德國和奧地利的支持的。它有能力維護德國的投資和執行德國的合同，同時向天主教徒的總部奧地利輸送糧食，挽救維也納最近的糧食饑荒。

烏克蘭地主協會的總部設在奧德薩是有一定理由的，就是因為奧德薩是奧地利駐軍的總部，基輔則是德國駐軍的總部。而奧地利人是天主教徒的保護者，烏克蘭的地主階級當中最核心的部分是波蘭和立陶宛的天主教貴族。這些人在中歐體系陣營的內部，儘管他們在軍事上依靠德國人的戰鬥力，但是在政治上講，他們始終是親奧地利而不是親德國的。哈布斯堡君主國是神聖羅馬帝國的直接繼承者，是羅馬教廷祝福的正統君主，全世界的君主沒有哪一個比維也納的皇帝更加正統。而波蘭人在其長期歷史當中一直是親奧地利反普魯士的。因此，地主聯盟的總部就設在奧德薩。但是這個地主聯盟自身的戰鬥力也很成問題。哥薩克軍官團在卡列金和克拉斯諾夫的支持之下成立了大頓河軍（Almighty Don Host），宣布哥薩克共和國獨立。庫班的哥薩克也成立了自己的獨立政府（Kuban People's Republic）。他們並不願意把自己發明成為烏克蘭人。蓋特曼，也就是彼得大帝時代幫助俄羅斯人跟瑞典人作戰的那個哥薩克軍官團的後裔，形成了跟波蘭地主不同的另外一個集團。這個集團傳統上講是依附沙皇的，因此在左派的烏克蘭民族發明家看來有親俄羅斯的嫌疑。但是他們所親的俄羅斯是沙皇的俄羅斯，政治上和社會上保守的俄羅斯，而不是布爾什維克的俄羅斯。在沙皇倒台、自身在烏克蘭政壇當中受到擠壓的時刻，他們就認為只有德國人才是他們的救星。

這兩個集團的抵制，再加上外國企業的抵制，使得烏克蘭人民共和國沒有辦法正常工作下去。蓋特曼的政變使原先親俄、現在親德的烏克蘭軍官團攫取了統治權，但是他們跟親奧地利的波蘭地主勢力的矛盾仍然是無法解決的。蓋特曼政權理論上講是一個跟佛朗哥政權類似的君主國。蓋特曼也就是大統領，烏克蘭大統領是烏克蘭君主國的國家元首，就像佛朗哥大元帥是西班牙君主國的國家元首一樣。這個君主國實行等級選舉制而不是全民普選制，因為全民普選制不可避免要使左派上台，恢復烏克蘭人民共和國。但是，這樣一個烏克蘭君主國卻解決不了他們跟波蘭地主和奧地利正統君主國之間的矛盾。君主國的支持者本來應該是軍官和地主，然而他們跟波蘭系地主和軍官的關係卻始終處在矛盾狀態。後者首先依靠奧地利人的庇護，在奧德薩建立了自己的獨立機構，後來又依靠畢蘇斯基的保護，在烏克蘭西部建立了西烏克蘭人民共和國（West Ukrainian People's Republic）。這兩個機構共同的意義就是不肯服從基輔中央政權的統治。因此，蓋特曼政權一開始就非常脆弱，只有在德國人願意干涉東歐的情況下他們才

冬季遠征

在1917至1922年間，蘇聯、波蘭、德國、烏克蘭等各方勢力為了烏克蘭的歸屬，爆發了一系列的軍事衝突，即烏克蘭獨立戰爭。蘇聯歷史學家認為布爾什維克在此次戰爭中將烏克蘭從西方勢力和波蘭手中解放出來，而現代烏克蘭歷史學家則認為這是一場失敗的民族獨立戰爭。

冬季遠征為烏克蘭獨立戰爭的一部分，烏克蘭的殘兵在布爾什維克軍隊的追殺之下開始了今天烏克蘭民族發明家最引以為自豪的冬季遠征。這是烏克蘭民族發明學的核心，但它實際上是失敗的烏克蘭殘兵敗將的一次逃亡。最終，在華沙之戰後簽訂的《里加條約》，波蘭、捷克斯洛伐克與蘇聯共同瓜分了烏克蘭人民共和國。

上圖為1918 年春天，烏克蘭戰俘在德國集中營組建了烏克蘭第 1 師；下圖為參與冬季遠征的烏克蘭人民軍。

能存在。然後隨著德國人在一九一八年的倒台，蓋特曼政權也就迅速垮台了。

如果布爾什維克沒有趁機進攻烏克蘭的話，首先依附奧地利、然後依附波蘭的西烏克蘭勢力馬上就要跟彼得留拉復辟重建的烏克蘭人民共和國打上一仗。但是由於布爾什維克迅速占領了烏克蘭的大部分土地，使得加利西亞的西烏克蘭人民共和國變成了烏克蘭人民共和國的唯一保護者。所以，雙方才能夠形成暫時的、同樣是非常脆弱、只是依靠失敗才能夠保存的烏克蘭民族聯盟。這個民族聯盟的殘兵敗將，在布爾什維克軍隊的追殺之下開始了今天烏克蘭民族發明家最引以為自豪的冬季遠征（Winter Campaign）。這個冬季遠征是烏克蘭今天民族發明學的核心，它實際上是失敗的烏克蘭殘兵敗將的一次逃亡。最後，華沙之戰以後，經過《里加條約》[5]的妥協，畢蘇斯基出賣了西烏克蘭人民共和國。烏克蘭西部（原先的西烏克蘭人民共和國，也就是加利西亞）和原先烏克蘭人民共和國的很大一部分領土都劃給了波蘭，而東部烏克蘭和中部烏克蘭則劃給了蘇聯。等於是，蘇聯在列寧同志和契切林同志的主持之下，用領土方面的讓步換取波蘭犧牲烏克蘭民族事業。波蘭得到了比舊加利西亞更大的領土。作為補償，波

5 《里加條約》，由波蘭第二共和國、俄羅斯蘇維埃聯邦社會主義共和國和烏克蘭蘇維埃社會主義共和國於一九二一年在今拉脫維亞里加簽署，標誌著波蘇戰爭的結束。和約將西烏克蘭和西白俄羅斯以及立陶宛的一部分劃歸波蘭。另一方面，雖然烏克蘭人民共和國在一九二〇年與波蘭結為軍事同盟，此後與波蘭人並肩作戰，不過波蘭在和約談判中卻不太關注對烏克蘭人民共和國的條約義務。波蘭人接受《里加和約》，其實是違反了禁止單獨談判和平的波蘭與烏克蘭的軍事同盟條款。

蘭不再支持西烏克蘭人民共和國，而是把西烏克蘭人民共和國的全部領土和烏克蘭人民共和國的西部領土全部納入囊中，使得未來的畢蘇斯基的波蘭共和國在烏克蘭人和白俄羅斯人的眼中變得像一個壓迫者。這樣一個形勢，按照列寧同志的設想（列寧同志也是根據俄羅斯帝國後期的政治經驗來考慮未來的），在將來的革命運動當中可以構成波蘭革命運動的助力。但是列寧同志在很多方面仍然是十九世紀的人，他沒有預見到二十世紀的歷史和史達林時代的歷史不再是這個樣子的。那時，群眾性的抗議和社會運動已經沒有能力推翻政權，瓜分波蘭的事業要完全依靠蘇聯紅軍來進行了。

韃靼人的民族發明

在亞歷山大二世和亞歷山大三世以後的地方自治當中，無法納入大俄羅斯發明的群體還有很多，例如南俄的穆斯林群體。當時他們把自己稱為韃靼人。韃靼文藝復興是亞歷山大三世以後俄羅斯社會經濟復興和資產階級成長的一個重要組成部分，由此產生出來了俄羅斯帝國內部的穆斯林資產階級。穆斯林資產階級當中最先進、最強大的部分是克里米亞韃靼人，他們最多地接觸了歐洲和奧斯曼帝國的民族發明學，伊斯蘭主義和泛突厥主義主要是由他們開創的。首先在克里米亞，然後在喀山，然後在中亞各地。俄羅斯帝國的穆斯林組成了一個被列寧同志稱之為「戴頭巾的立憲民主黨」的伊斯蘭黨（Ittifaq al-Muslimin）。這個伊斯蘭黨參加了立憲會議，在政治上講支持俄羅斯自由派，希望俄羅斯自由派能夠進一步提高他們在俄羅斯共和國內的地位，使他們在俄羅斯共和國境內部能夠享受比在沙皇帝國內部更多的自由。但是從民族發明學的角度來講，這樣一個韃靼穆斯林階級有一個致命弱點：他們的居住區域太過於分散。無論在克里米亞、喀山、阿斯特拉罕還是中亞，沒有任何一個地區，他們在當地人口當中是擁有絕對多數的。他們通常在穆斯林社會內部是新派，蔡元培式的開明改革派，但是人口都是少數，還沒有傳統的阿訇和穆斯林社區領袖控制的人口多。因此，他們設想的在俄羅斯共和國內部高度自治的韃靼聯邦，就跟最初設計的巴基斯坦一樣，國土非常破碎，橫亙了印度帝國的大多數地方。

這樣一個韃靼聯邦要從克里米亞開始，越過南俄各省，包含了今天的韃靼共和國、舊的阿斯特拉罕汗國和中亞的大部分土地。而在這些土地內部，同樣有大批的俄羅斯東正教居民和很多傳統保守的穆斯林社區居民，以封建方式效忠於沙皇、並不高興發明什麼韃靼民族的穆斯林社區，以及很多高加索山地酋長國。這些五花八門的勢力是這批資產階級知識分子沒有能力整合的。因此，他們最終不得不像是烏克蘭人民共和國一樣，把建立南俄大韃靼國的希望寄託在德國軍隊的身上。《布列斯特─立陶夫斯克條約》以後的短暫真空期給了他們這方面的機會。按照韃靼民族主義的設想，偉大的韃靼國可不是今天以喀山為首都的這個小小的韃靼國可以比擬的。他們要包括南俄的大部分地區，領土一直延伸到土耳其北部和伊朗北部。這樣一個韃靼國的領土範圍，差不多相當於今天俄羅斯的三分之一那麼大，比今天的哈薩克和烏茲別克斯坦加起來還要大。他們的地圖包括了今天的伊朗北部和土耳其北部。德國人由於在外交上是土耳其人的盟友，不能支持他們對土耳其的領土要求。但是德國人很高興韃靼國把他們的領土延伸到羅斯托夫以北、烏克蘭以東的地方，把烏克蘭人民共和國和烏克蘭君主國跟北高加索各酋長國連接起來，徹底切斷俄羅斯通向黑海的道路。

但是韃靼聯邦是一個沒有天然邊界的國家。它跟南部俄羅斯的庫班和頓河哥薩克國之間始終有歷史仇恨。這些哥薩克人在歷史上都是依靠為俄羅斯帝國征伐穆斯林國家而建立起來的，因此他們的軍事力量強於沒有武裝的資產階級建立起來的韃靼國。哥薩克是一個軍事階級，而「戴頭巾的立憲民主黨」是商業資產階級。商業資產階級在沒有德國軍隊保衛的情況之下是無法抵抗哥薩克人的進攻的，很快就在哥薩克人和布爾什維克的南北夾攻之下垮台了。

由於德國人沒有認真經營過韃靼國，所以韃靼國後來的下場還不如高加索各山民酋長國。這些山民酋長國，例如今天非常著名的車臣人、印古什人、奧塞梯人之類的，都是當初曾經被德國人統戰過、後來又被蘇聯人統戰的山地酋長國的後代。他們之所以能夠維持統戰地位，歸根結底還是因為他們能打。他們的酋長是有兵的，有部落勇士和封建領主做支持。而韃靼人的商業資產階級在俄羅斯帝國的國家杜馬選舉和立憲會議選舉當中是比這些山民強大得多的力量，在地圖上擁有更加廣泛的力量和更多的人口，但是因為他們是沒有武裝的資產階級，所以就輕而易舉地被布爾什維克消滅了。布爾什維克連一個加盟共和國都不願意給它，只留下了一個四面都被俄羅斯包圍的喀山韃靼自治共和國。這個可憐的喀山韃靼自治共和國，只是當年那個像櫻花一樣短暫開放的、從歐洲延伸到亞洲、橫跨高加索山兩翼、把中亞、土耳其和伊朗北部都包括在內的巨大的韃靼國的一個可憐的殘餘縮影，就像今天的奧地利跟當年的哈布斯堡帝國相比較一樣。

外高加索聯邦的民族發明

由於德國軍隊需要喬治亞的錳礦和巴庫的石油，因此在俄羅斯帝國崩潰、布爾什維克尚未站穩腳跟的這個短暫空窗期，德國人樂於支持韃靼聯邦（Idel-Ural State）的組成。為了應付土耳其人對外高加索的領土要求，德國人也願意支持喬治亞人、亞美尼亞人和亞塞拜然人結成外高加索聯邦（Transcaucasian Federation）。

這個外高加索聯邦當中，實際上民族發明唯一比較成功的就是喬治亞人。喬治亞傳統上講作為一個受俄羅斯沙皇保護、跟俄羅斯合併的基督教王國，一開始就有一個俄羅斯承認的、由馬查貝利侯爵和喬治亞王公組成的貴族委員會（Committee of Independent Georgia）。這個貴族委員會是喬治亞舊王國的統治階級。十九世紀後期以後，亞歷山大二世改革以後，又產生了喬治亞本土的資產階級力量和社會民主黨力量，就是策烈鐵里（Irakli Tsereteli）和後來的喬治亞孟什維克。這兩支力量在柏林都有自己的喬治亞協會。喬治亞協會在普魯士的東方派當中找到了自己的保護人，用喬治亞的資源、共同的基督教信仰和巴統的港口作為誘餌，希望德國介入喬治亞的政治糾紛，特別是在喬治亞跟亞塞拜然和土耳其的邊界糾紛當中支持喬治亞。

而這時的亞塞拜然，政治上還處在不成熟的狀態。也就是說，它沒有建立一個像喬治亞貴族委員會和喬治亞社會民主黨這樣的政治機構，政治上講處於消極狀態。因此，它反倒大體上來講是支持沙皇的。後來蘇維埃的亞塞拜然是由布爾什維克製造出來的。它像布爾什維克的花刺子模人民共和國（Khorezm People's Soviet Republic）一樣，主要領導人其實都是俄羅斯人。

亞美尼亞人的建制跟喬治亞人不能相比。亞美尼亞領土的很大一部分——西部亞美尼亞都在土耳其境內，會引起亞美尼亞人跟土耳其的領土糾紛。而亞美尼亞移民又有很多在美國，成功地說服了威爾遜總統把土耳其的東部劃給亞美尼亞。這使得支持亞美尼亞的勢力很可能會得罪土耳其，同時會使協約國勢力有資格染指東歐。這些都是不符合德國的國家利益的。因此，德國人對亞美尼亞的支持是流於形式的，只是口頭上說一說，「亞美尼亞人也是基督徒，外高加索的基督教各國應該歸德國保護，外高加索的穆斯林各國應該歸土耳其保護，因此亞美尼亞應該是我的。」除了這樣的空話以外，對亞美尼亞人是很少支持的。

喬治亞和喬治亞的民族發明家是德國在東南歐的支持重點，而大而不當的韃靼聯邦只是連接喬治亞和烏克蘭這塊廣大地峽地帶的一個緩衝國而已。韃靼聯邦除了糧食以外很少有其他的出產，而喬治亞卻出產像錳礦這樣的對軍事工業非常重要的寶貴礦物。因此，德國人重視喬治亞是遠遠超過重視韃靼聯邦的。外高加索聯邦是喬治亞人企圖依靠德國勢力排擠土耳其勢力的一種努力。德國雖然需要喬治亞的礦物，但是德國軍隊卻沒有足夠的兵力延伸到高加索山以外。它只能運用自己對土耳其的外交影響力來對土耳其施加壓力。

土耳其軍隊在俄羅斯帝國垮台以後，不僅已經深入到巴庫和外高加索，而且在恩維爾帕夏的率領之下已經深入到中亞各國。對於比德國本身還要歷史悠久、歷史上大多數時期都在跟中亞和西亞的穆斯林國家交戰的喬治亞人來說，土耳其人和土耳其人保護的各種力量對它來說有如芒刺在背。因此，他們很想通過一個藉口，把俄羅斯帝國的外高加索領土完全弄到自己的控制之下，使得土耳其人無法染指外高加索。由喬治亞、亞美尼亞和亞塞拜然組成的外高加索聯邦，就是這樣一個外交機構。它的實質意義就是要切斷土耳其人和中亞的聯繫，把土耳其人趕出由俄羅斯帝國獨立出來的外高加索各國。這個外高加索聯邦沒有什麼兵力。它的實質力量是喬治亞人。在外高加索聯邦內部，實際上是喬治亞人在統治亞美尼亞人、亞塞拜然人和高加索各酋長國。

當然，這樣一個不穩定的聯合沒有維持多久就自行瓦解了。喬治亞人自身脆弱的力量是壓不住亞美尼亞人的，它的軍事力量也抵抗不了土耳其人的進攻。但是由於這個外高加索聯邦短暫的存在，使得布爾什維克在南下的時候不得不同樣打出外高加索聯邦的口號，只不過這樣一個新的外高加索聯邦要建立在推翻喬治亞孟什維克政權和征服外高加索的基礎之上。可以說，沒有德國人支持的烏克蘭人民共和國和外高加索聯邦，就不會有蘇維埃的烏克蘭加盟共和國和外高加索聯邦共和國。蘇維埃的加盟共和國體制雖然被布爾什維克後來的宣傳家說成是只有布爾什維克才是真正實踐威爾遜主義民族自決觀念的，但是實際上，在當時的政治形勢之下，跟東部的遠東共和國一樣，都是布爾什維克的白手套機構。在布爾什維克自身實力不足以維持統治、又很容易引起英國和德國實施外交干涉的地方，把德國人過去曾經扶持起來的這些傀儡政權的名號重新拿出來，讓共產黨員掌握它的核心要害部門，但是在形式上還能使這些國家的舊勢力感到滿意。這樣一個類似陝甘寧邊區參議會和香港立法會的機構，在布爾什維克實力不足的情況之下是符合布爾什維克的統戰要求的。可以說，俄羅斯帝國晚期的民族發明家依靠德國勢力製造出來的這些建制本身是極其脆弱、完全沒有生存能力的，但是它們通過製造歷史先例，使得布爾什維克不能毀滅這些歷史先例，只能滲透和控制這些歷史先例，為後來的喬治亞、亞美尼亞和亞塞拜然的獨立打下了基礎。

中亞地區的民族發明

俄羅斯帝國在開闢通向印度之路的時候，獲得了布哈拉、希瓦和浩罕這三個中亞的埃米爾國和汗國作為自己的附庸國。而今天哈薩克人和吉爾吉斯人的那些部落地區，在法理上講是俄羅斯帝國的殖民區而不是附庸國，因此他們沒有自己的王公和政府。隨著俄羅斯帝國的倒台，原先的那幾個埃米爾國和汗國的附庸政權也就跟著倒台了。當地的商業資產階級企圖建立自己的花剌子模和浩罕政權。但是這些政權跟大而不當的韃靼國一樣，是經不住任何軍事力量的打擊的，所以他們很快就在俄羅斯白軍、布爾什維克和土耳其人的打擊之下垮台了。當時哈薩克人還不存在，哈薩克人和吉爾吉斯人被舊俄羅斯帝國分別稱為吉爾吉斯人和野石帳吉爾吉斯人，都是羈縻之治。

蘇聯人征服了這些地區、於一九二〇年在巴庫召開了東方問題會議（Congress of the Peoples of the Eas）以後，才重新調整這些地方的統戰策略。他們認為，這些地方是連資產階級社會都還沒有建立起來，直接進入社會主義的條件並不具備。因此，在這些地方我們必須執行團結民族資產階級、反對封建貴族和反動伊斯蘭教士的做法。開明的左翼民族主義知識分子是我們必須培植的盟友，培植的方式包括　明他們發明民族。巴庫會議以後又召開了塔什干會議（一九二四年）。塔什干會議的主要邏輯就是，在民族發明尚未完善的中亞，要實行跟西部不一樣的政策。布爾什維克的帝國在西部是實行打壓民族資產階級的政策，因為民族資產階級已經有能力建立政權、跟布爾什維克競爭了。而在東部，封建領主和伊斯蘭教士掌握著主要權力，民族資產階級還處在被打壓的狀態。因此，布爾什維克在東部的政策跟在西部恰好相反，要實行蔣介石策略，不是打壓國民黨，而是支持國民黨。在中亞各國支持類似於國民黨的民族資產階級勢力，幫助他們發明民族。

塔什干會議以後的幾十年，土耳其斯坦人民共和國、花剌子模人民共和國、浩罕蘇維埃政權之類的邊界畫分來回折騰了幾次。在蘇維埃政權的民族發明學實驗室當中，花剌子模民族剛剛誕生就夭折了；浩罕民族已經快要長大了，卻被送進毒氣室處理了；而原先只是部落稱號、並非民族稱號的哈薩克和吉爾吉斯，在這個實驗室中培養出來，變成了新的民族。維吾爾本來是一個比今天的維吾爾人範圍更大的中亞部落群體，本身也不是民族稱號。經過他們的發明以後，合併了東部的蒙古穆斯林和吐火羅穆斯林以及西部葛邏祿人的各種群體以後，產生了今天的維吾爾民族。這個民族首先是在蘇聯境內產生，然後再越過邊境，由高地流到低地，在滇軍軍閥統治的六城地區，在一九二〇年代後期被賽福鼎這樣的左翼知識分子接受而漸漸紮下根來。蘇維埃政權在中亞起的作用，是把他們口中的資產階級民族主義由弱到強、由無到有地一個一個培育出來。

布爾什維克革命把民族發明凍結在一九一八

俄羅斯帝國晚期的地方自治實驗和資產階級社會的發展，結果就是在凱薩琳大帝和亞歷山大一世所沒有料想到的地方，在本來打算取得成功、為立憲君主制準備的那些機構內部，產生了一系列非俄羅斯的民族發明家發明的眾小民族。如果沒有第一次世界大戰和布爾什維克成功的革命的話，我們可以想像，這個大而不當的韃靼民族主義在俄羅斯帝國的穆斯林社區中間傳播，最終也會瓦解自身，在南俄和中亞產生一系列新的穆斯林民族。這些穆斯林民族的邊界和歷史傳統，會跟蘇聯人發明出來的、今天我們在地圖上熟悉的中亞各國不同。他們很可能會使用花剌子模、浩罕或者布哈拉這些歷史上的傳統名稱。而俄羅斯帝國屬於大俄羅斯主義的那一部分，也未嘗不會像萊蒙托夫時代的俄羅斯自由主義者所設想的那樣，重新發明出梁贊、特維爾和諾夫哥羅德各民族。

布爾什維克的勝利以及它的機會主義手段，等於是把俄羅斯帝國後期正在展開的民族發明學狀態一刀斬斷，送進了冰箱。在俄羅斯帝國後期已經發明成功或者有一點眉目的各民族，以蘇聯加盟共和國的形式固定下來。而俄羅斯社會正在展開的資產階級社會和民族發明運動也因此停滯不前，保留在一九一八年的狀態。蘇聯像一個巨大的冰箱一樣，把俄羅斯帝國的各民族凍結在一九一八年。直到一九九〇年蘇聯帝國解體，這些被凍結的民族又像是明希豪森傳說中被俄羅斯的嚴寒凍結在吹笛手笛子裡面的音樂一樣，在太陽的照耀之下又重新釋放出來，於是就產生出了今天後蘇聯時代的版圖。

普丁政權等於是一個沒有沙皇的沙皇政權，它沒有辦法抗拒在威權主義面具之下的某些形式上的民族。因此它像是亞歷山大三世時期和尼古拉時期的俄羅斯一樣，是沒有辦法阻止步履蹣跚的民族發明家在復興的資產階級的支持之下重新展開在俄羅斯帝國後期已經展開的各種運動，例如大俄羅斯運動和泛斯拉夫運動，給各種當時德國人也曾經企圖扶持、但是由於找不到扶持對象而被迫放棄的眾小民族（例如西伯利亞）提供相應的機會。今天的俄羅斯，等於是被布爾什維克以逆向帝國主義凍結了幾十年以後的俄羅斯帝國重新回到一九一八年的起點，然後繼續展開他們由立憲主義開始而產生資產階級社會、再由資產階級社會分別產生自己的民族國家這個從十六世紀的義大利北部開始、最終通過西歐蔓延到全世界的巨大的社會運動。

十月革命凍結了俄羅斯帝國內的民族發明

俄羅斯帝國晚期推行的地方自治實驗和陪審制，在憲制意義上是繼續「成為歐洲」。在為歐洲式的立憲君主制做準備的同時，也必然產生了一系列非俄羅斯的民族發明，如：愛沙尼亞、拉脫維亞、喬治亞、烏克蘭、白羅斯等。

但是，一戰的出現和布爾什維克的革命，以及列寧式的極權國家出現，把這些正在展開的歐洲式民族國家發明狀態一刀斬斷。蘇聯像一個巨大的冰箱一樣，把俄羅斯帝國內的各民族凍結在一九一八年。一九九〇年代蘇聯解體後，這些被凍結的民族重新回到一九一八年之前，分別產生自己的民族國家。

上圖為1917年7月，聖彼得堡大街上，布爾什維克起義期間的騷亂；下圖為《布爾什維克》，蘇聯藝術家鮑里斯．庫斯妥迪耶夫（Boris Kustodiev，1878-1927年）繪於1920年。

【延伸問答】

01

喬治亞和亞塞拜然地理相差不遠，族群和語言也同樣極為複雜，為什麼亞塞拜然在關鍵時刻不像喬治亞那樣有自己的貴族和資產階級力量呢？

「亞塞拜然」是一個地理名詞。在第一次世界大戰結束的時候，德國人還把亞塞拜然人稱為「韃靼人」而非「亞塞拜然人」。「亞塞拜然」是伊朗帝國的亞塞拜然省，只有亞塞拜然省的穆斯林韃靼人。「穆斯林」這個詞帶有一些費拉順民的意思，「韃靼人」則包含了各種歷史上進入伊斯法罕建立伊朗帝國的內亞征服者，但他們自己也不是一個體系。

亞塞拜然人之所以被發明為民族，主要是因為喬治亞人、亞美尼亞人和外高加索聯邦的結果。布爾什維克發明出亞塞拜然，跟邵武勉的貢獻是很有關係的。沒有政治意識和上層階級、在俄羅斯帝國末期服從沙皇的程度遠遠超過理論上屬於基督徒的程度的亞塞拜然人，對於布爾什維克來說是分散和牽制有強烈獨立傾向的喬治亞孟什維克的一個重要力量。換句話說，一九二〇年代的亞塞拜然是布爾什維克東方政策的結果。從喬治亞人的角度來講，是布爾什維克利用假民族來打壓他們的真民族。布爾什維克的東方政策會議在巴庫召開不是偶然的，因為亞塞拜然模式同樣也就是哈薩克模式、吉爾吉斯模式和布爾什維克東方政策的原型。但是，只要建構建立起來以後，原有的教派衝突和地方性、派系性的利益衝突最終會變成民族衝突。有了平台，民族就會產生。

亞塞拜然民族實際上是在蘇聯時期產生的，這跟喬治亞人早在中世紀就是一個封建王國、亞美尼亞人在羅馬時代曾經是征服敍利亞費拉的山地封建部落相比，情況非常不同。奧斯曼帝國時期的亞美尼亞人已經不再是羅馬時期的山地封建王國，但是原有的建制仍然使他們能夠獲得比自身實力更大的政治聲望。喬治亞人在俄羅斯帝國的地位也是這樣。亞塞拜然作為民族，發明最晚，因此缺乏一個上層精英階級。儘管它的人口比亞美尼亞人多兩倍，在政治上卻是經常被亞美尼亞人壓住的。

02

如果二戰中納粹德國打贏了蘇聯，那麼主張向東方擴張「生存空間」、建立歐洲霸權和泛德意志國家的納粹主義，會怎樣對待波羅的海民族發明家和曾經援助過的烏克蘭國？

德國的波羅的海政策就是建立由日耳曼移民統治的波羅的海國。這個國家要把波羅的海土著民族，愛沙尼亞人和拉脱維亞人，變成使用德語粗鄙方言的、有待於同化的德意志民族的原料。他們要把德國貴族作為核心，把愛沙尼亞人和拉脱維亞人作為德國貴族即將同化的對象，最終把波羅的海建立成為德國的附庸國或者德國北方的一翼。烏克蘭則被認為是由劣等民族居住、但是適合日耳曼人建立殖民地的殖民區，準備在它的總督轄區大規模地移植日耳曼人。

03

波蘭可以建國，烏克蘭正在建國，為什麼沒看見哥薩克人在一戰以前發明獨立的民族？他們被什麼給耽誤了？

哥薩克人在第一次世界大戰以後有大頓河軍和庫班哥薩克國兩個建制，但是在布爾什維克獲得勝利以後都被作為階級敵人消滅了。蘇聯解體以後在全世界各地復興的哥薩克團體，有些是阿根廷流亡者這樣的真正的哥薩克人，有些則是後來在蘇聯瓦解以後羨慕哥薩克傳統、模仿舊哥薩克傳統、但是人員其實不是舊哥薩克的新的團體。像普丁手下，就有很多這樣的可以説是冒牌的或者説是附庸風雅建立的哥薩克團體。

04 俄羅斯帝國開拓亞洲新邊疆與西班牙帝國開拓美洲新邊疆，在政治動力學上有何不同？對各自帝國的政治經濟結構和國家戰略有何影響？

亞洲新邊疆對於俄羅斯帝國來說不是一個概念。為皮毛貿易、由私人公司開發的西伯利亞新邊疆，才比較接近於美洲的情況。南方邊疆，面臨穆斯林諸帝國、汗國和埃米爾國的奧倫堡邊疆，是莫斯科公國跟克里米亞韃靼人、金帳汗國和阿斯特拉罕汗國進行生死鬥爭的一個自然延伸。它比較接近於西班牙人跟哥多華穆斯林和北非諸王國的戰爭。後一場戰爭是直接關係到西班牙和莫斯科自身的存亡的，是它真正的敵人。然而正因為是真正的敵人，所以推進起來是很不容易的。

05 為何遙遠東方的一場外戰失利，就引發了一九〇五年俄羅斯整體性的革命危機？假如沙皇未能鎮壓一九〇五年革命，是否將被迫放棄獨裁權力，實施君主立憲？俄國內部危機是否會緩和，是否還會積極參加一戰？

一九〇五年不能算是整體性的革命。實際上，它暴露出了俄羅斯帝國本身的拼合性質。在芬蘭、愛沙尼亞和拉脱維亞這些地方，存在著類似歐洲化的社會，自由主義者和社會主義者都登上了歷史舞台。而在中亞和南俄，情況截然不同。南俄基本上是，恐怖分子跟當地本來就有的部落武裝和暴力團體無法區別。遠東殖民地，只有阿莫爾河和烏蘇里江交界的三角地帶有比較健全的農業，能夠自給。而且，他們也離不開從奥德薩到大連的東方航線。因此，戰爭時期短暫的海路切斷對他們的經濟也產生了極大的影響。

俄羅斯帝國各部分的利益不同，動亂的性質也不一樣。資產階級性質的自治局或者説是資產階級激進派的立憲民主黨能夠影響的地區極少，布爾什維克和社會革命黨的恐怖分子影響的地方也極少。大部分地區，例如中央俄羅斯和西伯利亞各地的農民，實際上一直是支持沙皇的。只是他們本身在政治上的聲量比較小，在動亂的過程當中被掩蓋了。不同性質的動亂，對俄羅斯帝國的整體架構來説沒有太大的影響。也就是説，從純粹軍事的角度來講，鎮壓他們並不是很困難。

所謂「一九〇五年革命動搖了俄羅斯帝國架構」的説法，是第一次世界大戰以後重新發明出來的歷史。從一九〇五年以後的經濟發展來看，俄羅斯帝國當時還是被認為是一個超級大國的。而朴茨茅斯談判的結果也證明，日俄戰爭是一場大國和小國的戰爭。所以，所謂的「革命的巨大意義」更多是被誇張的。當然，在社會民主黨內部，由於布爾什維克所在的小團體在南俄採取的暴力行動，它跟社會民主黨其他派系的關係急劇惡化。但是在當時，這些事情並沒有多少人關心。整個社會民主黨的聲勢都不如社會革命黨。社會民主黨內部各小派別的糾紛，局外人多半是不知道的。

06

「波羅的語族」是否也和「斯拉夫語族」一樣，是配合民族發明學的政治性學術課題成果？

當然。波羅的海三國有政治上的共同性，是在一九九〇年形成的。但是語言上其實不是一個系統。愛沙尼亞人跟瑞典的關係更密切，立陶宛人跟波蘭的關係更密切，而拉脫維亞則更像是日耳曼語系的一個分支。

07

二十年代的歐亞主義思潮，是不是對布爾什維克政府壓制俄羅斯民族主義、揮霍俄羅斯帝國遺產的一種反動？今天俄羅斯的歐亞主義，是否如同東亞的大一統主義一樣，是俄政府統戰知識分子和民眾的重要思想平台？

二十世紀初期的歐亞主義當然是反布爾什維克的，也被布爾什維克限制和鎮壓過。現在的歐亞主義者有一派是為普丁政權提供出路的，有成為國師的潛質。但是要說統戰的話，那麼普丁政府主要的統戰機構應該是宗教協商委員會這樣的機構。這些機構容納了很多願意跟政府合作的穆斯林領袖。當然，東正教領袖一直是在這裡面的。由於俄羅斯的人口增長主要依靠福音派和穆斯林，原有的東正教人口主要依靠其他前蘇聯加盟共和國的移民補充，這樣的統戰機構對於普丁政府才是非常重要的。思想家的統戰在政治上講是沒有多少意義的，組織上的統戰才是關鍵所在。

08 十九世紀後期俄羅斯帝國對於邊疆行省及附庸的強制同化政策，是不是為了對沖歐洲方興未艾的民族主義潮流？是否客觀上也啟發了俄羅斯自身的民族發明和建構？

強制同化政策本身就是大俄羅斯主義的產物，跟俄羅斯帝國原先的多元結構是相矛盾的。而大俄羅斯主義的產生，本身也就是應對泛斯拉夫主義和西歐民族主義的產生。

09 十九世紀俄羅斯民族的主要發明家，是否來自於崇尚法國文化的自由派貴族階層，並且代表這個階層企圖瓦解村社共同體的政治訴求？而發明學的直接刺激是否與克里米亞戰敗有關？

俄羅斯其實是被動發明民族的。俄羅斯帝國民族主義，相當於奧斯曼主義的大俄羅斯主義，是尼古拉沙皇和斯拉夫保守派針對十二月黨人所做出的反向發明。十二月黨人和跟十二月黨人有聯繫的西歐派和自由主義者，並不主張發明俄羅斯民族，而是企圖對俄羅斯進行君主立憲化的改革。大俄羅斯民族概念是對亞歷山大沙皇及其自由派大臣的一個反撲，強調沙皇作為大家長，與東正教徒之間的神秘連接。這樣使得大俄羅斯帝國民族是比機械化的、通過合同和契約連接起來的自由主義者所設想的那種歐化君主國更強有力、更穩固的存在。

如果說這個是俄羅斯最早的民族發明的話，它的來源是來自於俄羅斯的反動派和保守派，而不是來自於自由派。其他的分裂俄羅斯的小民族的發明家，那是另外一回事。他們多半有不同的宗教和不同的政治共同體的背景，跟大俄羅斯主體的民族發明家不是一回事。

然後，斯拉夫主義的發明家產生晚了三十年。前者是十二月黨人失敗以後，一八三〇年代俄羅斯反動派的產物；後者是巴爾幹歷次戰爭以後，一八六〇年俄羅斯民粹主義者的產物。而俄羅斯自由主義者的特點是，他們承認大俄羅斯民族，但是並不是大俄羅斯民族的發明家。

十九世紀末期的俄羅斯自由主義者大體上承認了官方民族主義通過幾十年經營建構起來的大俄羅斯概念。例如，他們也認為烏克蘭人不是獨立的民族，而是大俄羅斯民族的一部分。他們自身在民族發明學上殊少建樹，這是他們被布爾什維克和俄羅斯保守派左右夾擊而整倒的重要原因。

這一點其實也是現代自由派和民主派的共同特點：他們不大強調民族。就等於是默認，無論是什麼政治共同體，俄羅斯帝國、奧斯曼帝國還是法蘭西或英格蘭，我們至少是可以君主立憲或者共和民主的。他們的意見就是梁啟超那種「爭政體不爭國體」。我們認為國家建構怎麼樣都好，既然有一個現成的俄羅斯國家或者其他國家，我們就承認它。然後在這個基礎之上把這個國家自由化，給它建立憲法、選舉議會諸如此類的。但是現實的歷史演變就是，他們鬥不過民族主義的力量。只有在民族主義者建構了國家以後，自由主義者才有可能建立起來。在國家建構本身都面臨著問題的情況下，自由主義者總是失敗的。

10

羅馬尼亞跟俄羅斯宗教相同，人口也有更多的斯拉夫蠻族而非他們自稱的拉丁成分，為何兩國語言差別如此巨大，而且也相互沒有將對方視為同一文化圈的意思，反而是距離俄國更遠的保加利亞、塞爾維亞的民間一向對俄國比對西歐更有親近感？是單純的十九世紀民族發明決斷因素，還是有其他深層原因？

羅馬尼亞的兩公國在歷史上要麼是奧斯曼的藩屬，要麼就是波蘭王國和匈牙利王國的藩屬。它們的封建性強得多。封建性強，就比較容易受自由主義者的青睞。十九世紀末期的民族發明學，實際上是有一個太上皇選擇的意義在內。保加利亞選擇的太上皇是俄羅斯，羅馬尼亞選擇的太上皇是法國，這使它們在外交路徑上受到其太上皇國家的約束。羅馬尼亞的知識分子因此極力想要把羅馬尼亞人發明成為西歐的一部分；而保加利亞和希臘的親斯拉夫主義者一樣，念念不忘地希望俄羅斯帝國來保護他們。

11

烏克蘭（小羅斯）和俄羅斯開始產生明顯的身分認同差異的大致節點是什麼？是羅斯舊核心基輔開始衰落的時代，還是烏克蘭歸入波蘭立陶宛的時代，還是哥薩克文化產生的時代，還是根本就是十九世紀末民族發明時代的現象？

就烏克蘭人民而言，身分認同的差異其實是始於蘇聯的建立。在蘇聯建立以前，烏克蘭人、小羅斯人和大羅斯人的差別跟省際矛盾是沒有什麼大的不同的。只有在知識分子這個層面，各種不同流派的烏克蘭民族發明家，左派、右派、民粹派、君主派，才跟大俄羅斯主義存在明顯的矛盾。但是民間的大部分烏克蘭人和羅塞尼亞人可能還不知道烏克蘭人是一個民族。

直到俄羅斯帝國解體以後，各路民族發明家找到機會，紛紛從巴黎的咖啡館和維也納的酒館一路殺回本國，建立起烏克蘭中央拉達[6]（Verkhovna Rada）和其他的政權組織。當然，這樣的政權組織是很脆弱的，必須要尋找波蘭、德國、奧地利和各式各樣的超級大國保護者。同時，最終也是輕而易舉地被布爾什維克摧毀了。布爾什維克建立的烏克蘭加盟共和國通過普及公立教育，才使得一九三〇年代的普通烏克蘭農民相信自己是一個獨立的民族。然後由於蘇聯人對他們施加的暴政，這些意識到自己是烏克蘭人的新的烏克蘭人才到西歐的流亡者那裡去尋找支援，產生了蘇聯解體以後的新烏克蘭。

12 所謂的白俄羅斯在族群起源上和其他羅斯族群有什麼差異嗎？還是也屬於十九世紀新近發明的身分差異？

白俄羅斯人、烏克蘭人和拉脫維亞人的差別是不大的。俄羅斯人跟他們的差別比較大，因為俄羅斯人混入的東方血統比較多。白俄羅斯是二十世紀初葉的民族發明家的產物。在這以前，白羅斯人和大羅斯人、小羅斯人的差別，也是跟省際矛盾、籍貫矛盾和地域矛盾是差不多的事情。

13 十八世紀之前，俄羅斯史家對蒙古征服多持負面評價，所謂「韃靼桎梏」；而十八世紀之後，俄國思想界開始挖掘蒙古統治留下的積極因素。這是否與十八世紀以來俄羅斯帝國開始拓殖東方、歐亞主義流派逐漸崛起有關？另外，在莫斯科日益融入歐洲俱樂部的時代出現這種思想動向，是否也折射了民族心靈深處的一種思鄉情緒？

恐怕不對。十八世紀和十九世紀基本上沒有人說東方統治的好話。這個時代是俄羅斯最積極融入西方的時期，頂多是有斯拉夫主義，但是沒有人喜歡蒙古人或韃靼人。正面評價歐亞主義，是十九世紀末二十世紀初才開始的思潮。當然，這跟俄羅斯融入歐洲受挫是有直接關係的。

6 烏克蘭中央拉達，即烏克蘭中央議會，是烏克蘭人民共和國的議會，成立於一九一七年三月四日。十月革命爆發後，中央議會拒絕承認新政府對烏克蘭的權威。烏克蘭－蘇維埃戰爭爆發後，一九一八年四月二十八日解散，最高立法機構由全烏克蘭蘇維埃代表大會代替。

14 蘇聯解體後，俄羅斯聯邦的憲制從葉利欽時代到普丁時代經歷了怎樣的調整？各聯邦主體是否因其與莫斯科政治距離的遠近而享有不同的自治權力？

葉利欽時代的鬆散聯邦，使得莫斯科政府在財政上、甚至在軍事上都喪失了統治能力，很容易出現一系列軍閥割據，使得像遠東共和國之類的組織復活。普丁政權實際上是逐步恢復了垂直管理。儘管聯邦制的形式仍然存在，但是聯邦權力大大削弱了。幾個大區處在莫斯科的控制之下，使得由地方選民自己選舉出來的州長的權力大大削弱了。像莫斯科市長組織的反對中央和聖彼得堡幫的集團，在這個過程當中受到了嚴重的損失。實際上，普丁是在逐步探索的過程中發現，葉利欽式的聯邦制只會導致俄羅斯的進一步解體。普丁和聖彼得堡集團是俄羅斯帝國的親歐派勢力，本身並不是很反對聯邦制。但是在摸索和實驗中卻最終發現，維持俄羅斯統一和執行聯邦制是不可得兼的。最後就搞到聯邦制只剩下名義、實際上是依靠垂直管理的局面。

15 如果現在俄國境內進行二次民族發明的話，比較有希望的是哪些地方？內高加索那幾個聯邦主體是不是就是綜合素質的天花板了？在未來的二次發明進程反向刺激俄國兩京核

心區進一步納粹化的情況下，與美國發生核戰爭的可能性有多大？

遠東共和國、北亞共和國和西伯利亞共和國已經發明過好幾次了，所以應該是機會比較大的地方。其實條件最好的地方應該是聖彼得堡，但是聖彼得堡集團由於很有機會把莫斯科壓下去而把俄羅斯全部搞到手，反而欲望不是很強。北高加索和東南歐一帶，除了在德國人的支持之下搞過東南歐聯邦和一系列短命的邦國以外，在一九九一年表現得並不出色。古老的俄羅斯腹地，就是梁贊、特維爾和諾夫哥羅德這些古老的俄羅斯城邦，要像諸夏一樣重新提起自己的民族發明，俄羅斯才能夠真正恢復諸羅斯。否則的話，上述那些邊疆地區即使全部獨立了，也只是重演布列斯特和約和一九九一年的局勢。中央核心區的俄羅斯總攬了諸羅斯的大部分繼承國，仍然可以形成一個比較小規模的帝國版圖。

16

在俄羅斯與波蘭依據《安德魯索沃協議》以第聶伯河為界瓜分烏克蘭之後，反而是基輔的知識分子熱衷於發明和論證「基輔與莫斯科屬於同一個斯拉夫民族」的神話，這是不是在復國無望的形勢下企圖通過與莫斯科精英集團融合來提高階級地位和政治待遇？

烏克蘭人和哥薩克相對於波蘭貴族是下等人。波蘭人是地主，烏克蘭人是農民；波蘭人是貴族，烏克蘭人是平民；天主教徒是上等人，東正教徒是下等人。相對於波蘭來說的話，莫斯科的東正教徒跟烏克蘭人就更接近於階級兄弟了。在沙皇之下，大家都是同樣的臣民。當時的烏克蘭人在反對波蘭上等人的階級鬥爭當中，是能夠從東方的、同樣是信奉東正教的俄羅斯人當中得到支持的。

17 如果白羅斯完全被西方控制，俄羅斯為解西線地緣危機的燃眉之急，能否像吞併克里米亞一樣，再次吞併烏克蘭東部親俄的幾個州，然後穩住新的冷戰鐵幕，不再抱與西方和解的幻想？

白羅斯失敗以後，就只有習近平才能夠拯救俄羅斯了。這時候，只有中國跟西方的關係急劇惡化，俄羅斯才能恢復外交上左右逢源的地位。如果中國跟西方的關係還可以的話，那麼俄羅斯就整個陷入崩潰狀態了。但是依照目前的形勢，過不了兩、三年，中國就會代替俄羅斯擋西方的箭，使得俄羅斯從它最危險的東西方都被夾擊的地緣政治困境中解放出來。

逆轉的文明史：羅斯大地

成為歐洲而不能，逃離亞洲而不得的俄羅斯演化史

作者　劉仲敬

主編　洪源鴻
責任編輯　宋士弘
行銷企畫總監　蔡慧華
封面設計　木木 lin
排版　宸遠彩藝

社長　郭重興
發行人兼出版總監　曾大福
出版發行　八旗文化／遠足文化事業股份有限公司
地址　新北市新店區民權路一〇八之二號九樓
電話　〇二～二二一八～一四一七
傳真　〇二～八六六七～一〇六五
客服專線　〇八〇〇～二二一～〇二九
信箱　gusa0601@gmail.com
臉書　facebook.com/gusapublishing
部落格　gusapublishing.blogspot.com
法律顧問　華洋法律事務所／蘇文生律師
印刷　成陽印刷股份有限公司
出版日期　二〇二二年九月（初版一刷）
定價　五八〇元整
ISBN　9786267129838（平裝）
9786267129852（EPUB）
9786267129845（PDF）

國家圖書館出版品預行編目（CIP）資料

逆轉的文明史：羅斯大地
劉仲敬著／初版／新北市／八旗文化出版／遠足文化事業股份有限公司發行／ 2022.09
面；　公分
ISBN：978-626-7129-83-8（平裝）

1. 俄國史

748.1　　111013674